Dr. Roger Mugford

HUNDEERZIEHUNG 2000

Dr. Roger Mugford

HUNDEERZIEHUNG 2000

Irrtumsfreies Lernen

KYNOS VERLAG MÜRLENBACH

Copyright © Roger Mugford 1992
Erstausgabe 1992 Hutchinson/Stanley Paul
Titel der Originalausgabe DOG TRAINING - THE MUGFORD WAY
Übersetzung: D. und H. Fleig

Fotos aus Sammlung Dr. Mugford. Die meisten Aufnahmen dieses Buches
wurden von Len Cross fotografiert. Weitere Fotos: Konrad Wothe, Sally Anne
Thompson, Hank Kemme, Pet-Acc's
Illustrationen: H.F. Barker aus »Just Dogs«, Country Life Books 1933

Deutschsprachige Ausgabe: © KYNOS VERLAG Dr. Dieter Fleig GmbH
Am Remelsbach 30, D-54570 Mürlenbach/Eifel
Telefon: 06594/653, Telefax: 06594/452

Druck: Cantz, Ostfildern (Ruit)

ISBN-Nr. 3-924008-89-2

INHALTSVERZEICHNIS

ZUM GELEIT

»Hunderziehung 2000« - ein Buchtitel, der den Anspruch von Autor und Verlag signalisiert, den Hundefreunden eine völlig neuartige Erziehungslehre zu vermitteln, die für unsere Hunde auch noch nach der Jahrtausendwende gilt.

Fünfzehntausend, vielleicht sogar zwanzigtausend Jahre begleitet der Hund uns Menschen, hat er sich in unser Leben als Partner integriert. Mensch wie Hund - beide sozial ausgerichtete Lebewesen - sind gut miteinander ausgekommen. Allerdings - die Rangordnung war immer die gleiche - der Hund mußte sich voll in die Sozialstruktur des Menschen einordnen. Und diese Einordnung bedeutete im klassischen Sinn einfach die Unterordnung.

Da sich die Mehrzahl unserer Hunde als geradezu unterordnungsfreudig erwies, gab es wenig Probleme, aber auch wenig menschliches Nachdenken, ob die bisherigen Formen der Unterordnung dem Hund genügend Raum zur Entfaltung seines Eigenlebens ließen. Die Kommandos Hier, Sitz, Platz und Fuß bestimmten »ein Hundeleben«!

Ziemlich spät befaßten sich Ethologen mit der Psyche, dem natürlichen Verhalten und der Erziehung unserer Hunde und - stellten fest, wie wenig der Mensch von sei nem ältesten und ihm am nächsten stehenden Haustier weiß. Konrad Lorenz, Eberhard Trumler, Dorit Feddersen-Petersen, William E. Campbell, J. Paul Scott, Michael Fox, George Bigelow, Jim Burgoyne, Ray Coppinger, Bruce Johnson, Edward Thorndike, alle diese Namen stehen für Forschungsergebnisse des zwanzigsten Jahrhunderts, welche die Hundeerziehung ganz wesentlich verändern und umgestalten - könnten.

Wir wissen, daß Dominanzfragen nur einen ganz einseitigen Aspekt des hundlichen Sozialverhaltens darstellen, - und dennoch ist bis zum heutigen Tage die Hundeerziehung recht einseitig hierauf ausgerichtet. Welche Chancen aber gerade das Wissen um die richtige Motivation des Hundes erschließt - das haben bisher nur wenige Hundeausbilder erkannt. Als geradezu beispielhaft darf ich hier den Amerikaner Richard A. Wolters hervorheben.

Es ist bestimmt keine Übertreibung, wenn ich Dr. Roger Mugford als den Verhaltensforscher hervorhebe, der sich in den letzten zwanzig Jahren am intensivsten der Therapie verhaltensgestörter Hunde zugewandt hat. Was liegt näher, als aus den Fehlern zu lernen, Erziehungsrichtlinien zu erarbeiten, die Verhaltungsstörungen gar nicht erst aufkommen lassen?

Völlig zu recht hat Roger Mugford sein Erziehungsbuch nicht auf den Sektor der reinen Erziehungstechnik eingeschränkt, sondern das gesamte Umfeld erfaßt - Welpenentwicklung, Umwelteinflüsse, Haltung, Pflege, Fütterung und Ausrüstung. Seine Erfahrungen in der Verhaltungstherapie bei Problemhunden bringen eine unentbehrliche Ergänzung.

Die Mugford'sche Hundeerziehung basiert auf den heutigen Erkenntnissen der Verhaltensforschung. Bestimmt erhebt sie nicht den Anspruch, alle Erziehungsprobleme zu meistern, zumindest aber hat sie eine völlig neue Grundlage für die Hundeerziehung geschaffen. Möglichst viele Hundeliebhaber sollten ihre Hunde nach diesen neuen Methoden ausbilden, eigene Erfahrungen sammeln und wieder weitergeben. Dieses Buch wird eine Vielzahl von Auflagen erleben, wobei die Erfahrungen der Leser wie zu erwartende neue Erkenntnisse der Verhaltensforscher in die künftigen Auflagen mit einbezogen werden müssen.

Die Mugford'sche Erziehungslehre ist ein neuer Anfang - zum Segen für unsere Hunde. Sie erlaubt einen sehr viel humaneren Weg in der Hundeerziehung, nutzt Lernfähigkeit und Anpassungsfähigkeit unserer Hunde für ein harmonisches Zusammenleben von Hund und Mensch.

Ich wünsche diesem Buch viele engagierte Hundefreunde als Leser. Die moderne Hundeerziehung wird auf dem Wissen dieses Buches weiter aufbauen, unsere Hunde von zuviel Zwang befreien, ihnen ein artgerechtes Hundeleben ermöglichen.

Mürlenbach, im September 1993   Dr. Dieter Fleig

DANKSAGUNG

Die größte Freude bei meiner Arbeit mit Tieren bereiteten mir ihre Menschen - Hundebesitzer gehören mit absoluter Sicherheit zu den fröhlichsten, empfindsamsten und fürsorglichsten Menschen, die man finden kann. Dieses Buch entstand aus den Erfahrungen von zwanzig Jahren des Zuhörens und Beobachtens - wie ich hoffe auch der Hilfe für diese wunderbaren Menschen. Ich bin stolz darauf, daß ich sie Freunde nennen darf. Allen meinen Patienten und ihren Besitzern - ich danke ihnen! Mein ganz besonderer Dank gilt all jenen Patienten, deren Verhalten ich nicht in der erwünschten und verdienten Art zu verändern vermochte - denn diese Fehlschläge waren meine besten Lehrer.

Die Wissenschaft ist eine Einrichtung, die ihr Wissen freiwillig teilt, als Student hatte ich viel Glück, fand gute Lehrer, denen ich folgen durfte. Besonderen Dank schulde ich Dr. Norman Nowell und Professor Morley Kare von den Universitäten in Hull und Pennsylvania. Daß ich mein Studium in erster Linie auf Hunde, statt auf Mäuse oder Schimpansen konzentrierte, ist auf das Vertrauen und gute Urteil von Professor Ronald Anderson, veterinärmedizinische Fakultät der Universität Liverpool, zurückzuführen, der mir meinen ersten Job am Waltham Centre for Pet Nutrition einräumte. Ein weiteres Mitglied aus dem Club der am 03. Juni Geborenen, ist der aus Devon stammende Tierarzt und Autor John Bower. Ihm bin ich ganz besonders dankbar, er war der erste, der mich in seiner Praxis für Verhaltenstherapie auf seine Patienten losließ.

Unendlich viel Dank schulde ich meinen früheren und heutigen Kollegen im Animal Behaviour Centre; für die Tiere, denen wir hier helfen, arbeiten sie viel aufopferungsvoller als notwendig. Ich danke: Caroline Barnard, Kate Cogdell, Stephen Corben, Andy Denney, Karen Dunn, Penny Evans, Lis Flett, Linda Glazier, Karen Hill, Joanne Holloway, Joan Johnson, Anne McBride, Peter Neville, Cynthia Noakes, Erica Peachey, Robert Schouppe, Betsy Skinner, Nicolene Swanepoel, Claire Thatcher, Sue Williams - und ganz besonders meiner außerordentlich geduldigen und loyalen Kollegin Elizabeth Crisp.

Ohne die hartnäckige Ermutigung meiner Agentin und Freundin Faith Evans wäre dieses Buch wahrscheinlich absolut zu spät erschienen, ja tot geboren worden - Dank an Marion Paull von Hutchinson, die das Originalmanuskript in großem Umfang weiter verbesserte.

Abschließend gebührt der Löwenanteil meines Dankes meiner Frau Vivienne und meinen Kindern Ruth, Emily, James und Harry - sie mußten ein weiteres Jahr hinnehmen, über das ich noch beträchtlich mehr als üblich »mein Leben auf die Hunde konzentrierte«. Sam, mein lieber Setter, war der einzige klare Gewinner beim Schreiben dieses Buches, denn er lag immer friedlich unter dem Schreibtisch und wärmte meine Füße. Vielen Dank Sam!

EINLEITUNG

Hunde sind leicht zu erziehen. Mehr als wir uns im allgemeinen vorstellen denken sie wie wir. Es gibt keinerlei Grund, sie als minderwertige, stumpfsinnige Kreaturen zu behandeln. Laufend beobachten sie, versuchen häufig, uns zu kopieren,. Das Schlüsselwort heißt »mimicry« (Nachahmung). Dies ist der wahre Grund, warum es völlig natürlich ist, daß Dir Dein Hund überallhin nachfolgt, neben Dir liegt, heult, wenn Du singst oder sich in Deinem Auto am liebsten auf den Fahrersitz setzt.

Bestimmt glaubst Du, Hundeerziehung bedeute, dem Hund Sitz, Bleib, Komm oder Apportieren beizubringen? Oder man besucht Ausbildungslehrgänge mit Würgehalsbändern und allen anderen Ausrüstungen, dabei bringt man dem Hund die Bedeutung des Wortes **Nein** bei? Vergiß es! Hunde setzen sich, weil sie von Natur aus müde werden. Sie kommen zu uns, weil es für sie natürlich ist nachzufolgen, sie legen sich auf den Boden, weil das ihre Schlafstellung ist. Diese Reaktionen »zu erziehen« ist völlig unnötig - bei Deinem Haushund brauchst Du solche Stellungen nicht zu erzwingen. Bist Du einfühlsam und vernünftig, wartest Du einfach, bis der Welpe oder ältere Hund das »richtige Verhalten« ganz von sich aus tut, sagst dann das magische »Kommandowort« und belohnst den Hund, womit immer Du ihn motivierst. Dies kann ein Leckerbissen sein, ein Streicheln, ein zartes Wort oder auch nur ein Seitenblick. Ein solches Ausbildungssystem, wie ich es vorstehend beschrieben habe, geht auf eine gute wissenschaftliche Schule zurück, man nennt sie »instrumentales Lernen«, und sie steht im Kontrast zu den traditionellen Hundeausbildungsmethoden, die ihre Wurzeln in der Vorstellung von Zwang, Strafe und Kontrolle haben.

Mein Weg zur Hundeausbildung ist erfolgreich, führt zu schnellen Ergebnissen. Menschen, die den Spaß lieben, brauchen sich nicht als dominierender Herrscher über einen hundlichen Sklaven aufzubauen. Wenn Geduld und Intelligenz das Gleiche besser erreichen, besteht keinerlei Notwendigkeit, sich als Macho aufzuplustern. Alles ist natürlich immer einfacher, wenn man mit der Erziehung eines Welpen beginnt, nie kann man dabei zu früh anfangen. Mein Welpenerziehungslehrgang über zwanzig Wochen ist ein Idealbild, aber meine Erziehungsgrundsätze für einen erwachsenen oder heranwachsenden Hund sind die gleichen. Kauft man sich einen Hund aus zweiter Hand, holt sich seinen Hund aus dem Tierheim, bringt dies eine Fülle an Fragen und Problemen, aber die Belohnung kann dabei umso reichhaltiger sein. Man steht immer bestimmten Problemen gegenüber, oft muß man die Fehler anderer korrigieren. Viel Geduld, beobachten und nachdenken vor dem Handeln - nichts tun ist immer besser als das Falsche zu tun.

Es gibt Probleme, die jeder Hund - aber auch jeder Mensch - auslösen kann. Beim Hund mag es das Zerren an der Leine, Hochspringen, Kläffen nach Eichhörnchen, Umgraben des Gartens oder Zerstörungswut im Auto sein. Solche Probleme sind Gegenstand meiner Ausbildung und meines Berufes als Tiertherapeut, ihnen ist ein Drittel dieses Buches gewidmet. Aber es ist bestimmt überhaupt nicht erforderlich, sich später mit einem Problemhund zu befassen, wenn sein jugendliches Verhalten so leicht geändert werden kann.

Ich liebe es sehr, Hunden gegenüber weich und einfühlsam zu sein, ich schätze es aber überhaupt nicht, wenn sie Amok laufen, andere - Menschen oder Tiere - irritieren oder gar gefährden. Solches Verhalten muß nachhaltig beeinflußt werden, denn wir leben in einer Welt, in der die Menschen alle Liebe, die überhaupt verfügbar ist, brauchen. Für unsere Hunde wird diese Welt zunehmend gefährlicher, manches hundliche Verhalten löst Feindschaften aus.

Dieses Buch plädiert für die Erhaltung der Unterschiede, für die volle Entwicklung des einzelnen Hundecharakters. Wer wünscht sich schon geklonte Hunde, Tiere, die sich alle präzise charakterlich nach den Vorstellungen von Barbara Woodhouse oder Konrad Most verhalten? Die modernen Hunderassen bieten eine so fantastische Vielfalt an äußeren Gestalten und charakterlichen Persönlichkeiten, daß sie voll der menschlichen Sehnsucht nach Individualität entsprechen. Hundeausbildung braucht derartige individuelle Differenzen in keiner Weise abzuschleifen, gleich zu machen.

Quer durch die ganze Welt wurden einschneidende Gesetze erlassen, die den Hundebesitz, das, was Hunde tun dürfen, wo sie Auslauf finden, mehr und mehr beschränken. Teilweise haben diese Gesetze ihre Wurzel in Hysterie über Hundekot, manchen erscheinen sie durch die Angst vor Angriffen von Hunden gerechtfertigt. Vielfach aber scheint mir auch Neid und Mißgunst hinter solchen Maßnahmen zu stecken, fehlendes Wissen von all dem Spaß und der Liebe, die Hunde so freizügig ihren Besitzern schenken.

Hunde müssen erzogen werden, aber bitte, bitte - schreien Sie nie! Das unserer heutigen Umwelt angepaßte Verhalten entwickelt sich in aller Ruhe - Schritt für Schritt.

Surrey, 1992   Roger Mugford

TEIL I

DIE PSYCHOLOGIE DES HUNDES

1

Was jeder Hund kennt:

Instinkt, Sinne und Sprache

Hattest Du je das Gefühl, daß Dein Hund weiß, auf irgendeine geheime Art, was Du denkst? Umgekehrt gefragt, hast Du meist eine ziemlich genaue Vorstellung, was Dein Hund mit größter Wahrscheinlichkeit gleich tun wird? Die große Freude am Zusammenleben mit dem Hund besteht darin, daß die meisten Hunde und die meisten Menschen sich so leicht auf eine gemeinsame Wellenlänge einstellen. Um wie ein Hund zu denken, bedarf es viel weniger Bemühungen als wie eine Katze, ein Pferd oder ein Papagei zu denken. Der Philosoph Descartes und viele kluge Philosophen nach ihm glaubten, daß das geistige Leben von Tieren und Menschen stark voneinander abweiche, da einzig und allein der Mensch über ein echtes Bewußtsein verfüge. Diese Auffassung wurde häufig vorgeschoben, um unser oft unfreundliches und häufig unangemessenes Verhalten Tieren gegenüber zu rechtfertigen; aber heute, am Rande des einundzwanzigsten Jahrhunderts ändert sich diese Haltung immer mehr.

Bei der Entwicklung unserer inneren Einstellung Tieren gegenüber, sind Hunde von besonderer Bedeutung, weil sie im Ausdruck ihrer Gefühle und in ihrem Sozialverhalten offensichtlich uns Menschen so ähnlich sind. Wenn für die Menschen Familie, Stamm und dörfliche Gemeinschaft die sozialen Grundstrukturen bilden, dient das Rudel unseren Hunden gleichen Zielen. Es geht um Zusammenarbeit, Zusammengehörigkeit bei der Verteidigung des Territoriums; größere Tiere werden gemeinsam gejagt, bei Krankheiten oder Verletzungen sorgt man füreinander.

Es gibt nur einige wenige Tierarten, deren Sozialsystem und Altruismus uns Menschen vergleichbar ist. Natürlich sind dies die Wölfe, außerdem auch sozial hochentwickelte Arten wie Elefanten, Waale und Delphine, natürlich auch Menschenaffen - beispielsweise Gorillas. Für empfindsame Menschen ist es völlig natürlich, in der Gesellschaft solcher Tiere Vergnügen zu empfinden, denn sie haben ein freundliches Gemüt, scheinen die Wellenlänge unserer Gefühle zu teilen. Bestimmt war es kein Zufall, daß sich im Laufe der Geschichte der Wolf über den Hund zum »besten Freund des Menschen« weiterentwickelte.

Wer immer sich für Hunde interessiert, wird beim Studium des Verhaltens von Wölfen - insbesondere in der Freiheit - interessante Beobachtungen machen. Aus der Pionierarbeit von David Mech, Eric Zimen und anderer Ethologen haben wir heute ein ziemlich umfassendes Bild der Spezies Wolf, etwa wie Struktur und Größe der Rudel in verschiedenartiger Umwelt und in verschiedenen Jahreszeiten sich ändern. Im Grundsatz vereinigen sich Wölfe bei Nahrungsmangel und in anderen Notlagen zu größeren Rudeln, Schwierigkeiten führen zu engerer Zusammenarbeit. Gibt es Nahrung in Fülle, etwa über den Sommer oder wenn durch die Jahreszeit bedingt leicht zu fangende Nagetiere vorhanden sind, wird das Leben als Einzelgänger angenehmer, wohl auch attraktiver, besteht größere Neigung, das eigene Territorium zu verteidigen.

Vor, während und nach wichtigen Aktivitäten - zum Beispiel Jagen - gibt es im Wolfsrudel einen ritualen Austausch von Signalen. Ihre genaue Bedeutung ist in der Regel für uns Menschen schwer verständlich, die Geschwindigkeit der Kommunikation ist meist für uns zu hoch, um ihr folgen zu können. Hunde verlassen sich vielmehr als wir auf Geruchssignale, weniger auf ihre Augen. Im Gegensatz zu einer weitverbreiteten Meinung gibt es zwischen den Einzeltieren des gleichen Rudels verhältnismäßig wenig Kämpfe - Wolfsfelle, die von wildlebenden Wölfen gewonnen wurden, zeigen in der Regel keine Verletzungen, welche Rückschlüsse auf häufige und blutige Ausseinandersetzungen erlauben. Andererseits verteidigen Wölfe ihr Territorium gegen das Eindringen fremder Wölfe aus in der Nachbarschaft lebenden Rudeln selbst bis zum Tode.

Die allgemeine Theorie behauptete bisher, daß es in Wolfsrudeln eine sehr strenge Hierarchie oder Rangordnung gebe, durch Kämpfe der einzelnen Rudelmitglieder werde diese Rangordnung auf Domianz und Unterordnung festgelegt. Unglücklicherweise hat sich herausgestellt, daß diese Theorie aus statistischem Material der wissenschaftlichen Arbeit mit in Gefangenschaft gehaltenen Wölfen stammt. Dies wiederum führte zu einer Art wissenschaftlichen Aberglaubens über die wahre Natur der hundlichen Gesellschaft. Dieses hierarchische Modell des Wolfsverhaltens und seine Übertragung auf angebliches hundliches Verhalten hat viele Menschen gedanklich in die Irre geführt; sie nehmen an, ihre Haushunde versuchten laufend, sich als Alpha-Tier, als Boss oder Rudelführer zu etablieren. Und dieser Irrtum wiederum hat die Ansicht untermauert, Hundebesitzer sollten mir ihren Haushunden stets streng sein. Die Hauptverlierer dieses mißverstandenen Modells hundlichen Verhaltens wurden die Hundebesitzer selbst. Die menschliche Natur sehnt sich am meisten danach, in der Gesellschaft mit Hunden Liebe zu finden. Die Dominanztheorie aber lehrt, uns wie Herren zu verhalten, die ihre Sklaven beherrschen.

Wir wollen die alte Art des Zusammenlebens und der Ausbildung von Hunden als Dominanztheorie bezeichnen, die Philosophie, welche in diesem Buch Ausdruck findet, den Weg der Kooperation. Für den Augenblick hoffe ich, daß meine Leser meine Meinung teilen, wonach die allermeisten Hunde den Wunsch haben, uns zu gefallen, zu dienen, mit uns zu spielen; jedenfalls weit mehr, als ihnen der Sinn danach steht, mit uns in Wettbewerb zu treten, uns zu kontrollieren oder gar unterzuordnen. Ich bin weit davon entfernt, die Gefahren der Anthropomorphie (Übertragung menschlichen Fühlens auf andere Wesen) zu verniedlichen, möchte trotzdem meine nicht wissenschaftlich ausgebildeten Leser mit den jüngsten Forschungen maßgeblicher Wissenschaftler wie Dr. Michael Fox und Dr. Randy Lockwood über hundliches Verhalten vertraut machen. Sie glauben, daß Hunde in ihrem Denken, Verhalten und Leben dem Menschen viel ähnlicher sind als die meisten anderen Tierarten. Hat man je Zweifel, was ein Hund wohl in einer bestimmten Situation tun werde, fragt man sich am besten, was man selbst in seiner Lage tun oder denken würde.

Umfangreiche Studien von Wölfen wie Hunden in der freien Wildbahn haben gezeigt, daß sie sich in Paaren, Trios oder größeren Gruppen für langjährige Freundschaften oder Koalitionen zusammenfinden. Sie versammeln sich zum Spielen wie für die Jagd, zur Verteidigung des Territoriums wie um im Schlaf Teil an der Körperwärme des Anderen zu haben. Du wirst einen ganz wesentlichen Teil der Annehmlichkeiten eines Zusammenlebens Mensch-Hund verlieren, wenn Du ganz einfach der

Boss sein willst! Es ist viel besser, wenn Du Deinen Hund als Freund und Partner siehst.

Ich kann nicht leugnen, die Welt der Sinne, Wahrnehmungen und Lebensvorgänge des Hundes unterscheidet sich wesentlich von der des Menschen. Hunde teilen nicht die Möglichkeiten einer differenzierten, gesprochenen Sprache, unsere einzigartige zweibeinige Fortbewegung, unsere relativ überentwickelten Gehirnfunktionen oder unsere ganz spezialisierten neurologischen Strukturen und Sinneseindrücke. Die Welt des Hundes ist eine andere. So wollen wir zunächst die fünf Sinne unseres Hundes überprüfen, sie mit unseren eigenen vergleichen.

Geruch

Mehr als irgendein anderes Sinnensystem beherrscht der Geruch das Leben von Wildhunden. Geruchssinn brauchen sie, um Nahrung zu finden - lebendes Wild bei der Jagd und auch Aas, aber noch viel wichtiger zum Erkennen lauernder Gefahren, auch der Anwesenheit anderer Hunde ringsum. Zu welchem Zeitpunkt kamen sie vorbei, welchem Geschlecht gehörten sie an, in welcher Stimmung befanden sie sich?

Eine volle Hälfte der Gehirnrinde des Hundes dient dem Geruchssinn. Eine Hundenase normaler Proportionen (nicht eingequetscht wie beispielsweise beim Boxer oder Pekingesen) bildet ein Wunder aerodynamischer Ingenieurkunst; hierdurch werden über die Luft zugeführte Gerüche zuerst von feuchten Membranen absorbiert, hieraus entstehen chemische und elektrische Signale zur Weiterleitung an das Gehirn. Durch Experimente ist erwiesen, daß so wenig wie ein winziges Molekül einer bestimmten organischen Substanz in einem Kubikmeter Luft vom Hund noch wahrgenommen werden kann. Hunde können »stereo-riechen«, sie wechseln dabei beim Inhalieren zwischen dem rechten und linken Nasenflügel ab. Durch dieses clevere System können sie eine in der Luft liegende Geruchskonzentration lokalisieren, ebenso wie wir Menschen den Ursprung eines Klangs. In der Theorie sollte auch menschlichen Wesen eine analoge Stereo-Analyse von Geruchsstoffen möglich sein, aber in Wirklichkeit haben nur ganz wenige eine solche Fähigkeit. Teste Dich selbst, ob Du mit verbundenen Augen in der Lage bist, einem auf Dich mit dem Wind zukommenden starken Geruch, etwa von einer Fabrik oder einer Silage, nur der Nase nach zu folgen. Laß Dich von jemand zur Desorientierung umherführen, versuche dann, Deiner eigenen Nase zur Geruchsquelle zu folgen. Es wird keine gute Vorstellung werden! Im Kontrast hierzu sind Rüden in der Lage, auf einen Abstand von zwei Meilen eine heiße Hündin zu lokalisieren - alleine durch ihren Geruchssinn.

Die Körperoberfläche von Menschen wie Hunden ist von sekretierenden Hautstrukturen bedeckt; die Sekretion erfolgt insbesondere unter den Achseln, an den Fußsohlen und rund um die After-Genital-Region. Die Apokrine oder Schweißdrüsen des Menschen haben die besondere Aufgabe, den menschlichen Körper kühl zu halten; demgegenüber verliert der Hund ungefähr 90 % seiner Körperwärme durch eine bemerkenswerte Anzahl von Nasenpassagen, durch welche Luft eingeatmet wird, während die Ausatmung über den Fang erfolgt.

Talgdrüsen sind Strukturen in der Haut, über die ein öliges Sekret austritt, das fettlösliche Steroide (Säuren, Hormone) transportiert. Bei vielen Tieren vermitteln die Sekrete aus den Talgdrüsen Informationen über Geschlecht und Einzelidentität des Tieres. Bei Männern wie Rüden tritt eine ähnliche Mischung der Metaboliten (Umwandlungen) des männlichen Hormons Testosteron auf; deshalb vermag ein Hund recht gut zu beurteilen, was in seinem Herrn vorgeht. Hunde sind auch recht fachkundig beim Bestimmen des jeweiligen Stadiums des Oestrus bei Hündinnen wie Kühen, ebenso bei dem Zyklus der Frau; der Geruch der Steroide auf der Haut ist für sie wahrnehmbar.

Innerhalb von Sekunden werden Zorn oder Furcht ausgelöst. Dies führt zu einer drastischen Veränderung der elektrischen Leitfähigkeit der Haut, die Apokrine steuern den Schweißausbruch. Durch diese Feuchtigkeit werden getrocknete Hautschuppen chemisch aktiviert, ein ganzes Geruchsbukett entwickelt sich rund um erregte Körper. Es kann der Geruch von Angst, Depression oder Liebe sein, sicher ist, daß wir unseren Hunden gegenüber unsere Gefühle viel weniger leicht verbergen können als gegenüber unseren Mitmenschen.

Der Geruch bietet sich für die Hundeerziehung als Medium an, wurde aber bisher nur ganz selten in der Ausbildung wie in der wissenschaftlichen Literatur behandelt. Ich selbst habe im Rahmen meiner Forschungsarbeit für einen großen Futtermittelkonzern Gerüche untersucht, die Hunde als angenehm empfinden. Neben anderem fand ich heraus, daß Hunde Trockenfutter bevorzugen, das zuvor mit den Geruchsstoffen bestimmter gekochter Fleischarten und Animosäurekombinationen durchtränkt wurde.

Rüden bevorzugen immer den Duft von Analdrüsen, Vaginalsekretion und Urin heißer Hündinnen im Vergleich zu solchen, die nicht in Hitze stehen. Auch fand ich heraus, daß die meisten Hunde von Schwefelgerüchen angezogen werden, beispielsweise von Pferdehufschnitzeln und den Geruchsstoffen fermentierter Produkte, insbesondere den Ausscheidungen pflanzenfressender Tiere.

Andere Wissenschaftler wiederum haben Gerüche studiert, die Tiere abstoßen; französische Forscher entwickelten ein in der Praxis anwendbares Erziehungssystem, das bei Hunden durch den Geruch von Citronella (siehe Seite 139) unerwünschtes Bellen unterdrückt. In unserem Animal Behaviour Centre benutzen wir manchmal einen Parfümzerstäuber, um unerwünschtes Verhalten wie etwa Hochspringen zu unterbinden. Nähere Beispiele hierfür an anderer Stelle, wo ich auch erläutere, wie im Alltagstraining Geruch eingesetzt werden kann, um die Attraktivität von Belohnung wie auch die Wirksamkeit einzelner Strafen zu verstärken.

Geschmack

Geschmack ist eine ursprüngliche Sinneswahrnehmung, die wir auf dem Land lebenden Geschöpfe aus unserer an das Wasser gebundenen Vergangenheit geerbt haben. Er wird durch die Lösung von Stoffen im Speichel ausgelöst, sie kommen dabei mit spezialisierten Geschmacksknospen oder Rezeptoren auf der Zunge in Kontakt. Dein Hund erlebt dabei die gleichen vier Grundgeschmacksempfindungen wie Du oder ich: süß, sauer, bitter und salzig. Der Geschmackssinn bei Hunden ist der gleiche wie bei anderen Tieren: er dient der Identifikation nahrhafter Futtermittel, Vermeidung von Giftstoffen (die gewöhnlich bitter schmecken) und von Stoffen, die durch Mikroorganismen verdorben sind (gewöhnlich säuerlicher Geschmack), Lokalisierung von Mineralstoffen, welche der Körper laufend braucht (oft salzig). Ein wesentlicher Teil des Geschmackssinns ist auf Genußempfinden durch Süßigkeit ausgerichtet - Hunde sind ebenso »süß« ausgerichtet wie Menschen.

Für die praktische Erziehung kann der Geschmack sowohl positiv wie negativ eingesetzt werden. Ich zögere sehr, meine Leser zu ermuntern, ihren Hunden Süßigkeiten anzubieten, Zucker macht dick und greift die Zähne an. Es ist recht unwahrscheinlich, daß Dein Hund besonders gerne Salz mag. Auf der Negativseite jedoch können unangenehm schmeckende, bittere Stoffe auf Oberflächen wie auch auf dem Körper des Tieres selbst angewandt werden, wenn dieses zum exzessiven Lecken neigt. Es gibt eine Anzahl industriell angebotener Erzeugnisse, aber nur wenige davon sind so effektiv wie eine konzentrierte Lösung von Chinin oder Sucroseoctaacetat. Letztere Zusammensetzung hat die chemische Struktur von Zucker, enthält aber einen bemerkenswert unangenehmen und lang anhaltenden bitteren Geschmack. Chinin wie Sucroseoctaacetat kann man Hunden gefahrlos verabreichen, es bedarf nur kleiner Mengen, um sie vom Lecken oder Knabbern abzuhalten.

Es gibt noch ein weiteres, dem Geruchsbereich zugehörendes Organ, einen winzigen Sack im Gaumen des Hundes und anderer Tierarten, das beim Menschen nicht anzutreffen ist. Erstmals wurde es von dem Neurologen und Arzt Jacobson im neunzehnten Jahrhundert beschrieben, wird deshalb manchmal als das Jacobson'sche Organ bezeichnet. Dieses Organ dient einem dritten Geruchssystem als Empfänger, ist auf Geruchsstoffe der Sexualsekretion des weiblichen Wesens spezialisiert. Man beobachte zum Beispiel einen sexuell erregten Rüden, wie er den Boden abschnüffelt, dann zu speicheln beginnt, den Kiefer bewegt. Dieses Verhalten nennen Ethologen flehmen, eine Tätigkeit, die bei Pferden, Hirschen und anderen Tieren recht verbreitet ist. Durch die Kaubewegungen des Hundes werden kleine Speichelmengen über die Zunge zu dem im Gaumen liegenden Organ geführt, wo sie in Kontakt mit den Neurorezeptoren treten. Ein zähneklapperndes Flehmen kann für menschliche Beobachter zur Quelle amüsanter Betrachtungen werden, das Tier erscheint wie in Ekstase. Wir sollten eigentlich unsere Hunde um diese Geruchswahrnehmungen beneiden!

Berührung

Die sozialen Konventionen, die allgemeinen Regeln, wo Menschen sich gegenseitig berühren dürfen und wo nicht, gelten, wie Du sicher schon festgestellt hast, für Hunde nicht. Berühungsrezeptoren sind insbesondere in der Wurzel der Haarfollikel konzentriert. Auf anderen, nicht mit Haaren bedeckten Körperteilen wie Lippen, Brustwarzen und Händen, Füßen und Pfoten sind eigene Nervenenden vorhanden, die eine unterschiedliche Empfindlichkeit gegenüber Berührung, schmerzhaften Einwirkungen und gegenüber den Extremen von Hitze und Kälte aufweisen. In ihrer Empfindlichkeit gegenüber Berührung gibt es zwischen den einzelnen Hunden sehr große individuelle Verschiedenheiten. Ebenso gibt es zwischen einzelnen Hunderassen große Unterschiede. Ich kenne die Geschichte eines englischen Bull Terriers, der sich durch Auflaufen auf die scharfen Spitzen eines eisernen Zauns buchstäblich selbst entleibte und dennoch kein Schmerzempfinden zeigte; auf der anderen Seite habe ich einen ausgeprägten Macho-Schäferhund nur bei der Annäherung mit einer Spritze wimmern und heulen erlebt. Es gibt auch beträchtliche Unterschiede in der Empfindlichkeit der verschiedenen Körperpartien; die Hautpartien innen am Hinterlauf, rund um den Fang, am Hals und an den Pfotenballen sind Berührung gegenüber immer besonders empfindlich. Es gibt bei den einzelnen Hunden bestimmte Berührungszonen, die stimuliert als besonders angenehm empfunden werden; deshalb kann man in ein Erziehungssystem auch durchaus nützlich Massage als Belohnung einbauen (vergleiche Seite 48).

Klang

Die Welt der menschlichen Kommunikation ist in erster Linie eine Welt der Töne. Dies hat uns zu der Auffassung geführt, daß der Klang auch das natürliche Medium für den Kontakt mit unseren Hunden sei. In Wirklichkeit haben Hunde und ihre wölfischen Vorfahren nur ein beschränktes Tonrepertoire, wahrscheinlich ist es falsch anzunehmen, daß mit ihrem Knurren, Grunzen, Wimmern, Kläffen und Bellen viele präzise Informationen übertragen werden. Ich bin davon überzeugt, daß wir viel zu viel Nachdruck auf Übermittlung unserer Kommandos durch die Stimme setzen. Werden Hunde mehr durch Zeichen und Körperhaltung als durch Klangsignale ausgebildet, wird die Effizienz der Erziehung außerordentlich verstärkt. Dies ist der Grund, weshalb ich in der Hundeerziehung übermässigen Gebrauch der Stimme ablehne, stattdessen die Taubstummen-Zeichensprache oder eine Kombination von Stimme und Gesten bevorzuge.

Über den Zeitraum der Domestikation und planmässiger Zucht hat der Mensch den Hunden eine Vielfalt von Ohrenformen und -größen angezüchtet. Die Natur hat sie mit Ohren ausgestattet, die aufrecht stehen und sich bewegen. Es sind lebende Antennen, die sich nach der Klangquelle ausrichten können. Menschen wie Hunde vermögen ein breites Klangspektrum wahrzunehmen, Variationen von einer Frequenz von wenigen Schwingungen per Sekunde des Infraklangs bis zum Ultraklangnetz von 24-25 KHz. Nur wenige Menschen vermögen diesen oberen Bereich wahrzunehmen, aber die meisten Hunde reagieren auf Ultraschall. Bestimmte Hunderassen wie etwa Collies sind Hochfrequenztönen gegenüber außerordentlich empfindlich; dies kann in der Erziehung durch Signale mit einer »lautlosen Hundepfeife« oder mit elektronischen Klanggeräten (siehe Seite 139) ausgenutzt werden.

Die meisten Menschen überreizen ihre Haushunde mit Tönen, erteilen ihre Kommandos viel lauter als gerechtfertigt. Sprich mit Deinem Hund sanft, bilde Dir nicht ein, daß eine harte, kehlige Stimme wirksamer als eine ruhige wäre.

Sehvermögen

Der Mensch ist zuerst und vor allem ein auf das Sehvermögen ausgerichtetes Geschöpf; dies gilt für den Hund weniger, dennoch haben die meisten Hunde ein gutes Sehvermögen. Hunde übertragen eine außergewöhnlich große Vielfalt an Emotionen und Botschaften durch ihre Körperhaltung, Lefzenstellung, Haltung und Bewegung der Rute, Haarstellung im Nackenbereich, Augen- und Ohrhaltung: sie verfügen buchstäblich über eine eigene Körpersprache. Da Hunde im allgemeinen kurzsichtig sind, ist ihr Gesichtsfeld auf kürzere Entfernung ausgerichtet als das des Menschen; Hunde sind aber sehr leistungsfähig in der Wahrnehmung von Bewegung, zum Beispiel Ermüdungssignalen möglicher Beutetiere oder Anzeichen sich nähernder Gefahr. Beide - Menschen wie Hunde - können sich nur eingeschränkt starker Dunkelheit anpassen. Ihr nächtliches Sehvermögen ist weniger gut entwickelt als das von echten Nachttieren wie beispielsweise das der Katzen.

Experimente der schwedischen Armee in den 1960er Jahren haben bewiesen, daß es recht praktisch, ja sogar wirksamer ist, Hunde für bestimmte Aufgaben nur durch Gebrauch von Handzeichen und Kopfbewegungen zu erziehen; ich selbst habe eine Vielzahl tauber Hunde auf diese Art mit laufend recht befriedigenden Ergebnissen ausgebildet. Eine Ausnahme ist das Zeichen zum Kommen, das wir einsetzen, um die Aufmerksamkeit eines Hundes zu erwecken, wenn er in eine andere Richtung schaut; dies ist objektiv bei einem tauben Hund unmöglich. Bei einem Hund von normalem Hörvermögen werden im Idealfall gesprochene Kommandos nur als gelegentliche und zusätzliche Signale gebraucht, um die Sichtzeichen zu verstärken.

Ein besonderer Anreiz, in erster Linie Sichtzeichen zu gebrauchen, besteht darin, daß durch ein solches System der Hund gezwungen wird, seinen Herrn laufend zu beobachten, immer auf das nächste Signal seines Freundes zu warten. Hundebesitzer, die Klage führen, daß ihr Hund umherstreunt, gesprochenen Befehlen gegenüber schlecht reagiert, sollten versuchen, sich mehr auf Sichtzeichen zu konzentrieren. Als ich meinen Irish Setter Sam im Alter von zwei Jahren adoptierte, war er bestimmt der unaufmerksamste, nur in Ausnahmefällen gehorsame Hund, mit dem ich je zusammengelebt habe. Er änderte sich, wurde geradezu zum Modell hundlicher Aufmerksamkeit, als ich ihn davon überzeugt hatte, daß es in seinem ureigensten Interesse lag, stets ein Auge auf mich zu haben. Ein Wink an Sam bedeutete immer etwas Gutes für ihn, dies hielt ihn auf Sichtweite - ganz anders als die meisten Setter, deren verzweifelte Besitzer in die stillen Wälder hineinrufen, immer voller Hoffnung auf die Rückkehr von Rover warten!

Sprache der Hunde

Der schnelle Informationsaustausch zwischen Hundegefährten erstaunt die Menschen immer wieder, selbst Experten wie mich, die über viele Jahre Hunde studieren. Unserer Veranlagung entsprechend konzentrieren wir uns auf sichtbare Signale: Bewegungen von Lefzen, Ruten, Ohren und dergleichen. Gerüche unter der Rute, Geschmacksveränderungen innerhalb des Fangs, tonlose hundliche Ausdünstungen aus Ausscheidungen bleiben uns verborgen. Aber wie sollten wir auch solche Zeichen bei rutenlosen Corgies wahrnehmen oder bei Old English Sheepdogs, deren Augen mit dichtem Haar bedeckt sind? Mit großen Schwierigkeiten! Und trotzdem - die meisten Menschen entwickeln eine erstaunliche Fähigkeit, die Gefühle des eigenen Hundes wahrzunehmen, ahnen auch, wohin sie sich aller Wahrscheinlichkeit nach als nächstes bewegen. Dies alles, ohne daß wir den Segen eines Doktorhuts der tierischen Verhaltensforschung errungen haben.

Der Ausdruck »Metakommunikation«" wurde von Wissenschaftlern geprägt, um das Loch unseres Nichtverstehens, was Hunde sich untereinander sagen, zu stopfen. Unter Metakommunikation versteht man, daß ein Signal oder eine Handlung völlig verschiedenartige Bedeutung haben können, je nachdem, in welchem Zusammenhang sie auftreten. Intensives Anstarren, Knurren, Kratzbewegungen mit den Hinterläufen auf dem Boden haben nach einer Spielrunde eine völlig andere Bedeutung im Vergleich zu denselben Handlungen, wenn kein fröhliches Spiel oder niedrige Rutenhaltung vorliegt. Wenn wir nicht laufend sorgfältig beobachten, übersehen wir diese mannigfaltigen Feinheiten im tierischen Verhalten. Hast Du Zugang zu einer Videokamera, empfehle ich dringend, den eigenen Hund bei seinem Verhalten im Spielen, Drohen, Füttern oder bei der Begrüßung zu filmen, das Ganze dann in Zeitlupe anzusehen. Das wird Dir deutlich zeigen, welche metakommunikatorischen Kostbarkeiten Du übersehen hast, während Du Deinen Hund in seinem Verhalten im tatsächlichen Zeitablauf beobachtetest.

Wann immer Du vermagst, versetze Dich selbst in das Fell und die Lage Deines Hundes. Bewege Dich nach unten auf Bodenebene, schließe Deine Augen und ziehe den Geruch der Erde ein. Schaue hinauf zu Menschen, die hoch über Dir aufragen, ignoriere ihre Farbe, denn Hunde leben in einer Welt von schwarz, grau und weiß. Aber am allerwichtigsten, vergiß alles über Geld, die eigene Person und über das Morgen. Denke nur an das Heute, an Nahrung, Wärme, Gesellschaft und Sex. In der Welt eines Hundes zählt einzig und allein das Jetzt und Heute.

2

Individuelle Unterschiede:

Die Wurzel hundlicher Eigenheiten

Was die Erziehung von Kindern angeht, besteht heute ein eindeutiger Trend, die Erziehung auf den Schüler maßzuschneidern, Selbstvertrauen und Kreativität zu ermutigen, Lernen zum Vergnügen zu machen. Bei meiner Erziehungslehre für Hunde setze ich die gleichen Prioritäten, sie unterscheiden sich maßgeblich von den alten Vorstellungen einheitlicher Klassenzimmer oder von 08/15-Hundeschulen. Manchmal kommt es Eltern so vor, daß die Absolventen moderner Schulen anarchisch sind, übertriebene Freiheitsansprüche stellen, sehr schwierig zu begreifen sind. Aber zumindest sind sie kühne Persönlichkeiten, haben persönlichen Geschmack und sind auf die Veränderungen unserer Zukunft so vorbereitet, daß sie damit fertig werden. Das Gleiche sollte auch für unsere Hunde gelten. Mein Erziehungssystem ist keinVorläufer zum hundlichen Chaos, denn unverändert werden die Grenzen, was ein Hund darf und was nicht, vom Menschen gesetzt. Aber die gewählten Erziehungsmethoden sind primär darauf ausgerichtet, die Persönlichkeit des einzelnen Hundes zu entwickeln, nicht zu unterdrücken.

Die Freude am Zusammenleben mit Hunden liegt weniger in ihrer äußeren Erscheinung als in all dem, was sie tun, in der Art, wie sie sich benehmen. Obgleich planmäßige Hundezucht für das Äußere der Rassehunde so zahlreiche Standardformen geschaffen hat, gibt es außerdem noch immer eine große Mannigfaltigkeit und Eigenwilligkeit in der Art, wie sich unsere Hunde benehmen. Ophelia ist ein Jack Russell Terrier, der Bäume so geschickt wie eine Katze erklettert; sie hat eine Art inneren Zwang, hinauf in die Zweige - je höher desto besser - bei Regen oder Sonnenschein! Von ihren besorgten Besitzern wurde sie »aus vielen Gefahren gerettet«; einmal riefen sie sogar die Feuerwehr, als Ophelia eine ganz besonders mächtige Eiche erklommen hatte. Aber nichts konnte sie von diesem Tun abhalten. Niemand hat je Ophelia dazu erzogen oder ermuntert; es war ganz genau diese spezielle Eigenheit, die ihren Besitzern eine Mischung von Besorgtsein und Stolz - Verantwortlichkeit und Lachen brachte.

In »Hunde auf der Couch« habe ich Dutzende ähnlicher Besonderheiten in der Beziehung Hund-Mensch beschrieben. Es ist rührend, wie tolerant Hundebesitzer gegenüber den Schwächen ihrer Lieblinge sind. Woher kommen diese Variationen, diese individuellen Unterschiede? Natürlich sind sie teilweise genetisch bedingt - ererbt, teilweise erlernt. Beide Prozesse schaffen einen breiten Spielraum, um einzigartige, in der Regel reizvolle Charakterkombinationen zu entwickeln.

Spielen ist eine Aktivität, die wir am meisten an unseren Hunden lieben, und es ist bemerkenswert, daß sie von den ersten Wochen ihrer Kindheit bis zu den letzten Tagen ihres Alters das Spiel fortsetzen. Die meisten anderen Tierarten hören mit dem Spielen auf, wenn sie »erwachsen geworden« sind; das habe ich immer wieder festgestellt, als ich versuchte, das Leben von in Gefangenschaft gehaltenen Sauen, alten Eisbären und Pferden erträglicher zu machen. Selbst Wölfe werden, wenn sie erst einmal ein Jahr alt sind, zu ziemlich stumpfen, spielunlustigen Geschöpfen. Aber Hunde setzen das Spiel meist über das ganze Leben fort. Warum? Die Antwort wurde überzeugend von dem amerikanischen Biologen Dr. Ray Coppinger gegeben. Er fand heraus, daß die modernen Haushunde nichts anderes sind als noch immer Wolfswelpen, deren Verhaltensinventar etwa auf dem Stand des Alters von fünf Monaten stehengeblieben ist. Betrachtet man einfach nur die körperliche Entwicklung des Hundes, hat Zeuner den Begriff »Neotonie« geprägt; damit beschreibt er die im Vergleich zu seinen wilden Vorfahren sexuelle Frühreife des Haushundes. Beides sind die zwei verschiedenen Seiten der gleichen Verhaltensmünze: man kann einen Hund entweder als Wolfwelpen ansehen, der sich sehr jung fortpflanzt oder als ausgewachsenen Wolf, der nie alt wird!

Es gibt einige Hunderassen, die dem Wolf ausgeprägt mehr ähneln als andere. Hierzu gehören zum Beispiel die Spitzrassen, wie Samoyeden, Malamutes, Corgis und Akitas. Sie stehen sowohl in ihrem äußeren Erscheinungsbild als auch in ihrem Verhalten dem Typ ihrer Ahnen näher, neigen auch dazu, häufiger und ausdrucksstärker ihre Stimme zu nutzen als zum Beispiel Jagdhunde oder Terrier. Man vergleiche einmal das große stimmliche Repertoire eines Wolfs oder eines Hundes der Spitzrassen; sie enthalten zahlreiche Variationen des Bellens, Winselns, Knurrens und Grunzens, insbesondere wenn man dies einmal mit dem ausdauernden Kläffen vieler Terrier oder dem monotonen Wuff eines Pyrenäen Berghundes vergleicht.

Die Rassezuchtvereine rund um die ganze Welt haben ihre Rassestandards, unglücklicherweise sind sie aber in solch allgemeinen und platten Begriffen abgefaßt, daß sie gerade in Beziehung auf das Wesen der Hunde oft recht bedeutungslos sind. Glaubt man, was man liest, erweisen sich alle Rassen als loyal, lieben den Spaß, sind anpassungsfähig und sind gerade mit Kindern »fantastisch«. Nirgends findet man negaitve Wesensmerkmale! Fest steht, die meisten heute verfügbaren Hunderassen haben sich in ihrem Aussehen, in ihrem Körperbau und Verhalten gegenüber ihren für die Arbeit gezüchteten Vorfahren um einiges verändert. Durch planmäßige Inzucht kann sich der Rassecharakter schnell verändern - so war zum Beispiel der Old English Sheepdog Ende der 1950er Jahre im Vergleich zur heutigen Rasse wesentlich anders. Solche Veränderungen treten insbesondere dann auf, wenn die Popularität einer Rasse merkbar steigt oder fällt. In der Popularität rückläufige Rassen verbessern sich im allgemeinen, neu in den Trend geratende Rassen verschlechtern sich meist. Weiterhin gibt es geografische Unterschiede. Die Dobermänner in England sind in der Regel sanft, freundlich und lieben die Bequemlichlichkeit, eine deutliche Zurückhaltung gegenüber komplizierten, körperlich anstrengenden Aktivitäten ist unverkennbar. Im Vergleich dazu können ihre »arbeitenden Vettern« in Deutschland und den USA unwillkommene Besucher nachhaltig stoppen. Bei dieser Rasse gilt das gleiche wie bei vielen anderen, der Typ des Einzelhundes hängt wesentlich von der Linie seiner Vorfahren ab. Hunde in Deutschland wie USA gehen mehr auf den deutschen Schutzhund als auf englische Ausstellungstiere zurück. Aber weltweit haben alle Dobermänner die Neigung, sich beim Schlafen zusammenzurollen, beim Wiedersehen mit ihren Menschen diese fast umzuwerfen; und es gibt einige wenige, die einheitlich eine Art Zwangshandlung ausüben, an ihren Flanken zu suckeln.

Isolierte Hundepopulationen, wie es sie in England, Australien, Neuseeland, Island und anderen Ländern gibt, leiden in der Regel unter dramatischeren genetischen Veränderungen als die gleichen Rassen in Ländern, wo keine Quarantäne oder andere Gesetze den freien Zugang einschränken. So ist zum Beispiel der Tibet Terrier in England dem Hund, der heute in Tibet lebt, wenig vergleichbar; einige behaupten, das ginge darauf zurück, daß in England diese Rasse teilweise auf einem Bastard aufgebaut wurde, den man in den Docks von Liverpool fand, der aber zufällig wie ein Tibet Terrier aussah. Die übrige Welt aber importierte ihre Tibet Terrier direkt aus Tibet! In der Praxis bedeutet dies, daß interessierte Hundekäufer nicht notwendigerweise davon ausgehen sollten, daß die Hunderasse, die sie sich heute auswählen, genau die gleiche ist wie die Hunde, die sie aus ihrer Kindheit kennen. In einigen Rassen kann dies eine gute Nachricht sein, in anderen eine schlechte. Was mich persönlich beunruhigt ist, was gerade in den 1990er Jahren im Wesensbild des Golden Retrievers passiert. Von dem verläßlichen Familienhund, wie er uns aus den Fernsehsendungen »Blue Peter« in den 1970er Jahren bekannt ist, haben diese Hunde plötzlich die Spitzenstellung der Hunde erklommen, die manchmal zu recht bösartiger Aggression neigen, immer häufiger im Animal Behaviour Centre vorgestellt werden. Andere Hunderassen wiederum haben in nur zehn Jahren im Wesen deutliche Verbesserungen zu verzeichnen, man sieht dies ei English Cocker und Deutschen Schäferhunden; diese Rassen zeigen heute viel weniger Probleme von Aggression oder Nervosität als in den 1980er Jahren.

Tierversuche haben zu einem weitgehenden Einvernehmen unter den klinischen Medizinern geführt, wonach vorgeburtliche Ereignisse die spätere Entwicklung des Seelenlebens und der Persönlichkeit zutiefst beeinflussen. Studien in den 1960er Jahren ergaben, daß Streß durch äußere Einwirkung oder überfüllte Räume in der Tragezeit von Ratten die Voraussage rechtfertigt, daß der so heranwachsende Nachwuchs wahrscheinlich extreme Furcht und eine Tendenz zur Überreaktion auf neue Geschehnisse aufweisen wird. Weiterhin wissen wir, daß schlechte Ernährung und eingeschränkte fötale Blutversorgung etwa durch Rauchen oder anderes anormales Verhalten der Mutter schädigende Auswirkungen auf die körperliche und seelische Entwicklung menschlicher Kinder haben. Bei unseren Forschungen im Animal Behaviour Centre haben wir nachgewiesen, daß Hündinnen in »Welpen-Farmen« häufig Nachzuchten hervorbringen, die im Heranwachsen leichter erregbar und unsicherer sind als Welpen, die direkt beim Züchter gekauft werden. Solche »Puppy Farm-Welpen« werden um des höheren Gewinns wegen in Massenzuchtanstalten unter sehr eingeengten und ungesunden Verhältnissen produziert, dann in entfernte Städte zum Verkauf versandt. Ihr Streß im vornatalen Zustand wie nach der Geburt hinterläßt im Persönlichkeitsbild der Welpen klare Schäden, noch ehe sie als Familienhund gekauft werden.

Eine weitere Ursache von individuellen Differenzierungen bei Hunden ist die Stellung, in der ein Welpe im Gebärmutterhorn liegt - neben einem Bruder, neben einer Schwester, zwischen zwei Brüdern oder zwischen zwei Schwestern. Es gibt heute Hinweise, wonach bei Tieren wie dem Hund, die in einem Wurf mehrere Welpen bringen, sich der fötale Blutzustrom beachtlich vermischt. So wird eine kleine Hündin in Nachbarschaft von Rüden in geringem Umfange durch die fötalen Androgene ihrer Brüder maskulin geprägt, während ein Rüde, der sich zwischen zwei fötalen Brüdern entwickelt, sich maskuliner entwickeln wird als sein zwischen zwei Schwestern lagernder Bruder.

Geschlecht und Vererbung sind umfassende und interessante Gesprächsthemen, der Hund war immer eine Lieblingstierart für Wissenschaftler als Modell zum Studium von Sexualphysiologie und Verhalten bei Menschen. Professor Frank Beach und sein Kollege Dr. Richard Doty von der Universität Berkeley, Kalifornien, haben einige interessante Sexualverhaltensstudien an Beagles unternommen, ein Forschungsergebnis ist die Tatsache, daß es weit häufiger die Hündinnen sind, die sich ihren Partner auswählen, als die Rüden. Eine langzeitige Freundschaft zwischen einem Rüden und einer Hündin führt in der Regel zu Liebeswerben und Paarung, wenn beide sexuell ausgereift sind. Im Gegensatz zu der populären Meinung über hundliche Promiskuität (Geschlechtsverkehr mit häufig wechselnden Partnern) scheinen Hunde - zumindest die Beagle - Monogamie zu bevorzugen - wenn man ihnen dazu Gelegenheit gibt.

Da gibt es dann noch die Vorstellung, daß es allein der dominante Rüde sei, der die heiße Hündin deckt. Wiederum falsch! In der Regel ist es nicht der dominante Rüde, der das Sexualgeschehen bestimmt, sondern die dominante Hündin - Viel mehr der Charme als die Kraft scheint das Persönlichkeitsbild eines Beagles zu sein, der viele Hündinnen deckte; dies mag eine Erklärung sein, warum Mischlinge - deren Eltern einander selbst wählten - meist so angenehme Familiengefährten sind.

Die Wissenschaftler Beach und Doty haben auch die Auswirkungen der Kastration in verschiedenen Altersstufen auf das Sexualverhalten von Rüden in späterem Alter untersucht. Danach hat es den Anschein, daß das männliche wie weibliche Paarungsverhalten sehr früh, möglicherweise bereits vorgeburtlich geprägt ist. Nach der Geburt scheint es keine Rolle zu spielen, ob ein Rüde im Alter von sieben Tagen, sieben Monaten oder sieben Jahren kastriert wird. Das Wegnehmen von Testosteron (durch Kastration) oder eine Ersatztherapie mit synthetischen Androgenen hat unabhängig von dem Alter der Kastration die gleichen Effekte, mindert oder vergrößert die sexuelle Aktivität.

Abschließend die Frage, ob es den Hunden Vergnügen bereitet. Haben Hunde am Sex Spaß, brauchen sie Sex? Die wenig hilfreichen Antworten zu beiden Fragen sind wahrscheinlich Ja und Nein! Einige Rüden entwickeln einen außergewöhnlichen Sexualtrieb, riskieren praktisch alles, um zu einer heißen Hündin zu gelangen; andere scheinen sich überhaupt für keine Hündin zu interessieren. Einige Rüden - in der Regel von kleinen Hunderassen wie Dachshund und Jack Russell - sind bereits im Alter von zwölf bis sechzehn Wochen sexuell aktiv; größere Rassen wie etwa Deutsche Dogge oder Irish Wolfhound scheinen erst in ihrem zweiten Lebensjahr sexuell ansprechbar.

Menschen können auf sexuelle Besonderheiten ihrer Hunde recht empfindlich reagieren. Vor kurzem wurde ich von einer Tierärztin konsultiert, deren Kavalier King Charles-Hündin selbst Ziegelsteine rüdenartig bestieg, ihre Beine um Laternenpfähle klammerte, offensichtlich einen recht durcheinander geratenen hundlichen Sexualtrieb hatte. Diese männlichen Verhaltensmuster traten alle erst auf, als die Hündin kastriert wurde, eine Operation, wobei - wie der Hormonspezialist darlegt - die »Eierstockunterdrückung« latenter männlicher Verhaltensweisen chirurgisch entfernt wurde, die in jedem Welpen dadurch, daß er den fötalen Androgenen ausgesetzt ist, programmiert ist. Ich erklärte meiner tierärztlichen Freundin, daß das Verhalten ihrer Junghündin durch »so wenig wie 26 fehlprogrammierte Zellen« in der Gehirnrinde kontrolliert werde. Da sich diese Zellen sicher außerhalb der Reichweite sowohl von Medikamenten wie Skalpell befinden, war mein Rat, es wäre wohl das Beste, sich mit dem ungewöhnlichen Verhalten des Spaniels abzufinden, das Ganze von der komischen Seite zu betrachten.

Als nächstes muß man wissen, daß in einem Wurf ein recht lebhafter gegenseitiger Wettbewerb besteht: der Kampf um Zugang zur milchreichsten Zitze, dem Streß ausgesetzt sein, zufälliges Getretenwerden durch die Mutterhündin - eine Fülle anderer Ereignisse, die selbst in den bestgeführtesten Zwingern einmal schiefgehen können. In unserer Welt sind Hunde Kindern recht ähnlich, beide scheinen sich solchen frühen Herausforderungen bemerkenswert gut anzupassen. Dennoch tragen derartige unausweichliche Traumas dazu bei, individuelle Differenzierungen zu schaffen. Das kann ich selbst bei meinen sonst identischen Zwillingssöhnen beobachten und lieben, genau wie ein Züchter Unterschiede unter den Welpen des gleichen Wurfes beobachtet. Genetik ist immer eine Glücksspiel, dennoch haben Bruder und Schwester mehr Ähnlichkeiten untereinander als nicht miteinander verwandte Lebewesen. Es war der schwedische Psychologe Anders Hallgren, der darauf hinwies, daß, wenn man das zu erwartende Wesen eines Welpen im voraus wissen möchte, man sich die Wurfgeschwister aus früheren Paarungen des gleichen Rüden mit derselben Hündin genau ansehen sollte.

Dies mag ein recht vernünftiger Ratschlag beim Kauf von Rassehunden sein, er scheidet aber bei Mischlingen aus. Jede Kreuzung von Rassen erzeugt eine riesige Fülle neuer, zufälliger Genkombinationen, Wurfgeschwister in Bastardwürfen können alle vollkommen verschieden aussehen und sich auch verschieden verhalten. Hätten Sie geglaubt, daß das Geschwisterpaar Annie und Elsie auf den Fotos 3 und 4 Schwestern seien? Sie waren es, leider sind sie nicht mehr am Leben, wurden auf Anordnung eines fehlgeleiteten Tierschutzinspektors getötet, der sie beide als Pit Bull Terrier einordnete. Jeder künftiger Besitzer eines Mischlingswelpen ist recht großen Überraschungen ausgesetzt.

Eine weitere Ursache individueller Unterschiede bei Hunden ist das Alter, in dem der Welpe vom Züchter abgeholt wird. Wissenschaftler haben nachgewiesen, daß Stimulation von frühester Jugend an ein ganz wichtiger Faktor ist, der die körperliche wie seelische Entwicklung zu beschleunigen vermag. Liebkosen eines Welpen, ihn auf den Arm nehmen und mit den Händen streicheln, kann das körperliche Wachstum um 10 bis 20 % verstärken, die seelische Entwicklung merklich voranbringen. Ein holländischer Forscher behauptet, daß, wenn man Welpen im Alter zwischen sieben und zehn Tagen mit menschlichem Unterarmschweiß einreibe, hierdurch Bindung und Zuneigung an die Menschen, bei denen die Welpen später plaziert werden, deutlich verbessert werde.

Unsere Corgi Hündin Squirrel Nutkins (für ihre Freunde Nutty) hatte eine große Leidenschaft, Füße abzulecken - insbesondere meine. Im Alter von sieben Wochen wurde sie von der ganzen Familie gestreichelt und verwöhnt, ich erinnere mich aber keineswegs, daß ich sie etwa auf meinen alten Socken schlafengelegt hätte! Nutty`s Züchterin ist ein Lady, deren Ehemann als englischer Bankier im Ruhestand lebt; ich kann mir überhaupt nicht vorstellen, daß einer von beiden die Welpen mit Schweiß unter den Achseln, der Füße oder anderer Körperteile eingerieben hätte. Für einige Wissenschaftler - aber nicht für mich - könnte dies ein Grund sein, hinsichtlich fehlender eigener beruflicher Erkenntnisse verlegen zu sein, keine Antwort zu wissen, wenn Expertenrat gefordert wird. Beispielsweise von Kolumnist Nigel Dempster der »Daily Mail«, dessen Pekingese immer wieder versucht, sich auf seinen linken Fuß zu stürzen. Ich beobachtete diese kleine Hündin in Ekstase, hörte aufmerksam zu, aber ich kann tatsächlich nicht erklären, warum sie das, was sie tut, tut. Was geht in dem Schädel eines so von Sinnen geratenen Fußfetischisten vor?

Vergleichendes Denken in der Welt der Hunde verfolgt einen bemerkenswert ähnlichen Kurs wie in der Welt der Kindergartenerziehung; hier schafft man für ein Baby, dem man optimale Lernmöglichkeiten gibt, beste Zukunftsaussichten als Erwachsener. Bei Hunden sind Welpenspielgruppen »in«, bieten all den Spaß und das Chaos, wie es der Name andeutet; demgegenüber sind Einheitsklassen für robuste Teenager-Hunde »out«. Aber worin besteht eine optimale Frühumgebung? Völlig unbestritten sollte ein Junghund mit einer breiten Vielfalt von menschlichen Wesen aller Größen, Farben und Alter Kontakt haben. Dann geht es um die anderen Tierarten - Katzen, Pferde, Geflügel und auch andere Hunde, diesen sollten sie im Idealfall bereits im Alter von fünf bis sechs Wochen häufig gegenüberstehen. Ein auf den Markt ausgerichtetes Zuchtunternehmen wird hierfür nicht ideal sein, in der Regel fehlt es an derartigen bereichernden Stimulanzen. Übertriebene Sorge hinsichtlich Krankheiten und Hygiene kann möglicherweise zu einer besseren Überlebenschance führen, wird sich aber auch als starkes Handicap für die Entwicklung richtigen Verhaltens erweisen. Den besten Kompromiß bietet wahrscheinlich der Einzelzüchter, der nur ein paar Hunde besitzt, die er im eigenen Hause hält, mit denen er aus verantwortungsbewußtem Interesse züchtet.

Oft werde ich gefragt, was das beste Alter wäre, um einen Welpen vom Züchter zu übernehmen. Darauf gibt es keine einheitliche Antwort, viel hängt davon ab, unter welchen Verhältnissen der Welpe gehalten wird, wie es in seinem endgültigen Zuhause aussehen wird. Ist zum Beispiel der Züchter mit erstaunlich viel Zeit ausgestattet, verfügt er über ein reichhaltiges soziales Umfeld und eine die Welpen erziehende Hündin, ist es besser, daß der Welpe da bleibt, wo er ist - sagen wir bis zu einem Alter von etwa zwölf Wochen. Das ist ganz besonders dann richtig, wenn das neue Zuhause sehr ruhig sein wird, der Welpe dort über längere Zeitabschnitte für sich allein bleiben muß, ohne die so wichtige soziale Stimulanz. Auf der anderen Seite sollte ein Züchter, der seinen Welpen nur eine relativ sterile Umwelt bietet, darauf achten, daß die Welpen in einem so frühen Alter als irgendmöglich übernommen werden. Dies entspricht der erprobten und immer wieder getesteten Methode der Blindenhundorganisation in England (Guide Dogs for the Blind Association). Deren Welpen werden im Alter von sechs Wochen in neue Hände abgegeben; die jungen Blindenführhunde werden allen Einflüssen und Krankheiten der echten Welt ausgesetzt, um sie auf ihre spätere Aufgabe richtig vorzubereiten.

Einige amerikanische Hundeausbilder haben die frühen Arbeiten von Scott, Fuller, Fox und anderen studiert. Sie behaupten, daß es möglich sei, durch überprüfen und formale Welpentests im Alter von sieben Wochen die zu erwartende Persönlichkeit des erwachsenen Hundes vorauszusagen. Die Ausbildungsliteratur ist angefüllt davon, enthält Vorschläge für »Welpen-Eignungstests«, aber keiner davon hat bisher nützliche Voraussagequalitäten unter Beweis gestellt. Als viel aussagekräftiger erwies sich die Überprüfung erwachsener Brüder und Schwestern aus vorangegangenen Paarungen. Unglücklicherweise halten viele Hundezuchtvereine in Amerika und einigen europäischen Ländern noch immer an der Hoffnung fest, interessierten Käufern durch solche Tests eine bessere Wahl zu ermöglichen. Meine eigenen Untersuchungen und die von Dr. Margaret Young von der Duke University in North Carolina haben jedoch ergeben, daß es für Welpentests keine wissenschaftliche Basis gibt. Hieraus folgt, daß traurigerweise viele Welpen durch derartige Tests in einem zu frühen Alter für ungeeignet als Haushunde zurückgewiesen wurden, ohne daß man ihnen die Chance einräumte, sich weiter zu entwickeln.

Welpen haben zwar im genetischen Code ihrer Chromosomen keine eigene Wahl, sie können aber auf den für ihr Schicksal entscheidenden Menschen selbst Einfluß nehmen. Immer und immer wieder werden mir von den Hundebesitzern, die fest daran glauben, daß ihr Welpe oder ihr Hund aus dem Tierheim sie »ausgewählt« habe, Anekdoten erzählt - sie verspürten einen unwiderstehlichen Drang, es war Liebe auf den ersten Blick und so fort. Wie immer dies auch sein mag, die Hundebesitzer übernehmen stolz ihre Rolle als Behüter ihres Welpen - und es ist ganz bemerkenswert, wie von da an auch die junge Hundepersönlichkeit verändert wird.

Julian und Spot waren Border Collie-Brüder, sie wurden von ihren verschiedenen Familien zu mir gebracht, weil die Hunde sich ständig gegenseitig durch den Zaun, der zwischen ihren aneinandergrenzenden Gärten lag, ankläfften. Trafen sich die Hunde unterwegs, waren sie recht freundlich miteinander. Abgesehen von der Herausforderung, einen interessanten Störfall unter Nachbarn zu bereinigen, faszinierte mich der Kontrast in der Persönlichkeit zwischen den zwei Hunden. Spot war nervös, nahm stets bei der Begrüßung von Fremden eine unterwürfige, auf dem Rücken liegende Haltung ein, ja er urinierte sogar unfreiwillig, wenn er seine eigene Familie begrüßte. Julian war allen Neuankömmlingen gegenüber selbstbewußt und herzlich, tobte mit vollem Ungestüm umher, er vermochte dabei durchaus die hübschen Kleider jedes menschlichen Wesens in seinem Leben zu ruinieren. Überließ man diese Hunde sich selbst, waren sie mit meinem »Assistenten Sam« zusammen, vermochte man die zwei Hunde kaum voneinander zu unterscheiden. Ihre ganzen Unterschiede waren nach meiner Überzeugung nahezu ausschließlich in den Eigenheiten ihrer jeweiligen Besitzer begründet.

Spot war zu einem angepaßten, disziplingläubigen und ziemlich einfältigen Besitzer gekommen, der sich am liebsten der »Arbeit« in Schäferhund-Hütewettbewerben widmete. Er war fest davon überzeugt, daß ein Hund seinen Platz kennen müsse, man ihn nicht verwöhnen dürfe, man ihm eine Lebensaufgabe stellen müsse. Julian's Familie bestand ganz einfach aus ganz normalen, liberalen Menschen, die den Hund als ein Familienmitglied behandelten, von ihm nur erwarteten, daß er sich einordnete und kam, wenn man ihn rief. Spot dagegen lebte in einer Welt des ständigen »Nein« und »Pfui«. Julian war von Menschen umgeben, die er selbst manipulieren konnte, die sich darauf verstanden, ihm Liebe zu geben und von ihm Liebe zu empfangen.

Gelegentlich kann die allerwinzigste Ursache die Zukunftsaussichten eines Welpen ruinieren. Es kann die erste Autoreise vom Züchter ins neue Zuhause sein, denn manch ein Welpe wird dabei autokrank, muß erbrechen; dadurch kann der Grundstein für langjährige psychische Probleme beim Autoreisen gelegt sein. Das Zusammentreffen zwischen einem kleinen Welpen und einer launischen alten Katze kann lebenslängliche Eindrücke hinterlassen, entweder Furcht oder auch Aggression gegenüber allen Katzenartigen in dieser Welt.

Läuft ein Welpe bei dem Versuch, seinem Besitzer zu folgen, in eine Glastüre, kann dies zu einem völlig unerwarteten Rückschlag führen, auf einige Zeit die Verbindung und das Interesse am Menschen unterbrechen; ja, es kann sich für den Hund genauso auswirken, wie ein grausamer Schlag auf die Hundenase. Mein acht Wochen alter Setter-Welpe Pollo vermittelte uns ein perfektes Beispiel eines solchen einmaligen Lerneffekts, als er durch den metallischen Klang der Springfeder eines Tores auf dem

Feld nahe dem Haus erschreckt wurde. Noch Monate später wollte Pollo nicht durch das offene Tor gehen, war aber durchaus bereit, unter dem geschlossenen Tor durchzukrabbeln.

Die Anwesenheit eines anderen Hundes im Haus ist wahrscheinlich die Hauptlernquelle für einen Junghund. Ich beobachte dies tagtäglich, wenn der kleine Pollo versucht, den zehnjährigen Sam zu kopieren. »Tue alles wie Sam!« ist die Lieblingsrolle für den Junghund; das reicht so weit, daß er im Spiel erlernt, nicht die rechte, sondern die linke Pfote anzuheben, auf menschlichen Wink in Heulen auszubrechen, Pferdehufe zu respektieren, keine Hühner zu scheuchen. Mimicrie (Nachahmung) oder Lernen durch Assoziation ist in der Entwicklung eines Welpen ein machtvoller Faktor; Alleinhund zu sein erweist sich für einen Welpen, der von vielen anderen umgeben war, als offensichtlicher Nachteil. Dies ist der Grund, warum ich meine Klienten dränge, ihren Welpen so früh wie möglich mit vielen geeigneten hundlichen »Mustermodellen« zusammenzubringen. Besteht die Möglichkeit, leih Dir die besten, ausgewachsenen Hunde aus, die Du bei Deinen Nachbarn, Freunden oder in der Familie kennst.

Tag für Tag sehe ich Hunde, bei denen alles völlig richtig angefangen zu haben scheint, bei denen dennoch unerwartete Probleme wie Nervosität, Aggression oder Ungehorsam auftreten. Vielen Hunden begegne ich auch, hinter denen eine sehr unglückliche Geschichte liegt, die sich dennoch gut benehmen. Deshalb solltest Du keinesfalls in Panik geraten, wenn Du nicht in der Lage bist, für Deinen Hund ideale Verhältnisse zu schaffen - die meisten Hunde kommen auch mit widrigen Umständen recht gut klar. Wichtig ist es, sich weder an die Brust zu schlagen, noch komplizierte Seelenforschung anzustellen, wenn der eigene Hunde eine irritierende oder gar gefährliche Gewohnheit zeigt. Anstatt Dich selbst zu tadeln, solltst Du weiterlesen, dieses Buch zeigt positve Lösungsmöglichkeiten, notfalls solltest Du zusätzlich den Rat eines Experten einholen.

Ziel dieses Buches ist es, jedem Hund zu ermöglichen, in seinem Lebenskreis seine eigene Persönlichkeit mit den Menschen zu entwickeln. Meine Botschaft an Dich, lieber Leser, lautet: Du solltest Deinen Hund nicht nach irgendeiner Schablone formen, sondern ihn eher ermuntern, seinen eigenen, einzigartigen, fantastischen Hundecharakter voll zu entwickeln. Auf daß er ein ganz eigener Hund wird!

3

Tierisches Lernen:

Ein Schwamm, der Erfahrungen aufsaugt

Die Unvorsichtigkeit seines Besitzers war schuld, daß Bip, mein erster Irish Setter, mit seiner Rute in den Flügeln einer Drehtür eingeklemmt wurde. Trotz zweifellos großer Schmerzen hinterließ dieser Unfall keine äußere Verletzung. Zu diesem Zeitpunkt war Bip zwei Jahre alt, über die folgenden fünfzehn Jahre seines Lebens blieb er immer stehen und wartete die Bestätigung des Menschen ab, daß eine Tür sicher war, er sie gefahrlos passieren konnte. Eine einzelne negative Erfahrung hatte eine Verhaltensänderung des Hundes auf Lebenszeit ausgelöst.

In meiner beruflichen Arbeit bin ich Hundebesitzern behilflich, ihre Hunde davon abzuhalten, unerwünschte Gewohnheiten anzunehmen - immer wieder überrascht mich die Schnelligkeit, mit der Hunde neue Verbindungen, Gewohnheiten oder Tricks lernen. Könnte man Hunde nicht so leicht erziehen, würde man nicht glauben, daß sie als erste Haustiere domestiziert wurden, noch hätten sie ihre heutige Popularität je erreicht. Und dennoch scheinen viele Hundebesitzer Schwierigkeiten in der Erziehung ihrer Hunde zu haben, geben sie als schwer erziehbar ab. Viele andere Hundebesitzer besuchen über Wochen, Monate und gar Jahre Hundeschulen, wiederholen ermüdende Grundübungen, bis sie immer mehr Perfektion erreichen. Die Wahrheit ist: richtige Hundeerziehung bedarf keiner großen Mühen des Erziehers, noch muß sie für den Hund ermüdend sein - es gibt einen viel einfacheren Weg! Ehe ich diesen näher erläutere, müssen wir verstehen, wie Tiere wirklich lernen.

Die Psychologen unterscheiden zwischen einem Kurzzeit- und einem Langzeitgedächtnis, vermuten eigene physiologische Mechanismen für diese zwei Phänomene. Ereignisse, die im Kurzzeitgedächtnis gespeichert sind, werden leicht »ausgewischt«, vermischen sich oder werden vergessen. Haben sie erst einmal das Langzeitgedächtnis erreicht, werden sie aber sicher gespeichert.

Die Wissenschaftler sind der Auffassung, daß das Kurzzeitgedächtnis das Produkt komplexer, reflektierender, elektrischer Kreisläufe in der Hirnrinde ist, das ab einem bestimmten Punkt in einem zweiten Lernstadium in das Langzeitgedächtnis übergeht. Man glaubt, daß der Übergang einer Information aus dem Kurzzeit- in das Langzeitgedächtnis während einer »schnellen Augenbewegung« erfolgt, in einer Art Traumschlaf, in dem Menschen starke Träume erleben, was möglicherweise bei Hunden ebenso verläuft. Dieses zweite Gedächtnisstadium beruht auf chemischen Vorgängen, Proteine werden codiert, können auf analoge Art wie Digitalsequenzen auf einer Kompaktdisc gelesen werden.

Einmal ins Langzeitgedächtnis eingegangen können nur tiefgreifende und schädigende Einflüsse die chemische Inschrift im Gedächtnis wieder ausradieren oder die Erinnerung daran unterbrechen. So vermag zum Beispiel das Langzeitgedächtnis elektrischer Schocktherapie zu widerstehen, auch traumatischen Hirnverletzungen, ja sogar wiederholten epileptischen Anfällen. Aber es geht im Alter verloren, wenn die Nervenzellen durch Erkrankungen, wie zum Beispiel die Alzheimer'sche Krankheit, zerstört werden.

Kehren wir zu Bip, meinem Setter zurück. In seinem letzten halben Lebensjahr, ehe er im Alter von siebzehneinhalb Jahren starb, gab es viele Anzeichen eines solchen durch Degeneration bedingten Wechsels in seinem Verhalten. Eines aber erwies sich als positiv: er vergaß seine lebenslängliche Furcht vor Türen. Der Übertragungsmechanismus des Langzeitgedächtnisses hatte bei Bip über seine Blütezeit erstklassig funktioniert, aber das hohe Alter machte ihn schließlich frei.

Es gab seit Aristoteles viele verschiedenartige Lerntheorien, wir wollen aber mit den Pionierleistungen des Deutschen Hermann Ebbinghaus beginnen, der fest daran glaubte, daß Lernen durch einen Prozeß der Verknüpfung zwischen Ereignissen, Begriffen und Zahlen erfolge. Einige Zeit später, Anfang des zwanzigsten Jahrhunderts übertrug der berühmte Hundeausbilder und Autor Konrad Most - ein Landsmann von Ebbinghaus - die gleichen theoretischen Vorstellungen des »Lernens durch Verknüpfung (Assoziation)« auf Hunde. Oberst Most entwickelte ein Konzept von Ausbildungshilfen, die recht positiv waren, wenn sie den Hund belohnten; häufiger aber waren sie negativ, also Strafen, umfaßten auch die Anwendung von Gewalt. Während sich die Psychologie hinsichtlich des Lernens von Menschen wie Tieren auf ausgereiftere Lernmodelle weiterbewegt hat, verharrte unglücklicherweise die Hundeerziehung mehr bei ihren alten Wurzeln, verblieb in den ziemlich elementaren und militärischen Erziehungsmethoden, wie sie Oberst Most niedergelegt hatte.

Der nächste große Schritt nach vorne in unserem Verständnis des Lernprozesses und der Gedächtnisstruktur stammt von russischen Neurophysiologen, insbesondere von Ivan Pavlov, der in St. Petersburg arbeitete. Besonders zwei Experimente über tierisches Lernen haben Eingang in das populäre Wissen gefunden: Speichelbildung bei Hunden, ausgelöst durch Glockenläuten vor der Mahlzeit; Schafe, die in Reaktion auf ein Signal, das der Verabreichung eines Elektroschocks vorausging, bereits eine entsprechende Fluchtbewegung der Beine zeigten. Pavlov lieferte uns eine recht nützliche Terminologie zur Beschreibung, was das Verhalten seiner Hunde, Schafe und anderer Versuchstiere auslöste. Unter »unbedingtem Reflex« versteht man die natürliche Reaktion des Körpers auf einen bestimmten Stimulus, einen »unbedingten Reiz«. Beispielsweise ist der unbedingte Reflex eines hungrigen Hundes auf den unbedingten Reiz von Futter das Speicheln. Der unbedingte Reflex eines Schafes auf den unbedingten Reiz des Elektroschocks ist das Strampeln, der Versuch wegzulaufen. Diese unbedingten Reflexe sind »somatische (körperliche)« - Körperreaktionen; in dem einen Fall im Maul und Nahrungstrakt, im anderen in den peripheren Muskeln des Schafes, welche die Bewegung auslösen. Nach einer Anzahl von Sitzungen, bei denen Hund oder Schaf einem bedingten Reiz einer Glocke oder eines Summers ausgesetzt wurden, entwickelten sich qualitativ ähnliche Reaktionen wie Speichelbildung (beim Hund) und Beinbewegungen (beim Schaf) - als wären sie durch Futter oder Elektroschock ausgelöst worden. Durch einen Prozeß, den Psychologen als klassische Konditionierung bezeichnen, wurde ein neuer bedingter Reflex gebildet. Das Pavlov`sche Lernsystem ist in unserem Diagramm auf der nächsten Seite zusammengefaßt (Zeichnung 1).

Das klassische Verhaltensmuster ist besonders nützlich für das Verstehen des Entstehens extrem furchtsamer Reaktionen auf von Grund aus neutrale Reize, beispielsweise ungewöhnlichen Lärm wie Druckluftbremsen bei Lastern oder Überreaktion auf den Klang entfernter Gewehrschüsse. In der Hundeerziehung nach traditionellen Methoden mit Gebrauch des Würgehalsbandes gehört klassische Konditionierung mit zu den Grundmechanismen des Lernens. Kommandos wie »Fuß«, »Platz« oder »Aus« werden zu bedingten Reizen anstelle des unbedingten Reiz des Schmerzes eines hart angezogenen Würgehalsbandes. Dies mag in Hundeausbildungsklassen eine praktische Maßnahme sein, ist aber der realen Hundewelt und dem natürlichen Verhalten des Hundes außerordentlich fremd.

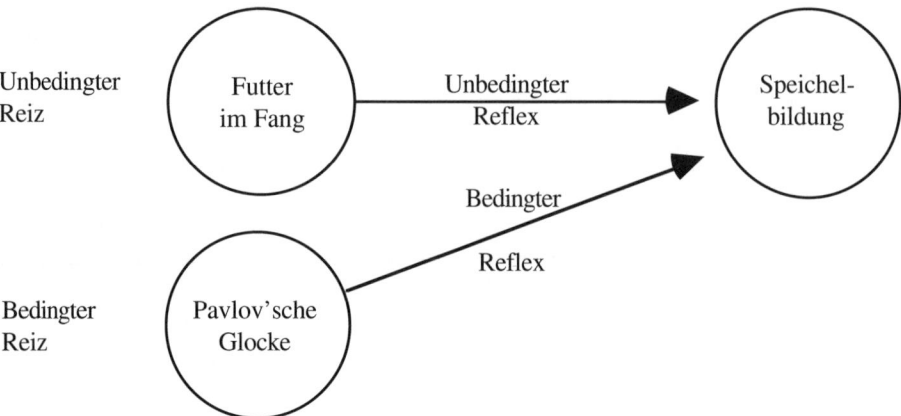

Zeichnung 1: Klassische oder Pavlov'sche Konditionierung eines Hundes auf den Klang einer Glocke vor der Futtergabe.

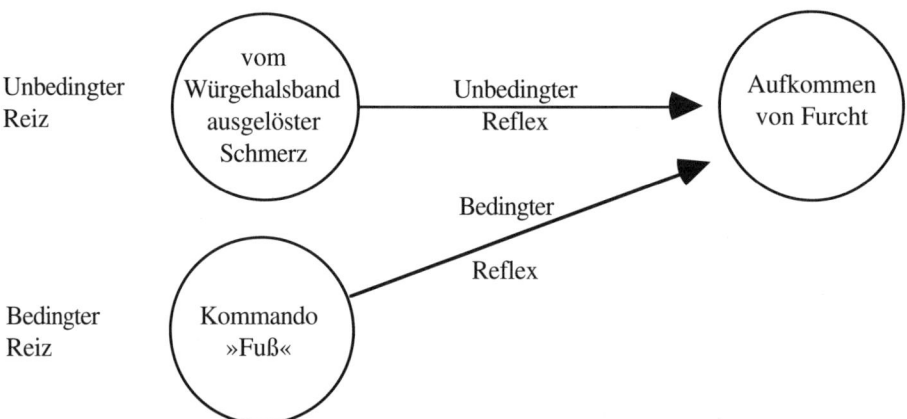

Zeichnung 2: Klassisches Konditionieren bei der Erziehung eines Hundes, nicht an der Leine zu ziehen. Der Schmerz vom Würger und das Kommando »Fuß« werden zu gleichwertigen Reizen mit gleichartigem psychologischen Auslösen von Furcht.

Wenn bereits so einfache Handlungen oder Gewohnheiten durch klassisches Konditionieren erlernt werden können, wie werden dann so komplexe Verhaltensmuster wie das Hüten von Schafen oder das Öffnen eines Kühlschrankes, um Futter zu stehlen,

Abb. 1:
Streit um die Rangordnung?
In Wirklichkeit handelt es sich
um freundliches Spiel zweier
Wölfe, die gemeinsam die
Gegend durchstreifen, jagen,
schlafen und ihre Familie
erweitern (Seite 15)

Abb. 2:
Die Hunde von Jim Burgoyne -
eine Collie-Meute, die in der
Grafschaft Devon in
Zusammenarbeit mit einem
begnadeten Menschen Schafe
hütet (Seite 41)

Abb. 3: Die kleine Elsie wurde mit ihrer Schwester Annie aufgrund eines Urteils eines RSPCA-Inspektors eingeschläfert, der beide Hunde mit Pit Bull Terriern verwechselte (Seite 26)

Abb. 4: Annie, ein niedlicher und vielgeliebter Mischling, beweist, daß das »Dangerous Dogs Act 1991« heute die bedrohlichste Gefahr für englische Hunde ist

Abb. 5:
Wurfgeschwister! Jede Kreuzung von Rassen bringt eine Vielfalt neuer, überraschender Genkombinationen (Seite 26)

Abb. 6:
Crufts 1984. Ich kann die Söhne und Töchter dieses Springer Spaniels nicht empfehlen. Aber er ist ein Champion! (Seite 23)

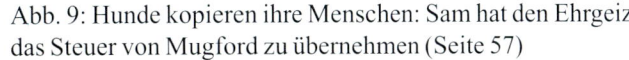

Abb. 7: Jon Gudmundsson und seine Meute
selbstausgebildeter Drogenspür-Springer-Spaniels (Seite 58)

Abb. 8: Nachahmung! Der ältere Hund bringt dem jungen
leichter neue Kunststücke bei als Herrchen - Sam, Pollo und
ihr »arbeitsloser« Besitzer (Seite 57)

Abb. 9: Hunde kopieren ihre Menschen: Sam hat den Ehrgeiz,
das Steuer von Mugford zu übernehmen (Seite 57)

Abb. 10:
Fußarbeit an 1-Meter-Leine:
kein wildes Herumreißen ist
notwendig, einfache
instrumentale Belohnung für
das An-der-Seite-gehen (Seiten
63-64)

Abb. 11:
Das Klick der Ausziehleine
signalisiert »Fuß!«; nur die
linke Hand führt, die rechte ist
frei

Abb. 12:
»Down« beim Folgen eines
Leckerbissens zum Boden
(Seite 67)

Abb. 13:
»Sitz-Bleib!« Erhobene Hand und direkter Blick
(Seite 67)

Abb. 14:
»Hier!« Immer muß es eine fröhliche
Wiedervereinigung von Freunden sein (Seite 62)

Abb. 15:
»Down« auf rechtes Handzeichen (Seite 67)

Abb. 16:
»Sitz!« auf linkes Handzeichen (Seite 66)

Abb. 17:
Vorübung zu »Hol's!« - Immer mit einem
Lieblingsspielzeug anfangen! (Seite 68)

Abb. 18:
Wurf und »Hol's!«

Abb. 19:
Auf den Ruf
»Hier« kommt
der Hund fröhlich
zu seinem
Spielgefährten
zurück (Seiten
68-69)

Abb. 20:
Das »Dreiecksspiel« für mehr
Freude am Herankommen
(Seite 91)

Abb.: 21:
Ein übertrieben scheinendes
Handzeichen, des Kommandos
»Sitz!« für »Fawn«, einen
tauben Lurcher, bei der Toronto
Humane Society

Abb. 22: Welpenspielgruppe im Animal Behaviour Centre (Seite 156)

Abb. 23: Agilityübungen machen viel Spaß - Man sieht es ganz deutlich (Seite 155)

aufgebaut? Einige dieser Antworten kann man in der ziemlich spezialisierten, in Fachterminolgie geschriebenen Literatur über instrumentales Lernen finden. Hier durchlaufen Ratten Irrgänge, drücken auf Türöffner, Tauben picken Lichter aus oder Affen drücken auf Knöpfe. Ich habe drei Jahre damit verbracht, als Psychologiestudent diese ziemlich trockene Literatur zu studieren, und trotz wenig versprechender erster Eindrücke findet man hier eine Reihe nützlicher wissenschaftlicher Lernprinzipien, die durchaus für die Hundeerziehung anwendbar sind. Es bedurfte für mich aber der Inspiration eines Schäfers in Devon, um die notwendigen theoretischen Verknüpfungen zu finden.

Jim Burgoyne trieb Schafe und Rinder innerhalb der Grafschaft und auch darüber hinaus quer durch das Land. Wahrscheinlich war er der letzte Viehtreiber von Devon. Er arbeitete völlig alleine, nur zusammen mit einer buntscheckigen Schar von Hunden. Es waren fünf bis zehn Collies, in die das eine oder andere eingekreuzt war, sie teilten mit ihm, was man als eines der besten Leben auf dieser Erde bezeichnen kann. Jim's Arbeit über weite Entfernungen haben die großen Viehtransportfahrzeuge übernommen, in Dartmoor, wo alleine seine Hunde große Herden flüchtiger Dartmoor oder Scottish Blackface Sheep zusammentreiben und bewegen können, blieb Jim unersetzlich. Die Menschen in seiner Heimatstadt Ivybridge stehen zu einer alten Tradition, sie vermachen Jim ihre sich am schlechtesten benehmenden Problemhunde, weil alle wissen, daß seine Hunde ihn anbeten. Worin besteht sein Geheimnis?

Mit Jim Burgoyne und seinen Hunden verbrachte ich 1981 einen glücklichen halben Tag in den Mooren, tat nichs anderes als zu hören und zu schauen. Grundregel 1 war, Ruhe zu bewahren, die Hunde nicht abzulenken. Regel 2 schien zu sein - überlasse alles den Hunden, sie sollen ihre eigenen Lehrer sein. Jim nutzte das Nachahmen, das Kopierverhalten junger oder neuer Hunde, die den alten und erprobten Rudelmitgliedern alles nachmachten. Ein neuer Hund brauchte nur einige wenige Tage, um das Viehtreiben zu lernen, dabei waren aber mehr die anderen Hunde seine Lehrer als Jim. Regel 3 - viel Freundlichkeit; Jim hielt alle Hunde an seiner Seite, dadurch gerieten sie nicht in Versuchung, wegzulaufen und in Schwierigkeiten zu geraten. Und abschließend als Grundregel 4 hatte Jim stets eine ganze Tasche voll scheußlich riechendem Trockenfleisch als Belohnungen bei sich, außerdem eine Schleuder, um jedes unakzeptable Verhalten wie Hühnertöten oder Katzenjagen sofort zu unterbrechen. Tat der Hund, was man von ihm erwartete, war Jim mit seinem Fleisch da, unternahm der Hund etwas Falsches, traf ein Kieselstein mit starkem Schlag neben ihm den Boden. Kein Schreien, kein Tadel - wenig Lob mit Worten; es wurden ganz einfach die Namen der Hunde gerufen, um die Ordnung innerhalb des Rudels zu wahren - »Kontaktrufe« nach dem Vokabular der Ethologie.

Ich begriff, daß das Ausbildungssystem von Jim Burgoyne ebenso logisch war, wie die Erziehungsversuche von Psychologen bei der Erziehung so komplexer Tiere wie zum Beispiel Washoe, des Schimpansen, den man gelehrt hatte, mit Menschen in der amerikanischen Zeichensprache zu kommunizieren. Instrumentales Lernen war dem nach sehr viel mehr als nur das Laufenlassen von Ratten in Laboratorien der Psychologen. Aber zurück zur Theorie!

Die frühesten Erkenntnisse, wie Hunde und andere Tiere komplexe Aufgaben zu meistern lernen, verdanken wir dem amerikanischen Forscher Edward Thorndike und seinen Katzen. Er sperrte Katzen in einen Käfig, ausgestattet mit einem Schloß, welches - unter Schwierigkeiten - von dem Tier selbst geöffnet werden konnte; dadurch kam es zu Futterstellen oder konnte zu anderen Katzen gelangen. Seinen Käfig nannte Edward Thorndike »puzzle box«. Er zeichnete auf, daß durch einen Lernprozeß von »Versuch und Irrtum« die Katzen nach und nach die richtige Folge von Bewegungen begriffen. Um sich aus dem Käfig zu befreien, mußte die Katze experimentieren, am Riegel herumhantieren. Niemand und nichts leitete sie an, jede Katze hatte stets die Freiheit aufzugeben oder mit den Ausbruchsbemühungen fortzufahren. In einfachen Worten, es lag weit mehr an der Katze als an Professor Thorndike, wie das Ganze ausging. Aber ähnlich den Hunden von Jim Burgoyne erkannte Thorndike, daß seine Katzen sich gegenseitig kopierten, vorausgesetzt, sie hatten Gelegenheit dazu.

Können also instrumentale Erziehungstechniken auch bei Hunden Erfolg haben? Das Seltsame daran ist, daß obgleich zusammenfassende und minutiös aufgezeichnete Experimentierserien eindeutig geklärt haben, wie instrumenales Lernen bei anderen Tieren und beim Menschen abläuft, die Psychologen es ganz einfach bisher unterlassen haben, die Früchte ihrer Arbeit dem armen alten Hund anzubieten. Man ließ sie in ihren Würgehalsbändern, dem überdimensionalen Bizeps ihrer Ausbilder überlassen, die den Hund nach der Ausbildungsmethode Most erzogen, während man Katzen und Kindern erlaubte, über eigenes Entdecken zu lernen. Mein Lebensziel besteht darin, allen Hunden die glückliche Erziehung zu vermitteln, die Jim Burgoyne seinen Hunden in Devonshire angedeihen läßt.

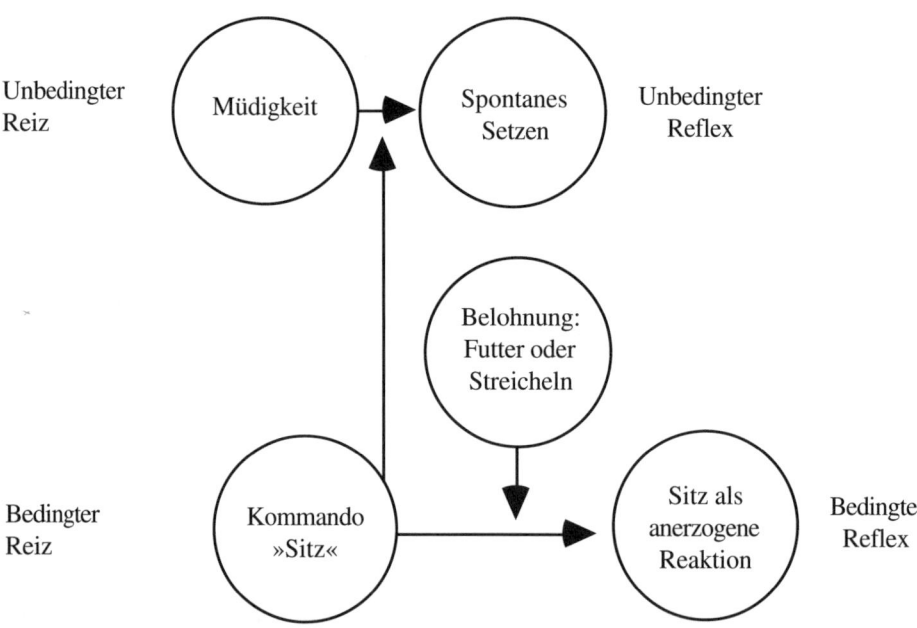

Zeichnung 3: Instrumentales Training auf »Sitz«. Seiner Natur nach setzt sich der Hund, wenn er müde ist. Durch »Etikettieren« dieses unbedingten Reflexes mit dem bedingten Reiz »Sitz!« und anschließender Belohung schaffen wir einen bedingten Reflex des Sitzens. Der Hund steht damit immer unter Kontrolle - er ist in seinem Verhalten »instrumentalisiert«.

Die erste Voraussetzung für instrumentales Lernen ist Geduld und ein wachsames Auge, denn allein der Hund kontrolliert Zeit, Ort und Schnelligkeit des Lernprozesses. Erläutern wir die Erziehungsmethode an einem Beispiel. Du besitzt einen fünfjährigen Kombi, möchtest Deinen Hund dazu erziehen, ausschließlich durch die Heckklappe, nie durch die vier Seitentüren hineinzuspringen. Setze Dich ruhig vorne ins Auto, plaziere aber zuvor eine Schüssel Futter in den hinteren Gepäckraum und schließe alle Türen mit Ausnahme der Heckklappe. Dein Hund wird kommen, entweder aus Appetit oder in der Vorfreude auf Deine Gesellschaft. Setzt er seine Vorderläufe ins Auto, sage einfach »Hopp«, springt er spontan ins Auto, befiehl »Herein« und belohne ihn, indem Du ihm gestattest, die Schüssel leerzumachen. Wiederhole das Ganze zwei- oder dreimal. Stelle Dich dann neben das Auto und gebrauche das gleiche »Hopp« und »Herein«, gib die Kommandos auf einige Entfernung, wenn Dein Hund spontan wie gewünscht handelt. Recht bald wird Dein Hund ins Auto springen, Du brauchst nur Deine Kommandos »Hopp-Herein« zu geben. Nach dieser Methode hast Du instrumenale Kontrolle über Deinen Hund erreicht, das erwünschte Verhalten des Hereinspringens in das Auto wurde durch einfache Kommandos ettiketiert. Zeichnung drei verdeutlicht die Theorie durch ein weiteres Beispiel.

Instrumentales Lernen bedarf nicht allein der Anwendung von Belohnungen; auch unangenehme Verknüpfungen mit Aktionen des Hundes, die dem Erzieher unerwünscht sind, werden aufgebaut. Bleiben wir beim Autobeispiel. Hat der Hund erst gelernt, aufgrund positiven Anreizes über die Heckklappe ins Auto zu springen, ist jetzt das Ziel, daß er ausschließlich die Heckklappe benutzt, die Option einer Seitentür völlig ausgeschaltet wird. Möglicherweise besitzt Du eine eingebaute Autodiebstahlsicherung oder kannst einige Blechbüchsen innerhalb des Autos so aufeinanderbauen, daß sie in dem Augenblick, wenn der Hund seinen ersten vorsichtigen Versuch macht, den falschen Weg über die Seitentür zu wählen, rasselnd zusammenstürzen. Alternativ könnte es auch als »Strafe« ausreichen, daß er keinen Zugang zum Futter findet, mit Ausnahme über die Heckklappe. Beim Einsatz von Strafen ist Vorsicht und menschliches Überlegen angezeigt, selbst bei dem angeführten einfachen Beispiel. Du - der »Strafende« - mußt ruhig und verborgen bleiben, oder der Hund könnte nur vor Dir furchtsam sein, die Seitentüren nur dann meiden, wenn Du zugegen bist. Zum Zweiten darf die Strafe nie so extrem ausfallen, daß sie eine allgemeine Aversion gegen das Auto auslöst. Und schließlich muß man sicherstellen, daß der Zeitpunkt der Strafe perfekt mit dem falschen Einspringen in das Auto zusammenfällt, keinesfalls, wenn der Hund bereits auf den Polstern sitzt.

Zusammenfassend nachstehend die Schlüsselfaktoren instrumentalen Lernens, wie wir sie im Autobeispiel aufgezeigt haben:

-Der Ausbilder blieb völlig ruhig, schien in keinem Zusammenhang mit negativen Einwirkungen zu stehen.

-Das Wort »Nein« wurde keinesfalls als zusätzliche Unterstützung gebraucht. Für viele Hunde ist dieses Wort häufig in der Ausbildung der »Allzweckteufel« - man sollte sparsam damit umgehen.

-Richtiges »Timing« ist alles, für die Belohnung wie für die Strafe; mehr als ein paar Sekunden zu spät, und eine falsche instrumentale Handlung wird verbunden.

-Alles Tun, das mit instrumentalen Methoden anerzogen wird, muß in seiner Natur nach hundegemäß, darf dem Hund nicht zuwider sein.

Dies ist eine sehr wichtige Einschränkung gerade für die 08/15-Hundeerzieher, die zuweilen in Versuchung geraten, von ihrem Tier etwas Bizarres oder Gefährliches zu verlangen. Ich denke an einen Elefanten, der auf einem Faß sitzen und einen lebenden Tiger hochheben soll; ich denke auch an einen Hund, der durch einen brennenden Reifen springen muß, häufig ein Bestandteil der Gebrauchshunddemonstrationen durch Polizei und Armee mit Deutschen Schäferhunden.

Es sind aber bei weitem nicht nur einfache Verhaltensmuster, die man durch Instrumentaltechniken aufbauen kann. Selbst Blindenführhunde können nach diesen Methoden ausgebildet werden, dies bestätigt ein vor kurzem erschienenes Buch des blinden englischen Psychologen Bruce Johnson. Was Mannigfaltigkeit angeht scheint es, daß nur der Himmel Grenzen setzt! Man sollte sich den technischen Begriff »formen« stets vor Augen halten. Er besagt, daß das Verhalten eines Tieres über eine Serie von kleinen und einfachen Schritten zu einem recht komplexen Ziel geformt wird. Als Beispiel denke ich, daß man einen Hund eventuell dazu ausbilden möchte, auf einem ganz bestimmten Tuch, allein für diesen Zweck reserviert, seine Pfoten abzuwischen, um damit menschliche Arbeit am Ende eines Spazierganges einzusparen. Ich sollte hinzufügen, daß es mir bisher noch nicht gelungen ist, Sam dazu auszubilden - das liegt aber einzig und alleine daran, daß ich mich nicht genügend darum bemüht habe! Dies ist ein Ausbildungsziel - nur so zum Spaß - man braucht einige Zeit dazu; und man muß sich von vorneherein darüber im klaren sein, daß solches Tun nur durch positive Anreize zu erzielen ist, Strafe würde im Gegenteil den Hund davon abhalten, seine Pfoten abzuwischen. Ich schlage folgende Strategie vor:

Die meisten Hunde scharren aufgrund von Geruchsreizen irgendwo auf dem Boden. Man etikettiert solches Verhalten verbal als »Scharren«, gewinnt durch laufende Ermunterung instrumentale Kontrolle. Hat man erst einmal mit hundertprozentiger Zuverlässigkeit erreicht, auf das Kommando »Scharren« den Reflex auszulösen, legt man ganz einfach ein Tuch auf den Boden und zwar in der Nähe, wo der Hund gewöhnlich scharrt. Jetzt überträgt man das Scharren auf das Tuch, legt das Tuch nach und nach immer näher an die Haustüre. Hat man verläßlich die Bereitschaft des Hundes erreicht, auf dem Tuch an der Tür zu scharren, kann man es wagen, einen Schritt weiterzugehen, ihm beibringen, das Tuch vom Haken zu holen.

Diese nächste Phase nennt man »Verknüpfen« (chaining); dabei wird die erste Gewohnheit des Kratzens mit der zweiten Gewohnheit des Abnehmens des Tuches von der Wand verknüpft - miteinander verkettet.

Unter Verknüpfen versteht man Erziehungsmethoden, durch welche ein Hund dazu geführt wird, scheinbar bemerkenswerte und komplexe Aufgaben durchzuführen - etwa das Führen eines Blinden über gefährliche Straßen von zu Hause ins Büro, das Lokalisieren von Drogen in Taschen auf einem Flughafenförderband oder das Öffnen einer Tür für körperlich Behinderte. Um Verstehen zu können, wie man Hunde dazu ausbilden kann, solche nützlichen Aufgaben zu erfüllen, müssen wir uns den psychologischen Begriff »formen« (shaping) einprägen. Dieses Formen erfolgt im wesentlichen nach einem Konzept »immer nur ein kleiner Schritt auf einmal«. Hierdurch werden schwierige Aufgaben leichter, man teilt sie in kleine Schritte auf, die dann in einer praktischen und bequemen Sequenz miteinander verknüpft werden.

Zum Schluß will ich mich noch mit einem weiteren Begriff des Fachjargons über das Lernen von Tieren befassen, dem Begriff »schedules of reinforcement« (Verstärkung nach Plan). Dieser Begriff bezieht sich auf Häufigkeit und Regelmäßigkeit, mit der ein Tier für sein Verhalten belohnt oder bestraft wird. Wenn ein Hund jedesmal, wenn er die Pfote gibt, einen Leckerbissen erhält, nennt man dies »laufende Verstärkung«. Der Erzieher könnte aber auch nur jede Sekunde oder bei jedem fünften Pfoten heben eine Belohnung geben - dies wird dann eine planmäßig unterbrochene Verstärkung. Beim letzten Beispiel können Tierpsychologen die Art der Belohnung präzise spezifizieren, etwa durch die Formeln FR 2 oder FR 5. Hierunter versteht man ein »fixed ratio« - FR (festes Verhältnis) der Belohnungen auf jede zweite oder jede fünfte der erwünschten Handlungen (Pfoten geben).

Unterbrochene Belohnung läßt sich aber noch weniger kalkulierbar machen, indem man beispielsweise ein variables Zeitelement mit einbezieht. Man stellt einen sogenannten »variable interval« - VI auf; zum Beispiel wird ein Pfotenanheben nur in Intervallen von einer Minute für die Belohung ausgewählt - Formel: VI 60. Derartige Methoden sind häufig von mehr als verschwommenem akademischen Interesse, sie haben praktische Auswirkungen, wie schnell etwas gelernt wird, insbesondere aber, wie lange es dauert, bis es wieder vergessen ist. Vieles am Alltagsverhalten, das wir unseren Hunden beibringen und mit Unterbrechungen unterstützen, hält über längere Zeitabschnitte an, selbst wenn es keine weitere Belohnung findet. So läßt sich zum Beispiel die Gewohnheit, am Tisch zu betteln, durch einen kleinen Brocken, der zufälligerweise beim Essen vom Schoß fällt, leicht stimulieren. Wurde aber einmal die Bettelgewohnheit durch eine Kombination von FR- und VI-Plänen noch unterstützt, hält es immer weiter an, trotz ganz kümmerlicher Aussichten auf mehr herunterfallende Bröckchen.

Aus meinem Zusammenleben mit Sam kenne ich die Wahrheit dieser Aussage. Irgendjemand - mit Sicherheit kein Mugford - fütterte ihn vor Jahren mit Tischabfällen. Sam bettelt weder bei mir, noch bei irgendjemanden in unserer Familie, weil wir nie nachgegeben haben, noch werden. Aber die meisten unserer Tischgäste sind trotzdem der etwas feuchten Bettelei des Rüden ausgesetzt, weil diese dumme Gewohnheit durch einen Besucher begonnen wurde, später folgende Besucher dafür die Strafe bezahlen.

Zusammenfassend läßt sich feststellen, belohnen wir einen Hund in den Frühstadien der Ausbildung laufend, kann die Anzahl und die Voraussehbarkeit von Belohnungen später geradezu dramatisch eingeschränkt werden. Ein Hund wird sich dann wie ein Spieler verhalten, der vor einem Münzapparat sitzt - immer in der Hoffnung, daß die nächste Kombination den großen Geldsegen auslöst.

4

Belohung statt Strafe:

Tyrannei oder Einfühlungsvermögen

Wie Du und ich - auch Hunde sind Annehmlichkeit suchende Geschöpfe, Hedonisten, die einen Glückszustand anstreben, die alles mögliche tun, um Hunger, Schmerz, Kälte, ermüdende Langeweile oder bedrohliche Gesellschaft zu meiden. Lebt ein armer Hund durch seinen dominanten Herrn in der Rolle eines unterjochten Sklaven, mag auch der Gebrauch körperlicher Strafe in der Hundeausbildung logisch sein, beispielsweise Schütteln des Hundes an der Halskrause, Erzeugen von Schmerzen durch Würgehalsband. Wie meine Leser wissen, bin ich fest davon überzeugt, daß eine solche Betrachtung der sozialen Einordnung des Hundes in ihren Grundfesten widerlegt und zusammengebrochen ist, Hundebesitzer sollten nahezu niemals ihren Lebensgefährten offen strafen. Stattdessen müssen wir gegenseitig loyale Freunde sein, die sich, wo immer möglich, gegen Unannehmlichkeiten gegenseitig schützen. Meine Erziehungslehre führt zu einer viel interessanteren Beziehung zwischen Menschen und ihren Hunden, sollte dabei aber keinesfalls in chaotische Verhältnisse ausarten.

Belohnungen

Hunde müssen dazu erzogen werden, sich der menschlichen Gesellschaft anzupassen. Was sind die Faktoren, die sie in ihrem Verhalten beeinflussen? Worin bestehen die Schlüsselbelohnungen für einen Hund? - Der Psychologe würde sie als »optimale positive Reizverstärker« bezeichnen.

Wärme

Die Reise eines neugeborenen Welpen von dem Geburtskanal seiner Mutter bis zu den Zitzen beruht im Grundsatz auf der Suche nach Wärme. Nachweislich bewegen sich sehr junge Welpen laufend in Richtung auf wärmere Flächen, um dadurch die eigene Körpertemperatur anzuheben. Ein neugeborener Welpe kann nicht wie ein ausgewachsener Hund seine eigene Körpertemperatur selbst wirksam regulieren, deshalb ist er abhängig von äußeren Wärmequellen, um seine Welpenkörpertemperatur von 39° C zu halten.

Mit Leichtigkeit kann ein ausgewachsener Wolf auch extremen niedrigen Temperaturen standhalten, in arktischen Bereichen reichen diese bis zu minus 40° C. Am häuslichen, offenen Kamin bilden sich ganze Ansammlungen von Hunden, die sich vom Feuer rösten lassen - eine besonders häufige Erscheinung im Haushalt der Familie Mugford. Das Fell unserer Hunde wird vor dem offenen Kamin buchstäblich angesengt. Wenn sie sich vom Schlummer erheben, ist ihnen dies offensichtlich unangenehm, denn die heißen Haare berühren die viel empfindlichere darunterliegende Haut. Wir haben schon oft darüber spekuliert, ob das Gehirn unseres Setters Sam durch die immer wieder neue Anwendung örtlicher Hitze eingeschrumpft ist. Wir brauchen uns aber nicht zu beunruhigen, weil das Gehirn des Hundes gegenüber Überhitzung durch einen ausgedehnten Blutkreislauf gut geschützt wird.

Die Suche nach Wärme erklärt eine große Anzahl uns schrullig erscheinender Verhaltensmuster. Beispielsweise sitzen Hunde nicht wegen ihrer Anhänglichkeit uns gegenüber auf unserem Schoß, auch nicht allein aus dem Wunsch, erhöht zu sein, uns zu beherrschen, sondern rein aus Liebe zu unserem warmen Bauch. Die Entscheidung eines Hundes für die eine oder andere Oberfläche in verschiedenen Teilen des Hauses wird oft durch geringfügige Abweichungen in der Wärmeleitung des Bodens bestimmt. In der Regel favorisieren Hunde tiefflorige, wollene Teppiche gegenüber glatten synthetischen Stoffen. Dabei gibt es natürlich individuelle Differenzen; ein Pyrenäischer Berghund oder ein üppig behaarter Neufundländer werden in aller Regel häusliche Annehmlichkeiten ausschlagen, es bevorzugen, anstelle auf einem Teppich auf kaltem Steinboden zu liegen (Anmerkung der Übersetzer: man sollte ihn dann zu einem Mittelweg überreden, nämlich Liegen auf weniger nierengefährdendem Holzboden!).

Nahrung

Die zweitwichtigste Lebensquelle für einen neugeborenen Welpen ist die süße Muttermilch. Es gibt tatsächlich bei allen Säugetieren eine Empfänglichkeit für süße Anreize, sogar selbst ehe sie geboren sind. Hunde - anders als Katzen - erhalten sich über ihr ganzes Leben eine Passion für das Zuckrige. Es gibt noch andere Futtereigenschaften neben der Süße, die Hunde mögen und brauchen. Zum Zeitpunkt der Entwöhnung fordern Welpen komplexere Proteine und andere Nährstoffe als sie in Milch enthalten sind. Deshalb entwickeln sie eine ausgeprägte Vorliebe für Fleisch, insbesondere für gekochtes Fleisch. Diese Bevorzugung gekochter Nahrung kann schwerlich in der natürlichen Evolution eine logische Grundlage haben, es sei denn, daß die Düfte des Kochtopfes der Menschen schon anfangs die Wölfe aus der Wildnis anlockten.

Einsatz von Futter als Belohung bei der Hundeerziehung löst zuweilen Stirnrunzeln aus, dies gilt aber nicht für die Erziehung nach der Mugford-Methode. Worauf es ankommt sind Zeitpunkt und Art der Gabe von Leckerbissen; keinesfalls sollten sie Belohnung für Betteln sein, sondern immer, weil auf den richtigen Befehl zum richtigen Zeitpunkt eine erwünschte Handlung erfolgte. Die jeweilige Futtermenge kann winzig sein, für meinen recht gefräßigen Corgi reicht oft schon der Duft einer Krume aus, um ihn zu einem harten Wettrennen zu veranlassen, ihm die erstaunlichsten Kunststücke abzuverlangen. Im Kontrast hierzu fordert mein recht schleckiger Setter Sam, daß jegliche Futterbelohnung ausgeprägt schmackhaft sein muß, wenn er hierfür seine Vorstellung beschleunigen soll. Für Sam ist die Aussicht auf Spiel, Berührung, Stimme und Aufmerksamkeit immer viel wichtiger als Futter.

Etwa sieben von zehn Hunden sind in hohem Grade futterorientiert, dadurch liegt es nahe, sie mit Leckerbissen auszubilden. Ich lehne jedoch den Einsatz von auf Zucker basierenden Leckerbissen ab, sie schädigen Mundflora und Zähne, führen zu Fettleibigkeit. Es ist immer besser, zuckerfreie Leckerbissen zu verwenden, von denen es eine große Auswahl gibt. In der Regel sind trockene Katzenfutterpellets schmackhafter als Hundekuchen, beide eignen sich für eine ausgewogene Ernährung. Futterbelohnung ist für die Hundeerziehung besonders geeignet. Man sollte die Tagesration eines Hundes entsprechend seinem Gewicht und Lebensstil ausrechnen, dabei eine angemessene Futtermenge zur Verabreichung als Leckerbissen während der Erziehung einplanen. Bei bestimmten komplexen Verhaltensänderungserziehungen können 60 bis 70 % der Nahrung in Form von Leckerbissen verabreicht werden. Bei anderen Hunden und anderen Aufgaben bedarf es möglicherweise überhaupt keiner Futtergaben.

Berührung

Bei der Beschreibung der Sinneseinwirkungen durch Berührung (vergleiche Seite 18) habe ich bereits die großen Unterschiede in Berührungsempfindlichkeit der verschiedenen Teile des Hundekörpers und bei unterschiedlichen Hunderassen erläutert. Bist Du selbst ein warmherziger, Körperkontakt liebender Mensch, wirst Du schnell die Körperbereiche eines Welpen oder älteren Hundes entdecken, die beim Streicheln, Klopfen oder in der Massage dem Hund Freude bereiten. Viel zu viele von uns geben ihren Hunden einen flüchtigen Klaps oder ein kurzes Streicheln des Kopfes, obwohl eine mehr massierende Berührung den Hund viel stärker anregen würde. Ohrmuscheln, Brust und Hinterhand sind für Hunde in der Regel angenehme Berührungszonen, die man mit den Fingern viel besser stimulieren kann als mit der weichen Handfläche. Hast Du selbst nicht solche reizauslösenden Fingerspitzen, um Deinen Hund angenehm zu massieren, solltest Du Dir am besten eine eigens entwickelte Massagebürste wie zum Beispiel das »Zoom Groom zulegen«.

Berührung und Massage stärken das enge und liebevolle Band zwischen Mensch und Hund. Ist er solche Behandlung gewöhnt, toleriert er auch viel leichter, einmal festgehalten zu werden, etwa um einen Dorn herauszuziehen oder irgendeine Verletzung zu behandeln. Vor kurzem sahen wir ein vorzügliches Beispiel, wie ein Gast in unserem Haushalt durch immer wiederholte Massage enge Bindungen zu einem Hund aufbaute. Es handelte sich um ein junges Mädchen aus Island, das ihre eigenen Hunde zu Hause vermißte und ihre Gefühle auf meinen Setter Sam konzentrierte. In gerade zwei Wochen verwandelte Marta Guölaugsdóttir Sam vom besten Kameraden von Roger Mugford in einem anbetenden Jünger einer nordischen Blonden!

Spiel

Spiel ist ein besonderes Verhalten, erfolgt sicher niemals ohne Absicht. Wissenschaftliche Untersuchungen haben bestätigt, daß es sich hierbei um einen außerordentlich wichtigen Mechanismus handelt, bei dem die Nachkommen der meisten Tierarten perfekte Geschicklichkeiten in gefährlichen und komplexen Handlungen entwickeln, die im späteren Leben für ihr Überleben wichtig sind. Für den Wolf und seinen Nachkommen Hund bietet die Jagd mit Sicherheit eine gefährliche und komplexe Handlungsfolge, das Spiel gibt Wolf wie Hund zusätzlich Möglichkeiten, soziale Geschicklichkeiten aufzubauen.

Jede Woche veranstalte ich in unserem Animal Behaviour Centre eine Welpenspielgruppe, hier beobachten wir unter diesen jugendlichen Hunden fantastische Spiele. Sie setzen beim Seilziehen, der Jagd, beim Kämpfen und Ohrenziehen riesige Energiemengen frei - gefolgt von freundlichem Schnüffeln, Lecken und Demonstrationen der Freundschaft und Kameraderie. In einer Stunde haben innerhalb einer Klasse von etwa fünfzehn Junghunden sich klar unterscheidende Gangs oder Untergruppen entwickelt, wobei sich Hunde gleicher Größe und gleicher Wesensveranlagung in der Regel zusammenschließen. Selten sehen wir dabei Koalitionen zwischen Jack Russell Terriern und Golden Retrievern - Gegensätze scheinen sich mehr abzustoßen als anzuziehen. Leider haben nicht alle Hunde solche Gelegenheit zu geselligem Spiel in Spielgruppen. Gezieltes Spiel mit Spielzeug und Menschen sind nur ein armseliger Ersatz für die Hunde, die zu Hause bleiben müssen.

Beachtliche Forschungsarbeit wurde geleistet, um für Hunde angemessenes und sicheres Spielzeug zu entwickeln. Dies zu glauben fällt schwer, wenn man auf die gefährlichen Gegenstände schaut, die von einigen Zoofachgeschäften verkauft werden.

Die geeignetsten Spielzeuge sind jene, welche eigene Elemente der Jagd in der Wildnis vortäuschen, etwa als jagdbares Tier angesehen werden. Einige geben, wenn sie ergriffen werden, der Welpe ihnen den »Todesbiß« versetzt; das richtige Gefühl im Hunde fang, ja manche besitzen sogar den Geschmack von Fleisch. Zusätzlich könnte ein quietschendes Geräusch den Todesruf der Beute simulieren. Kein einziges Spielzeug auf dem Markt verbindet heute alle diese Elemente, aber quietschende Latexspielzeuge kommen den Anforderungen recht nahe, wenn sie weich sind und dennoch federnd springen; die Geräusche, die sie auslösen, faszinieren Hunde. Eine sehr gute Auswahl im deutschsprachigen Raum an tauglichem Spielzeug bietet die Firma Schecker-Tier und Technik, D-26619 Südbrookmerland. Die Firmen Effem GmbH, Deutschland und Master Food, Austria führen gutes Spielzeug aus dem Waldham Programm. Unglücklicherweise haben die billigeren Plastik-Quietsch-Spielzeuge keine genügende Widerstandsfähigkeit gegen Bisse und Benagen. Wenn Stücke davon verschluckt werden, können sie recht gefährlich werden. Prüfe das Spielzeug Deines Hundes laufend, werfe jedes Spielzeug weg, das Anzeichen der Abnützung aufweist. Das Spielzeug, das vorstehender Beschreibung eines idealen Hundespielzeugs am nächsten kommt, ist der Kong (siehe Seite 144), weil der selbst ohne Beteiligung der Menschen Spielanreize bietet. Hat ein Hund erfolgreich irgendwelche schwierigen Leistungen abgeschlossen - beispielsweise eine gute Nachsuche - bietet ihm der Kong eine ideale Belohung, ermöglicht aufregendes Nachjagen, fröhliches Spiel.

Gesellschaft

Da Hunde soziale Tiere sind, gibt es für einen Hund nichts wichtigeres als Gesellschaft. Das Zusammensein mit dem Menschen kann für Deinen Hund viel wichtiger sein als sein Futter! Selbst die kleinste Steigerung an Interesse, Verfügbarkeit, von mehr Zeit in Kontakt mit einem Hund, kann eine riesige Belohnung sein. Umgekehrt versuchen Hunde ständig, die Aufmerksamkeit ihrer Menschen zu erregen. Ein Blick, ein Lächeln oder eine Berührung, die man seinem Hund spontan gibt, kann für den Hund ein ganzer Schatz an Belohnungen sein. Folge der großen Bedeutung menschlicher Gesellschaft als Belohnung für den Hund ist, daß verweigerte Gemeinschaft zur schweren Strafe werden kann.[1*]

Strafen

Tiere benehmen sich nicht so wie sie es tun, um dafür Belohungen zu empfangen, sie sind gleichfalls auch bestrebt, bestimmte Situationen oder Folgen zu meiden. Psychologen bezeichnen Letzteres als »negative Verstärker« (»negativ reinforces«); einfacher ausgedrückt nennt dies der Rest der Menschheit Strafen. Tatsächlich ist aber Bestrafung nicht ganz der richtige Ausdruck, er enthält moralische Werte, verbunden mit Kriminalität und falschem Tun. In der Hundeerziehung ist es immer das Beste, solche Vorstellungen völlig zu meiden, sich einfach darauf zu konzentrieren, was sich als praktisch erweist, ethisch vertretbar ist und tatsächlich auch funktioniert. Es ließe sich eine lange Liste geradezu exotischer »negative reinforcers« aufstellen, ich werde sie aber unter nachstehenden Überschriften zusammenfassen.

[1*] Eine sehr gute Auswahl an tauglichem Spielzeug im deutschsprachigen Raum bietet die Firma Schecker Tier + Technik, D- 26619 Südbrookmerland. Die Firmen Effem GmbH, Deutschland und Master Food, Austria führen gutes Spielzeug aus dem Waldham Programm.

Schmerz

Bauern, Wildhüter und andere mit einer ziemlich robusten Haltung in ihrer Hundeerziehung haben über lange Zeit den Stiefel oder eine Schleuder benutzt, um Hunde von unerwünschten Aktivitäten abzuhalten. Sie bezahlten dafür aber einen hohen Preis, verloren Achtung und Liebe ihres Hundes. Dies zeigt uns insbesondere das Abducken gegenüber einer erhobenen Hand oder einem drohenden Fußtritt. Sie erinnern sich an die Rute meines Bips, die sich in einer Drehtür verfing; ein solch unangenehmes Erlebnis kann von einem Hund oft über ein ganzes Leben nicht vergessen werden.

Die verbreitetste Quälerei von Hunden bei der Ausbildung erfolgt nicht mit dem Stock, der Hand oder dem Schuh, sondern mit dem allgegenwärtigen Würgehalsband. Meine Leser kennen zu dieser Frage bereits meine Haltung, hier muß aber noch unterstrichen werden, daß das Würgehalsband jede Konzentration abbricht, das Lernen blockiert. Mit anderen Worten, Würgehalsbänder sind für einen Hundeausbilder eher ein ernsthaftes Handicap als eine Hilfe. Das Schlimmste von allem, der Hund verbindet den Würgezug mit dem Hundeausbilder, nicht mit seinem eigenen, vorangehenden instrumentalen Verhalten. Aus diesem Grund bringt eine Erziehung mit dem Würgehalsband das hohe Risiko, ungewollt die enge Beziehung zwischen Hund und Führer zu zerstören.

In einem besonders dramatischen Fall beobachtete ich dies bei einem Rottweiler, der mir 1985 in unsere Pariser Klinik gebracht wurde. Für seine Mademoiselle war der Rottweiler Bürst viel zu kraftvoll, deshalb hatte man zu einem Stachelhalsband Zuflucht genommen. Jedesmal, wenn er mit diesen Stacheln zurechtgewiesen und bestraft wurde, klammerte er sich an seine Herrin in einer Art, die sie als sexuell ausgelöst ansah, von welcher der Ausbilder behauptete, es sei eine dominant-aggressive Handlung, die ich selbst aber als eine Kombination eines Befriedungsversuches und der Schmerzvermeidung analysierte. Betrachten Sie sich das Bild von Bürst und seiner Mademoiselle auf Foto Nr. 57 und entscheiden Sie selbst! Tatsächlich hörte dieses Problem im gleichen Augenblick auf, als Bürst mit einem Halti-Kopfhalfter ausgestattet und das Stachelhalsband weggeworfen wurde.

Klang

Der Hund ist gegenüber einem bemerkenswert breiten Spektrum von Klängen empfindlich, bestimmte Wellenlängen und Lautstärken können Unbehagen und Schmerz auslösen. Insbesondere Hütehunderassen wie Border Collies erweisen sich Hochfrequenztönen gegenüber im allgemeinen als hochempfindlich, gelegentlich können auch Tieffrequenztöne Hunde in Aufregung versetzen. Französiche Forscher haben solche Erscheinungen studiert, Reaktionen von Beagles auf mässig laute, allgemein verbreitete Haushaltstöne untersucht, dabei herausgefunden, daß ihr normaler Verdauungsrhythmus vollständig unterbrochen wurde, wenn sie laufend lauter Rockmusik ausgesetzt waren, selbst wenn sie nur mit 86 Decibel (dB) abgespielt wurden. Nach dem Standard unserer meisten Teenager war dies keinesfalls laute Musik, aber sie beunruhigte diese Hunde sehr. Beobachtet wurde ein laufendes Steigen des Cortisolspiegels, was anzeigte, daß diese Hunde tatsächlich durch die Musik gestreßt wurden, obwohl sie äußerlich keine Zeichen einer Verhaltensstörung zeigten.

Für die Verhaltenstherapie brauchen wir häufig eineVielfalt unerwarteter Klangstimuli zur Umerziehung. Mein Lieblingsklanggerät ist das Rasseln einer mit einigen Kieselsteinen gefüllten Blechbüchse; dieses Gerät hat die perfekten Eigenschaften, billig und leicht verfügbar zu sein - wir tun sogar der Umwelt einen Dienst, indem wir sie auflesen!

Technisch vollkommener als Geräuschauslöser zur Bestrafung ist das auf Aerosolbasis arbeitende »Dog Stop«. Dieses laute Stimulanz ist jedoch als Hilfsmittel unbedingt auf Notsituationen zu beschränken, etwa bei einer Rauferei von Hunden mit dem Risiko, daß dabei Hunde oder Menschen verletzt werden könnten. Das Dog Stop-Gerät sollte keinesfalls regelmäßig eingesetzt werden, nur um harmloses Fehlverhalten wie Kläffen oder Hochspringen abzustellen.

Ein anderes bequemes Hilfsmittel für »negative reinforcement« bietet der Ultraschall, ausgelöst von einer Anzahl elektronischer Geräte, eine Ergänzung zu der traditionellen »lautlosen Hundepfeife«. Unglücklicherweise ist die Lautstärke dieser Hilfsmittel im allgemeinen ziemlich niedrig (40 - 50 dB), deshalb ermöglichen sie nur kurzfristig das Verhalten beeinflußende Effekte, und das in erster Linie bei Hunderassen mit vergleichsweise kleinen Köpfen. Die größeren Hunderassen mit ihren schwereren Schädelknochen erfordern größerer Schallenergien, um ihre Gehörnerven zu stimulieren, sind gegenüber Ultraschall weniger empfindlich. Ich beobachtete jedoch vor kurzem einen Yorkshire Terrier, der jahrelang seine Herrin attackierte, wenn sie bei Klingeln des Telefons durch das Zimmer ging. Ich fand heraus, daß ein Ultraschallalarm dieses Verhalten zuverlässig unterbrach, dadurch die Knöchel meiner Klientin rettete, Gelegenheit gab, den besagten Yorkie zu einem Alternativverhalten zu erziehen. Bei Telefonklingeln mußte er sich auf ein nahe gelegenes Sofa setzen, aber immer außerhalb der Reichweite des Telefons.

Sozialer Ausschluß

Genauso wie die menschliche Gesellschaft für die meisten Hunde eine starke Anziehungskraft ausübt, kann das Ausschließen des Hundes zu einer bösen Bestrafung werden. Psychologen bezeichnen dies als eine »Auszeit«, eine Maßnahme, die viele Eltern bei der Kindererziehung kennen werden. Eine solche »Auszeit« ist bei Aggression oder anderen komplexen sozialen Verhaltensweisen eine besondere Art der Strafe. Einen drohenden, kraftvollen Hund herauszufordern oder gar »anzunehmen«, ist in aller Regel recht unklug. Es ist viel besser, ihn »ins Abseits zu stellen«, ihn aus dem Zimmer zu weisen. Solche »Auszeiten« sind jedoch zur Korrektur schwächerer, sich wiederholender Fehlverhalten eine weniger geeignete Strategie, ich denke dabei an Kläffen oder Anspringen.

Ein Fehler, dem viele Hundebesitzer (möglicherweise auch viele Eltern) anheimfallen, ist die Annahme, daß wenn die Trennung auf eine Minute wirksam ist, zwei Minuten, zwanzig Minuten oder gar zwei Stunden noch viel besser seien. Die Dauer einer »Auszeit« sollte kurz gehalten werden. Dadurch erwächst auch die Möglichkeit, häufiger Lernerfahrungen über Ursache und Wirkung zu gewinnen. Bei der Hundeerziehung wird eine solche »Auszeit« am besten angewandt, indem man selbst den Hund verläßt, viel besser als den Hund aus dem Zimmer zu entfernen, denn ein Kontakt mit dem Hund könnte andere, unerwünschte Aktivitäten auslösen. Die praktischen Auswirkungen eines solchen Prozesses sind nicht immer direkt zu erkennen. Zugegeben, wenn die Familie gemütlich im Wohnzimmer bleiben möchte, um ihr Lieblingsfernsehprogramm anzusehen, kann der Auszug aus dem Zimmer für sie strafender sein als für den Hund, das Alleinlassen von Fido mit dem Fernsehen fällt dann besonders schwer.

Soziale Mißachtung kann eine viel subtilere und praktischere Methode sein als eine »Auszeit«; für viele Hunde bedeutet Ignorieren ein niederschmetterndes Erlebnis. Man unterbricht ganz einfach den Augenkontakt, hebt die Hände hoch und wendet sich vom Hund ab. In die gleiche Kategorie gehören strafende Signale, die man durch bestimmte Gesichtsmimik dem Hund gegenüber zum Ausdruck bringt. Am besten kann man möglicherweise seine Ablehnung durch ein ruhiges, stählernes Anstarren ausdrücken, ähnlich wie dies Hunde untereinander selbst mit drohendem, furchtlosem Blick zum Ausdruck bringen.

In ähnlicher Art kann der Klang der Stimme, besonders ein starker, intensiver, harter Ton viele empfindsame Hunde zutiefst erregen. Man muß jedoch wissen, der gleiche Schrei kann andere Hunde zu unerwünschten Aktivitäten anregen, deshalb muß man immer die Strategie wählen, die Hund und Anlaß angepaßt ist. Für viele Hunde ist es ganz einfach besser, wenn man sich entspannt, ruhig bleibt und den Hund übersieht und ihn dadurch bestraft.

Wasser

Ein Guß Wasser war lange die Lieblingsmethode, um unangenehme, aber weniger gefährliche Tätigkeiten wie etwa das Kläffen zu unterbrechen. Natürlich kann bei einem Wasser liebenden Labrador ein solcher Guß die entgegengesetzte Wirkung haben!

Wie bei jeder Art von Bestrafung ist die Überraschung der Schlüssel zum Erfolg; dies wurde mir vor einigen Jahren von meinem ersten roten Setter Bip besonders klar demonstriert. Wir spazierten entlang dem River Dart durch das Moor, uns begleitete ein ziemlich ungestümer, junger Border Collie Rüde. Bip hatte seinem Gefährten schon mehrfach gedroht und war bei dem Punkt angelangt, aktiv zum Angriff überzugehen, als er plötzlich den Boden unter den Füßen verlor, in den winterlichen Fluß stürzte. Er kam völlig verändert aus dem Wasser, lief zerknirscht zu dem kleinen Collie und versuchte niemals wieder, irgendeinen Hund anzugreifen. Das Perfekte an diesem Ablauf der Ereignisse war die Tatsache, daß ich selbst mit dieser Bestrafung in keinerlei Verbindung stand - sie erfolgte einzig und allein im Zusammenhang mit Bip's eigenen Handlungen, alles traf genau zum richtigen Zeitpunkt ein.

Elektroschock

Die Technik, Hunden kontrolliert einen elektrischen Schock zu verabreichen, gibt es schon über viele Jahre, sie wurde in Ländern außerhalb Englands häufig angewandt. Elektroschockhalsbänder werden in den Vereinigten Staaten, Japan, Deutschland und anderen Ländern dazu benutzt, Anspringen, Kratzen an Türen und Bellen zu unterbrechen. Solche Elektroschockgeräte bestehen aus einer Batterie, die an die Elektroden am Hundehals Energie von hoher Voltzahl abgibt. Unter Verwendung von CB-Wellen wird dies ferngesteuert, der Empfänger ist im Hundehalsband eingebaut, der Sender liegt in der Hand des Ausbilders. Einige Schockhalsbänder werden auch so benutzt, daß über ein im Halsband eingebautes Mikrofon Bellen direkt bestraft wird. Andere Halsbänder wiederum werden durch ein eingebautes Magnetfeld aktiviert, ein sogenanntes »unsichtbares Zaunsystem«. Viele Konstruktionen sind elektrisch ungenügend abgesichert, können bei Fehlfunktionen Verbrennungen und große Schmerzen auslösen. Andere wiederum sind unzuverlässig, geben manchmal gerade im kritischen Moment ihre Funktionen auf. Es ist absolut notwendig, daß alle diese Geräte in der Stärke des Stromstoßes auf die Empfindlichkeit des einzelnen Hundes angepaßt werden können, anderenfalls könnte exzessiver Schmerz pathologische Langzeitängste auslösen.

Bedauerlicherweise bilden einige Jäger ihre Hunde zum Apport toter Vögel in der vorgeschriebenen »geraden Linie« dadurch aus, daß sie schmerzhafte elektrische »Minenfelder« aufbauen, wenn der Hund bei der Rückkehr zum Ausbilder von der geraden Linie abweicht. Im allgemeinen wird die Elektroschockstrafe so übertragen, daß der Hund die Funktion seines Ausbilders bei dieser völlig unangemessenen Tortur nicht gewahr wird. Ich hoffe und erwarte allerdings, daß viele kluge Hunde diesen Code »brechen«, lernen, solche Quälereien den Menschen zu verübeln. Man hat mir berichtet, daß nach dieser Methode ausgebildete Jagdhunde eine Neigung entwickeln, entweder vom Schuß wegzulaufen oder auf gerader Linie ohne Vogel zurückzukommen!

Der praktische Nachteil einer Ausbildung mit Schockhalsbändern liegt darin, daß der Hund die Ursache seiner Strafe überhaupt nicht zu erkennen vermag. Wurde er durch einen langen Zweig geschlagen, durch einen vorüberlaufenden Hund, einen fremden Menschen, ein niedrig fliegendes Flugzeug? Jede dieser Ursachen könnte mit dem Schock zusammenhängen. Meine Schlußfolgerung lautet, daß die echte Strafe für eine Ausbildung von Hunden mit Elektroschockgeräten in der recht großen Wahrscheinlichkeit liegt, dadurch selbst einen neurotischen, zutiefst gestörten Hund zu haben. Keine derartigen Hilfsmittel gehören je in die Hände verantwortungsbewußter Liebhaber-Hundebesitzer. Ich will durchaus zugeben, daß es für Schockhalsbänder ein kleines, spezialisiertes Anwendungsgebiet gibt, beispielsweise zur Korrektur starken Beuteverhaltens wie wildern oder Schafe hetzen. In Händen des Berufsausbilders kann das Gerät sich dann als bemerkenswert effektiv und sogar lebensrettend erweisen. Wie wir aber noch später sehen werden, gibt es selbst gegen Schafehetzen sehr einfache, alternative Ausbildungsmethoden. Mit weniger technischem Aufwand ist Vorsorge auch hier immer besser als späteres Heilen.

Geruch

Über die Macht bestimmter Gerüche als Strafmittel für Hunde erhalten wir eine Vorstellung, wenn wir ihre Abscheu gegenüber Autogasen oder bestimmten Möbelpolituren beobachten. Eine französische Erfindung - das »Aboistop« (Kläffstop) hat mir die Augen über die Möglichkeiten olfaktorischer Stimulanzen geöffnet, um unerwünschte Tätigkeiten zu unterbinden. Beim Aboistop wird ein Duftstoff präzise zu dem Augenblick freigesetzt, da ein Hund bellt. Natürlich könnte man auch Düfte mit handbetriebenem Aerosol übertragen, aber der Zeitpunkt und die Verbindung wäre unvollkommen, würden auf den Ausbilder zurückfallen.Wenn Du einmal versuchst, ein durch die Hand ausgelöstes Duftsystem anzuwenden, mußt Du Dir immer vor Augen halten, daß jeder Einzelhund unterschiedliche Düfte liebt und verabscheut. Nur mit der »Versuch und Irrtum-Methode« findet man speziell den Duftstoff heraus, der für den Menschen angenehm, für das Haustier abstoßend wirkt! Die jüngste Technologie bietet hier ein verstecktes Duftauslösungssystem, das auf Distanz mit angenehmen oder unangenehmen Gerüchen belohnen oder bestrafen kann. Möglicherweise können wir dieses Mittel einmal nutzen, um eine Sprache zu haben, die auch Hunde verstehen können. Duftmischungen für jede Gelegenheit, für jede Stimmung!

Zum Schluß, aber umso wichtiger - es gibt stets ein ethisches wie praktisches Dilemma, ob man Fehlverhalten seines Hundes bestrafen will oder sich damit abfindet. In solchen Fragen bin ich immer - zugegeben - ein wenig ein »Softy«. Aber aufgrund Theorie wie eigener Erfahrung bin ich sicher, daß wenn ein solches Dilemma auftritt - strafen oder nicht strafen - sollte man es einfach unterlassen! Denke daran - das Gebiß des Wolfes wurde in erster Linie zum Töten des Karibou (Ren) geschaffen, weniger zum Terrorisieren der Rudelpartner. Das Leben der Wölfe wird durch Liebe und gegenseitige Loyalität bestimmt - das sollte auch für unser Zusammenleben gelten!

I chose
the largest bed

5

Die richtige Ausbildungstheorie:

instrumentales Lernen und die Mugford-Methode

Ich nehme die anarchistisch scheinende Grundhaltung ein, ein erfahrener Berufs-
ausbilder sollte nicht mehr als fünf Minuten für die Grundausbildung eines Hundes
brauchen. Fünf Stunden räume ich dem Besitzer eines etwas unerzogenen erwachsenen
Hundes ein, etwa fünf Wochen dem Käufer eines Welpen. Wahrscheinlich wirst Du
jetzt fragen, wie eine so schnelle Arbeit überhaupt möglich ist.

Es gibt eine Reihe theoretischer Prinzipien, die dem Leser helfen werden, solche
ehrgeizigen Ziele zu erreichen. Hier muß ich zugeben, daß ich selbst auf die vorwiegend psychologische Hundeerziehung erst durch ein Buch gebracht wurde, das sich mit
der Erziehung geistig zurückgebliebener Menschen befaßt, in dem Hunde überhaupt
nicht erwähnt werden. Die Autoren dieses Buches waren Psychiater, Erziehungswis-
senschaftler und mit der Verhaltensforschung befaßte Biologen. Sie hatten sich die
Aufgabe gestellt, einer Gruppe geistig zurückgebliebener Erwachsener Geschicklichkeiten für ein unabhängiges Leben - zum Beispiel eigene Nahrungsaufnahme - beizubringen. Plötzlich entdeckte ich, daß ihre Aufgabe die gleiche Herausforderung ent-
hielt, der sich die meisten Hundebesitzer gegenübersehen. In genau der gleichen Weise
möchten wir unseren Hunden in einer so kurz wie möglichen Erziehungsphase
beibringen, sich positiv zu benehmen. Die Grundregeln solchen Verhaltens wurden
von Dr. George Bigelow an der Johns Hopkins University in Maryland aufgestellt.

Wenn ein Verhalten verstärkt wird, kommt es in aller Regel zur Wiederholung. Jeder effektiv arbeitende Lehrer nutzt solche Verstärkungen, um seinen Schülern beim
Lernen zu helfen, obgleich viele Lehrer gar nicht gewahr werden, daß sie dieses Prinzip anwenden. Völlig unabhängig auf welche Art die Aufgabe vermittelt wird, mit jedem kleinsten Fortschritt in Richtung auf das abschließende Ziel wird der Lernprozeß
beschleunigt.

Der wichtigste Grundsatz für den Einsatz von Verstärkungen ist - sie dürfen nur für
erwünschtes Verhalten angewandt werden. Wird unerwünschtes Verhalten wiederholt,
so verstärkt sich auch dieses. Es reicht nicht aus, sich das Verhalten bessernde
Methoden auszudenken. Der entscheidende Gesichtspunkt ist die Kontinuität - der
lückenlose Zusammenhang - die Beziehung zwischen einem Verhalten und seinen
Folgen. Verstärken diese Folgen ein Verhalten, so wird es gefestigt. Das jeweilige
Verhaltensmerkmal spielt überhaupt keine Rolle. Wird die Kontinuität falsch eingesetzt, wird auch falsches Verhalten bestärkt.

Kontinuitäten bestehen immer, gleich ob sorgfältig geplant oder dem Zufall überlassen. Überläßt man es dem Zufall, werden viele Handlungen falsch eingeordnet, unerwünschtes Verhalten verstärkt. Therapeutische Verhaltensverbesserungen erreicht
man am leichtesten, wenn die Kontinuität sorgfältig geplant, keinesfalls dem Zufall
überlassen wird.

Diese Erziehungsmethode, bekannt als instrumentales Lernen, wurde im Animal Behaviour Centre an tausenden unserer Hundepatienten erprobt und getestet - glauben Sie mir - sie ist für Hunde ebenso gut geeignet wie für Menschen!

In Kapitel 3 habe ich die Unterschiede zwischen dem klassischen Erziehungssystem und instrumentalem Lernen aufgezeigt. Nachstehend die praktischen Schlüsselelemente einer Erziehung durch instrumentale Techniken:

Niemals darf man gutes Verhalten als selbstverständlich voraussetzen. Die meisten von uns befassen sich vorwiegend dann mit einem Hund, wenn er sich schlecht verhält, korrigieren ihn durch verschiedene Maßnahmen, setzen sich dann wieder gemütlich zurück und ignorieren völlig, wenn der Hund sich gut benimmt. Dies ist genau wie bei Kindern. Was wir eigentlich tun sollten, ist Ermuntern richtigen Verhaltens. Wenn Dich Dein Hund begrüßt, ohne Dich anzuspringen, ohne zu bellen, wenn er einen freundlichen Besucher an der Tür begrüßt, ohne zu beißen, sollte man sein gutes Urteilsvermögen anerkennen, ihn tüchtig loben, ihn in seinem Verhalten bestärken.

Belohne positives Verhalten sofort. Jeder zeitliche Aufschub zwischen dem Auftreten positiven Verhaltens und der Belohung schwächt sehr die Wirksamkeit dieses Verstärkers. Möglicherweise belohnt man ,wenn man den richtigen Zeitpunkt übersehen hat, versehentlich eine ganz andere Aktivität. Immer sollte man Leckerbissen bei sich haben, Stimme und Hände einsetzen, um positives Verhalten genau in dem Augenblick zu verstärken, da es erfolgt.

Vermindere nach und nach die Verstärkung bereits langzeitig bestehenden guten Verhaltens. Dies erscheint auf den ersten Blick der vorangegangenen Regel zu widersprechen, ist aber in Wirklichkeit der nächste richtige Schritt. Es gibt keine Notwendigkeit, laufend jedes positive Verhalten zu belohnen, wenn wir zu einer Verstärkungsmethode mit größeren Zwischenabschnitten übergehen (vergleiche Kapitel 3). War in der Frühausbildung Deines Hundes Futter die Hauptverstärkung, kannst Du ihn später nach und nach entwöhnen, indem Du entweder die Anzahl oder die Voraussehbarkeit der Belohnungen reduzierst. In diesem bereits gefestigten und erfolgreichen Stadium wird das Tier sein positives Verhalten nicht wieder vergessen, sondern offensichtlich aus der aufgebauten Gewohnheit heraus fortsetzen.

Erziehung in kleinen Schritten. Auch die schwierigste Aufgabe läßt sich in kleine, abgeschlossene Elemente aufgliedern, die leicht nacheinander gelernt werden. Mit dieser Methode hat man Hunde gelehrt, Blinde zu führen, Taube aufmerksam zu machen, verschwundene Körper aufzuspüren, ja sogar Skateboard zu fahren.

Wenn man dem Hund eine Kette oder eine Folge solcher Aktivitäten beibringt, wird immer der letzte Schritt als erster gelehrt. Dies mag so klingen, als wolle man ein Pferd am Schwanz aufzäumen, da uns der gesunde Menschenverstand lehrt, daß es immer das Beste ist, die ersten Elemente einer Aufgabe als erstes in Angriff zu nehmen. Das ist aber hier nicht so. Hat man zuerst die frühen Glieder einer Kette verstärkt, hört der Hund möglicherweise auf, erwartet seine Belohnung, ehe er das erwünschte Endstadium erreicht. Ist seine Aufgabe zum Beispiel loszulaufen, über einen Hügel ausgestreute Gegenstände einzusammeln, ist der erste Lernschritt, Gegenstände abzugeben, direkt nachdem er auf das Kommando »Hier« dicht herangekommen ist. Der nächste Schritt in dieser Kette besteht darin, dem Hund beizubringen, Gegenstände aufzuheben, sich entsprechend den Handzeichen nach links oder rechts zu bewegen, vom Führer wegzulaufen und so weiter.

Formen (Shaping) - Aufbau von richtigem Verhalten. Zum Shaping gehört, daß man nach und nach die Definition verändert, woraus das gewünschte Verhalten besteht. Beispielsweise verlangt man dann höhere Schnelligkeit, größere Ausdauer, mehr Entfernung vom Führer bei Durchführung einer Aufgabe. In der Regel baut der Erzieher eher auf einer bereits vorhandenen Gewohnheit auf als bei Punkt Null zu beginnen. Trainiert man zum Beispiel einen Hund, in Agility an der Wippe zu arbeiten, kann man darauf aufbauen, was man den Hund bereits gelehrt hat, nämlich auf einer horizontalen Planke entlangzugehen; erst gegen Ende der Erziehung muß man ihm dann noch die Balance rund um das Wippenzentrum beibringen. Diese Ausbildungstechnik nennt man bei Tieren in der Regel »Shaping« (formen); Psychologen, die sich mit der Erziehung von Menschen befassen, nennen diese Methode auch »sukzessive Annäherung« (successive approximation).

Umlenken ist immer besser als Strafe. Ich bin bereits auf die eine Handlung völlig unterbrechenden Folgen der Strafe eingegangen, selbst wenn diese auch mild erfolgte. Eine machtvolle Alternativtechnik, mit der man streng verbotene Aktivitäten ausschließt - die jeder Hund von Zeit zu Zeit erprobt - besteht im Umlenken auf eine andere Aktivität, die an die Stelle der unerwünschten tritt. Techniker bezeichnen dies als eine durch Erziehung »ausgelöste Ersatzhandlung« - hierfür gibt es eine Fülle von Anwendungsmöglichkeiten im Alltagsleben. Beispielsweise braucht man einen Hund, der aufgrund seiner territorialen Abwehrreaktionen Besucher an der Tür angreift, nicht zu bestrafen, wenn man ihn stattdessen dazu erzieht, sich beim Auftauchen von Besuchern in der Eingangshalle hinzusetzen oder hinzulegen, vielleicht dicht an der Tür, und eine passende Belohnung zu erwarten. Erfahrene Hundeausbilder werden dieses Prinzip vom Einsatz des Kommandos »Down« wiedererkennen. Es wurde über Jahrhunderte mit Erfolg verwendet, um Hunde zu blockieren, Handlungen, wie etwa Schafe hetzen oder in den Verkehr laufen, zu unterbinden. Es gibt zahllose Anwendungsmöglichkeiten für solche vom Menschen ausgelöste Ersatzhandlungen, durch die Verhaltenstherapeuten hundliche Verhaltensstörungen umleiten - Näheres dazu in Teil drei dieses Buches.

Nachahmung - Hunde sind darin Meister. Der Gedanke, ein Hund kopiere seinen Herrn, mag ein wenig weit hergeholt erscheinen, aber - glaube mir - Hunde versuchen oft, menschliche Situationen und Gesten nachzuahmen. Wie oft liegst oder sitzt Du irgendwo, stellst fest, daß Dein Hund neben Dir an Deiner Seite liegt oder sitzt? Mein Setter Sam besetzt unverzüglich den Fahrersitz, wenn ich ihn im Auto alleine lasse; sein Geheul läßt sich zuverlässig durch unseren eigenen Gesang auslösen; er läuft, wenn ich laufe, schwimmt, schläft mit mir und vieles andere - er ist ein echter irischer Imitator! Noch wichtiger zu dieser Frage - ein erfahrener Hund kann beim Einüben sehr schwieriger Aufgaben ein vorzüglicher Instrukteur für einen anderen Hund sein. Unter Schäfern ist es eine alte Tradition, einen Welpen »mit seiner Mutter laufen zu lassen« - sie scheint ihm alle die Geschicklichkeiten des Schafehütens beizubringen. Einige Schäfer binden den Schüler sogar mit einem kurzen Seil an den Lehrhund, obgleich dies keine Maßnahme ist, die ich empfehlen kann. Mit Sicherheit kann bei einem so schwierigen Aufgabengebiet wie dem von Suchhunden, die auf Drogen oder Sprengstoff angesetzt werden, ein erfahrener Lehrhund (instructor dog) den ganzen Ausbildungsprozeß geradezu dramatisch vereinfachen.

Springer Spaniels werden häufig zur Drogen- und Sprengstoffsuche eingesetzt, weil sie über unerschöpfliche Begeisterung, ermüdungsfreie Energie und Spieltrieb verfügen. Während eines Island-Besuches war ich vor kurzem Zeuge, wie ein Rudel von dreizehn English Springer Spaniels nach einem Gegenstand suchte, den wir etwa zweihundert Meter von Zuhause in einem von Unkraut überwucherten Feld versteckt hatten. Sie teilten sich in Gruppen von zwei oder drei Hunden, vereinten sich wieder, als ein Trio erfolgreich die Trophäe aufgespürt hatte. Ihr Ausbilder John Gudjonsson demonstrierte dann eindrucksvoll, wie jeder dieser Hunde die gleiche Aufgabe auch völlig allein lösen konnte. Ursprünglich waren alle diese Hunde von einer Stammhündin »ausgebildet« worden, die John wiederum selbst nach traditionellen Methoden dafür abgerichtet hatte. Wie allgemein bekannt: Mutter weiß es immer am besten - und John war Realist genug, um zu erkennen, daß Hunde in hundlichem Verhalten viel bessere Experten sind als wir Menschen. Leider zerstört die Art, wie moderne Welpen zu früh entwöhnt und in hundefreie neue Heime verbracht werden, dieses natürliche System der Erziehung von Hund zu Hund.

Kontrolle des Hundekopfes. Das Halti-Kopfhalfter wurde ursprünglich ganz einfach deshalb entwickelt, um Hunden das Ziehen abzugewöhnen. Schnell erkannte ich aber, daß dieses Hilfsmittel noch eine Fülle weiterer Anwendungsmöglichkeiten zur Lösung hundlicher Probleme bot. Es vereinfacht die Erziehung, außerordentlich weil es ermöglicht, den Hund präzise in die Haltung oder an den Ort zu versetzen, wo man ihn haben möchte. Ohne Kopfhalfter wird der Hund nur zu leicht gestupst, geschoben oder umhergezogen, wobei Hund wie Mensch viel zu viel Kraft einsetzen. Die Idee, hierfür ein Kopfhalfter zu verwenden, ähnelt in gewisser Weise der Erziehungsmethode von Oberst Konrad Most, allerdings mit dem Unterschied, daß jetzt die Kontrolle über den Hund durch Fingerdruck anstelle mittels üppigem Bizeps erfolgt.

Die enge Verbindung von Kopfkontrolle und instrumentalem Lernen erweist sich als recht praktisch, ermöglicht mit beachtlicher Schnelligkeit die Erziehung für ungewöhnliche Aufgaben. Nehmen wir einen völlig unausgebildeten Hund, der sich niemals spontan in die richtige Position »down« niederlegt, sondern immer behaglich auf eine Seite fallen läßt. Um bei diesem Hund das Kommando »Down« zu verbessern, wird mit dem Kopfhalfter seine Stellung korrigiert, dann erhält er in der richtigen Lage seine Belohnung.

Halti-Kopfhalfter erweisen sich bei der Ausbildung von Hunden im Agility-Sport als besonders nützlich, die am einfachsten durch das Nachahmen eines erfahrenen Hundes erfolgt. Man läßt den neu auszubildenden Hund ein Halti tragen, führt ihn den Parcours entlang, kombiniert jede Aktivität mit dem richtigen verbalen Kommando und zwar vor, während und nach der erfolgreichen Ausübung jeder Aufgabe im Parcours.

Mit einem Kopfhalfter ist die Erziehung »Bei Fuß« eines sonst immer nach vorne ziehenden Hundes außerordentlich einfach. Im einzelnen wird dies im nächsten Kapitel geschildert, die Theorie lautet, daß Du das Kommando »Fuß« laufend wiederholst, während der Hund direkt parallel zu Dir läuft. Damit gewinnt das Wort schnell instrumentale Kontrolle über den Hund, der neben seinem Besitzer geht.

Die Schlüsselelemente für die Hundeerziehung nach der Mugford-Methode sind eine Kombination instrumentalen Lernens, der Nachahmung und genauer Kopfkontrolle. Dies alles erfordert wenig Mühe, bereitet viel Vergnügen. Unsere Vorstellungskraft ist gefordert, uns die Dinge auszudenken, die unsere Hunde lernen sollen. Natürlich müssen sie die Kommandos »Sitz - Bleib - Hier - Fuß« beherrschen, aber dies alleine macht Dich für Deinen Hundefreund noch lange nicht zum würdigen Begleiter, reicht bei weitem nicht aus, seine echte Intelligenz zu fordern.

Lies deshalb dieses Buch weiter!

TEIL II

PRAKTISCHE HUNDEERZIEHUNG

6

Erziehung des erwachsenen Hundes:

das Erlernen erwünschten Verhaltens

Alte Hunde lernen im Gegensatz zu dem Sprichwort doch neue Tricks - deshalb gibt es keinerlei Grund, warum Dein sich gelegentlich chaotisch benehmender Hund die Grundregeln des Gehorsams nicht begreifen könnte. Nehmen wir an, Du gehörst zu den Millionen von Hundebesitzern, die einmal bei einem der traditionell ausgerichteten Ausbildungsvereine vorbeigeschaut haben, dabei durch die Kakophonie von Bellen und Schreien, den Anblick von Hunden, die an ihren Würgehalsbändern hin und hergezerrt werden, recht überrascht sind. Möglicherweise hast Du zu diesem Zeitpunkt beschlossen, Dein Hund sollte lieber ganz ohne Ausbildung bleiben!

Vielleicht stellt Dich jetzt aber Dein Hund von Zeit zu Zeit in der Öffentlichkeit bloß, bringt Dich in Verlegenheit. Beispielsweise hat er keine Lust zurückzukommen, wenn Du ihn rufst, setzt sich futterbettelnd neben den Tisch, zieht an der Leine oder hat die Angewohnheit, sich seine Pfoten auf der Rückseite von Damenkleidern abzuwischen. Wenn Du ihn doch nur richtig erzogen hättest!

Die guten Nachrichten lauten, daß auch alte Hunde leicht neue Tricks lernen, wenn man es ihnen in der richtigen Art beibringt. Allein an Dir, dem Hundebesitzer, liegt es, die richtige Wahl zu treffen, Dich für die in diesem Buch aufgezeigten neuen Ausbildungsmethoden zu entscheiden, gegen die traditionelle Hundedressur, wie sie bisher betrieben wird. Das Allerwichtigste, woran Du immer denken solltest, ist, dem Hund gegenüber immer ruhig zu bleiben, ihn nie anzuschreien, nie einfach NEIN zu sagen, ohne weiter darüber nachzudenken.

Ich vertrete bedingungslos das Prinzip, keinesfalls Würgehalsbänder zuzulassen, wer auch immer Dich zu überreden versucht, sie um den Hals Deines besten Freundes zu legen. Bitte richte Dich nie nach Ausbildern, die Hunde mit Würgern zu zwingen versuchen. Hast Du zufälligerweise bereits ein Würgehalsband gekauft, wirf es in den Müll. Die Alternative wäre, dieses Buch wegzuwerfen. Der Schmerz des Würgehalsbandes wird alles Gute, das Du möglicherweise auf den folgenden Seiten lernen kannst, wieder zerstören.

Leider wird Hundeausbildung mit scharfen, nuancierten Kommandos wie »Hier!«, »Sitz!«, »Bleib!« oder »Dowwwn!« identifiziert. Dies brauchte überhaupt nicht zu sein, Handzeichen haben klare Vorteile, entweder für sich allein oder in Kombination mit der Sprache. Wie bereits früher erwähnt, können taube Hunde nur durch Handsignale der Art, wie unsere Fotos Nr. 13 - 21 zeigen, zu einem recht hohen Ausbildungsstandard gebracht werden. Andere Hunde wiederum werden besser mit Pfeifensignalen ausgebildet, die Jägerschaft verfügt dabei über einen Signalcode, der sich sowohl zu Hause wie auf der Jagd sehr bewährt. Worauf es ankommt ist die Auswahl des Mediums, auf welches der Hund am besten reagiert, dabei die einzelne Botschaft einfach und immer gleich zu halten. Wenn man zum Beispiel die rechte Hand für das Kommando »Down« benutzt, sollte man keinesfalls versehentlich die linke Hand nehmen, die für den Hund mit dem Kommando »Sitz« verbunden ist. Hunde sind viel cleverer, als die meisten von uns annehmen, sie bemerken auch geringfügige Abweichungen. Wenn es bei der Ausbildung zu Schwierigkeiten kommt, ist es wahrscheinlich eher Dein Fehler als der des Hundes. Es ist richtig, davon auszugehen, daß ein Hund sich immer darum bemüht, seinem Herrn zu gefallen, nicht ihn in Verlegenheit zu setzen. Deshalb sollte man stets freundlich zu ihm sein.

Heranrufen: Rückkehr zu einem Freund

Es ist das Allerleichteste der Welt, einen Hund zum Herankommen zu erziehen, wenn man ihn bereits als Welpen besitzt. Später wird dies um einiges schwieriger werden, wenn Du im Wettbewerb zu den Gerüchen von Kaninchen, dem Anblick anderer Hunde, der Anziehungskraft frischer Pferdeäpfel oder dem Interesse an der Nachbarskatze stehst.

Man muß ganz einfach wissen, daß jeder Hund gelegentlich einmal seinen Herrn blamiert. Was man dennoch tun sollte ist, die Wahrscheinlichkeit, daß der Hund auf Ruf sofort kommt, laufend zu verbessern.

Das Wichtigste ist, immer den Namen des Hundes oder irgendein anderes starkes Stimulans zu nutzen, um die Aufmerksamkeit des Tieres auf den Menschen zu konzentrieren. Der Kontaktruf ist meist das gesprochene Wort »Hier«, ergänzt durch Körpersignale (horizontal ausgebreitete Arme, Handflächen in Richtung auf den Hund, leicht gekrümmt, wie auf Foto Nr. 14 dargestellt). Die Belohnung des Hundes sind Deine Gesellschaft, Deine zärtlichen Hände, vielleicht sogar ein Leckerbissen. Das Pfeifensignal ist Piep-Piep-Piep - mehrfach wiederholt.

Es gibt immer Gelegenheiten, daß Dein Hund ganz von selbst zu Dir läuft - etwa um an Deinen Füßen zu schnuppern, Dein Gesicht zu lecken oder ganz einfach, um mit Dir zu spielen. Achte auf seine Bewegungen, wenn der Hund in einem Abstand von zwei bis drei Metern anlangt, rufe »Hier« und/oder gib das richtige Körpersignal. Wenn er dann bei Dir ist, mußt Du immer das freudige Wiedersehen feiern, ihn an all den Stellen, wo er es besonders mag, streicheln, ihm manchmal ein Leckerchen geben (dies alles im Rahmen eines periodischen Verstärkungsprogramms). Durch solche Erziehung baut man instrumental eine starke Reaktion auf das Signal »Hier« auf. Setze exakt und unverändert diese Methode fort, bis der Hund verläßlich im Haus wie im Garten herbeikommt. Dann sind auch gute Voraussetzungen für Erfolge außerhalb des Hauses gegeben.

Begib Dich am besten mitten in ein etwas außerhalb liegendes Gelände, abseits von Ablenkungen wie Schafen, Verkehr, Menschen oder Hunden. Alternativ kann man auch ein geschlossenes Grundstück wie einen Tennisplatz oder eine eingezäunte Wiese wählen. Am besten hält man den Hund an einer Ausziehleine oder einem langen Seil, wiederholt die instrumentale Folge, wie zuvor beschrieben. Wenn der Hund spontan heranläuft, erhält er die Zeichen für »Hier«. Jetzt wird seine Aufmerksamkeit durch Ruf seines Namens geweckt, durch Rasseln mit einer Blechbüchse, durch einen Ultraschallton, starkes Keuchen, einen schrillen Ruf oder was immer man wählt! Möglicherweise mußt Du Dich wie ein Vogel mit einer gebrochenen Schwinge bewegen, wie ein Welpe winseln oder weglaufen. Wenn er sich nähert, erfolgt stets das Signal »Hier«, der Hund wird tüchtig gelobt, erhält bei den ersten Gelegenheiten immer eine Belohnung, später nur ab und zu.

Ganz vereinzelt hat man einen Hund - vielleicht einen Afghanen oder einen Irish Setter - der sich überhaupt nicht darum kümmert, was immer Du auch unternimmst, um seine Aufmerksamkeit zu erregen. Für ihn kannst Du wie ein Welpe wimmern, Dich auf den Kopf stellen oder in ein Schafsfell einwickeln. Ihm bedeutet die Freude am Laufen mehr als jede Ablenkung oder Belohnung, die Du ihm bieten könntest. Bei solchen Hunden muß man leider zuweilen auf die alte, traditionelle, klassische Erziehungsmethode zurückgreifen. Aber ehe Du zu einem solchen letzten Hilfsmittel greifst, solltest Du wirklich mehrere Wochen das vorstehend beschriebene instrumentale Programm durchführen.

Nachstehend die Korrektur eines Hundes, der immer wegzulaufen versucht. An seinem Halsband wird eine Ausziehleine oder eine lange Schnur befestigt, man ruft ihn beim Namen, gibt das Kommando, zeigt ihm die Blechbüchse (vergleiche Seite 129) direkt vor der Nase. Der Führer kauert auf dem Boden, lockt den Hund, zieht ihn notfalls mit der Leine heran. Wiederholung, Wiederholung und immer neue Wiederholung. Das Kommando »Hier« wird für ihn zum Sicherheitssignal, um den unangenehmen Klang der Klapperbüchse, die Strafe, herangezerrt zu werden, zu vermeiden. Mit dieser Erziehung greifen wir auf Methoden der alten Hundedressur zurück, auf den Zwang, aber weder Du, ich, noch Dein Hund werden darüber glücklich sein! Wollen wir hoffen, daß es nie nötig sein wird.

Fuß!: mein Freund und ich sind eng beisammen.

Die traditionelle Hundeausbildung hat sich um nichts mehr als um das korrekte Bei-Fuß-Gehen der Hunde bemüht. Häufig werden dabei Hunde mit Würgehalsbändern, Stöcken und Schimpfworten geradezu traumatisiert. Man zerrt sie über glatten Boden, bereitet ihnen mit dieser Aufgabe eine schlimme Zeit. Geht man in ethologisch richtiger Art an die Erziehung, erscheint alles wie ein Kinderspiel. Jeder, ja jeder einzelne Hund geht bei einer Kombination nachstehender Methoden freudig bei Fuß; bereits in wenigen Minuten sollte man recht zufriedenstellende Ergebnisse erzielen.

Als erstes machen wir uns mit der gewöhnlichen Gangart eines Wolfes und eines Hundes vertraut. Beide vermögen über einen Zeitraum von acht bis fünfzehn Stunden eine bequeme Dauergeschwindigkeit von elf km/h zu halten. Unsere eigene menschliche Gangart variiert zwischen 1,6 km und 5 km je Stunde, nur außergewöhnlich athletische Typen erreichen eine Marschgeschwindigkeit von 9 km je Stunde. Dies ist für den Hund das erste große Hindernis, neben uns zu gehen. In aller Regel bewegen wir uns für ihn viel zu langsam. Bei der Ausbildung »Fuß« bemühen wir uns, dem Hund unsere Nähe angenehm zu machen - als seine Belohnung! Für den Hund muß das Ziel lauten, lieber nahe bei Dir zu gehen als voraus, hinterher oder seitlich. Der Grund übrigens, weshalb Hunde traditionell links vom Menschen gehen, war der, daß Kavalleristen in der Regel ihre Pferde links führten, während sie das Gewehr in der rechten Hand trugen. Heutzutage braucht man aber zum Spaziergang mit Hunden kein Gewehr!

Viele Hundefreunde haben festgestellt, daß ihre Hunde lieber unangeleint als angeleint bei Fuß gehen. Jede Einschränkung verursacht bei einem Hund ein sogenanntes »Ausweichverhalten«. Ähnlich wie eingekerkte Zootiere erfolglos auf und ab schreiten, dem Käfig zu entkommen suchen, so neigen Hunde dazu, am Leinenende zu ziehen. Die Lösung ist ganz einfach - die Leine scheinbar endlos zu machen, eine Ausziehleine zu benutzen. Jedermann verwickelt sich anfänglich in solche Ausziehleinen, aber es ist überhaupt nicht schwierig zu lernen, sie richtig zu verwenden.

Zum Einüben befestigt man den Leinengriff an einem festen Gegenstand, etwa an einem Pfosten. Dann schwingt man den Arm auf und ab, als ginge man bequem in flottem Schritt. Beim zweiten oder dritten Abwärtsschwingen Deiner linken Hand drückst Du leicht den Bremsenknopf der Ausziehleine. Dadurch erzeugst Du im Mechanismus der Leine ein Klicken. Dieser Klang kann für den Hund in Zukunft das Orientierungssignal zum Bei-Fuß-Gehen werden, jegliches gesprochene Kommando überflüssig machen.

Für viele Junghunde und Erwachsene ist dies alles, was man braucht - eine Ausziehleine, befestigt an einem flachen Halsband. Warum ein flaches Halsband anstelle eines rundgewirkten oder einer Würgekette? Meine Leser werden meine Aversion gegen Würgehalsbänder bereits kennen, mein Wunsch nach breitflächigen Halsbändern ist darauf gerichtet, daß Halsbänder sich über zumindest zwei Halswirbel erstrecken sollten; bei einem Hund von Labrador-Maßen erfordert dies eine Halsbandbreite von etwa 2,5 cm. Ein richtig angelegtes Halsband bedeutet für den Hund ein festes Berührungsgefühl, es paßt gut zum Klick-Kommando der Ausziehleine. Die Würgeaktion einer Kette oder eines schlaffen Halsbandes vermittelt ein anderes Gefühl, kein so präzises Stimulans wie das flache Halsband. Die Absicht ist bei weitem nicht, durch Kombination von Halsband und Leine den Hund zurückzureißen, vielmehr eine Botschaft leinenabwärts zu senden, der Hund möge wieder näheren Kontakt »Bei Fuß« einnehmen. Das Signal für solche erwünschte Nähe sollte das Kommando »Fuß« sein, möglicherweise begleitet durch einen Klaps mit der flachen, freien, rechten Hand oder dem Behälter der Ausziehleine gegen das Knie. Bitte achte immer darauf, daß die Leine nicht in der Art der traditionellen Hundedressur quer zum Körper gehalten wird. Die Ausziehleine macht beidhändige Leinenführung überflüssig, befreit Deine rechte Hand, für nützlichere Tätigkeiten.

Ignoriert Dein Hund das Signal »Fuß«, beschleunige den Schritt, dann ist der Hund ganz natürlich neben Deinem Körper, präzise an der gewünschten Stelle. Kommando »Fuß« und Belohnung der Nähe durch liebevolles, weiches Sprechen, leichten Klaps mit der Hand oder manchmal einen Leckerbissen. Auf Ausstellungen siehst Du viele Hunde, wie sie durch den Ring paradieren, ihre Besitzer fixieren, die einfach ein bißchen Futter zwischen den Fingern halten. Dies kann zuweilen für die Speicheldrüsen des Hundes eine recht ermüdende Strapaze werden, ist weniger ein Ausdruck einer von Natur aus aufmerksamen und engen Beziehung zwischen Mensch und Hund.

Leider gibt es immer ein paar Hunde, die auf die oben dargestellte Lernmethode nicht ansprechen, hinzu kommen einige Hunde, deren Kraft und Körpergewicht ihnen immer Vorteile gegenüber ihrem schmächtigen Besitzer geben. Kein Grund zur Verzweiflung, keine Notwendigkeit, zu Würgehalsbändern, Stachelhalsbändern und anderen Grausamkeiten zu greifen. Genau für solche Menschen habe ich das »Halti« erfunden, ein Kopfhalfter, das den Spaziergang mit einem Hund ebenso einfach macht wie das Führen eines schwergewichtigen Pferdes. Tatsächlich wurde die Idee für das Halti ursprünglich durch mein eigenes Mißgeschick ausgelöst, ein chronisches Rückenproblem, das sich dadurch verschlimmerte, daß ich große, kraftvolle und aggressive Hunde behandeln mußte. Es war im November 1984. Man hatte mich gebeten, einen riesigen Irish Wolfhound zu kurieren, der ständig versuchte, kleine weiße Hunde anderer Menschen anzugreifen. Meiner Frau Vivienne und mir gelang es, durch eine

Kombination von Bändern ein perfektes Steuerungsmittel für Hunde zu entwickeln, ähnlich dem großen Halfter, das man bei Pferden verwendet. Ein oder zwei Millionen Halti später kann ich heute sagen, daß dieses Hilfsmittel die Antwort auf viele Gebiete von Hundebesitzern war. In aller Regel aber wird es eher passiv als aktiv verwandt, etwa zur Ausbildung von Hunden, korrekt bei Fuß zu gehen. Aber dies muß nicht so bleiben, denn Hunde können beim Tragen eines Halti eine ganze Menge mehr lernen.

Wenn man ihnen das Halfter erstmals anlegt, werden sich einige Hunde gegen das Halti wehren, aber die meisten gewöhnen sich innerhalb von Minuten daran. Es gibt verschiedene Strategien, um ein anfängliches Widerstreben zu überwinden; mein Lieblingsmittel ist Ablenkung des Hundes, ihn laufen lassen, spielen, mit Futter reizen, so daß er viel zu beschäftigt ist, um sich länger gegen das Halfter zu streuben. Der beste Weg ist, zunächst das Halti allein anzulegen - ohne Verbindung mit einer Leine. Später wird eine Ausziehleine befestigt, man läuft weiter mit dem Hund, spielt mit ihm, gibt ihm Leckerbissen, bis er nicht mehr versucht, es mit den Pfoten abzustreifen. Man sollte den Kontakt immer leicht halten, in der linken Hand eine lange Leine oder Ausziehleine, um den Kopf des Hundes sanft nach rechts zu lenken. Dabei sollte die Leine frei neben der rechten Seite des Hundes flach durchhängen. Nie sollte man mit einem Halti den Hals des Hundes zurückreißen. Dies wäre zwar nicht gefährlich, aber unfreundlich und überflüssig. Bei Tests in unserem Animal Behaviour Centre haben wir herausgefunden, daß die Intensität des Ziehens eines Hundes am Halti von einem Faktor von 250 % seines Körpergewichtes auf weniger als 1 % reduziert wird. Auch die allerkleinste Person kann damit einen außerordentlich kraftvollen Hund sicher führen. Nur ganz wenige Hundebesitzer klagen, daß ihr Hund trotz Halti noch immer ziehen kann. Der Grund ist immer, daß dieser Hund gelernt hat, seine Halsmuskeln zu versteifen und den Kopf zur Verlängerung des Körpers macht. Wir nennen dies die Kopfabwärts-Stellung, eine geradezu klassische Lösung, die von einzelnen intelligenten Hunden wie beispielsweise Dobermännern versucht wird. Die Technik, eine solche Haltung zu überwinden, besteht darin, den Hund an der Ausziehleine vorauslaufen zu lassen, dann sehr leicht die Leine einzuklicken, sanft den Hund nach rechts zu ziehen. Durch den Lauf hat der Hund seine Muskeln entspannt, wird dadurch empfänglich für den seitlich steuernden Zug des Haltis.

Es gibt außer dem Halti noch andere Ausführungen von Kopfhalftern, aber diejenigen, die wir überprüft haben, sind zu einschränkend und eng, erlauben dem Hund kein freies Atmen. Das Halti ist anderen Kopfhalftern auch dadurch überlegen, daß es auf die am weitesten vorn liegende Stelle der Nase einwirkt, wodurch die stärkste, den Kopf steuernde Zugkraft erreicht wird.

Hunde kann man mit einem Halti zunächst passiv bei Fuß führen, später durch die früher beschriebene Instrumentalmethode korrigieren. Alternativ kann das Halti auch zunächst lose am Kopf getragen werden, wobei die Leine am gewöhnlichen Halsband befestigt ist. Zum guten Schluß werden ein paar besonders intelligente Hunde lernen, frei bei Fuß zu gehen, ohne überhaupt ein Halti zu tragen. Der Besitzer braucht das Kopfhalfter nur als eine Art symbolische Drohung in der Hand zu halten, falls der Hund nicht die gewünschte Position bei Fuß einnimmt.

Man muß sich immer daran erinnern, daß die Begleitung frei bei Fuß bei langsamer Gangart ein für Hunde unnatürliches Verhalten verlangt. Deshalb sollte man immer die starre Position bei Fuß nur so lange einhalten, wie es notwendig ist, den Hunden zu anderen Zeiten erlauben, häufig anzuhalten, zu schnüffeln, vorwärts zu strolchen oder hinten und seitlich die Gegend zu erkunden. Richtig gesehen ist Dein Hund nicht Marschierer in einer Armee - und für wen machen wir eigentlich den gesamten Spaziergang?

Sitz: immer in bequemer Haltung

Jeder Hund setzt sich gelegentlich hin - dies ist für ihn eine völlig natürliche und bequeme Haltung. Deshalb ist dies auch die leichteste Aufgabe in der Erziehung, gleich ob man nach klassischer oder instrumentaler Erziehungsmethode vorgeht. Die klassische Methode besteht darin, daß man das Hinterteil nach unten drückt, während man verbunden mit dem Kommando »Sitz« den Hundehals nach oben zieht, wenn sich der Po in Richtung festen Boden absenkt. Wiederum erscheint es mir unverständlich, weshalb eine solche Kombination von Gewalt und Schmerz durch so viele Ausbilder angewandt wird, alles für eine Haltung, die junge wie alte Hunde alltäglich spontan einnehmen.

Die instrumentale Methode ist in Kapitel drei einzeln abgehandelt - die hier notwendige Handhabung wird nachstehend beschrieben. Am besten wartet man und beobachtet seinen Hund, bis er die ihm offensichtlich bequeme Position einnimmt, Pfoten und Hinterläufe entsprechend bewegt. In diesem Augenblick sagt man einfach ganz ruhig »Sitz« - dann geht man zu ihm hinüber und streichelt ihn oder gibt ihm als Belohnung einen Leckerbissen. Durch die persönliche Annäherung veranlaßt man vielleicht unbeabsichtigt seinen Hund sich hinzulegen. Für einen Hund ist es völlig natürlich, sich fallen zu lassen, zu relaxen, wenn er gelobt wird und glücklich ist. Deshalb darf man ihn keinesfalls bestrafen, wenn er sich hinlegt, obwohl man ihn eigentlich in sitzender Haltung haben möchte. Am besten entfernt man sich ganz einfach rückwärts gehend, ermuntert den Hund, sich zu erheben oder nachzufolgen, wartet darauf, bis er sich wieder setzt und wiederholt das Ganze. Um eine 100 %ige Erfolgsquote zu erzielen, braucht man nichts als richtiges »Timing«. Käufer junger Welpen sollten mit ihrem sieben Wochen alten Welpen bereits am ersten Tage in der Erziehung von »Sitz« Erfolg haben; bei einem älteren Tier mag es ein wenig länger dauern, aber bestimmt nicht viel.

Das Handzeichen für »Sitz« ist einfach. Die linke Hand wird halb hochgehoben, dann die auf den Hund gerichtete Handfläche abgesenkt. Es gibt Hunde, die von ihren Besitzern nie gezielt auf das Kommando »Sitz« ausgebildet werden. Beispielsweise bevorzugen die Ausstellungsfans, daß ihre Hunde im Ring immer stehen. Wenn man einen solchen Ausstellungshund übernommen hat, kann man durch Anwendung des Halti-Systems die instrumentale Erziehung beschleunigen. Dies geschieht, indem man gelegentlich den mit Halti versehenen Hundekopf, wie auf dem Foto Nr. 32 gezeigt, anhebt, dabei senkt sich das Hinterteil des Hundes völlig natürlich. Und in dem Augenblick, da der Po den Boden berührt, erfolgt das Wort »Sitz«, dann wird der Hund wie zuvor erwähnt belohnt. Dies ist nicht etwa eine Variation zur traditionellen Erziehungsmethode für »Sitz«. Bei der alten Methode wird das Kommando nämlich erteilt, ehe der Hund die gewünschte Stellung einnimmt. Die meisten Hunde setzen sich nur zu bereitwillig, um Futter zu erbetteln, aber übermäßige Futteranwendung als Forcierungsmittel zur Erziehung von »Sitz« kann auch Nachteile mit sich bringen - möglicherweise benimmt der Hund sich dann nur am Tisch ordentlich, nicht aber an der Bordsteinkante.

Down: wie sich straffe Läufe entspannen

In zahlreichen anderen Hundeerziehungsbüchern findest Du viele recht grobe Methoden, wie man einen Hund dazu bringt, sich auf Kommando hinzulegen. Auch hierfür gibt es keinerlei Notwendigkeit, denn wie »Sitz« ist auch »Down« nach der instrumentalen Methode ganz leicht zu lehren. Die frühere Hundedressur bestand darin, den armen Hund zu strangulieren, die mit dem Würgehalsband verbundene Hundeleine wurde unter dem Schuh des Ausbilders hindurchgezogen, drückte dadurch den Hund auf den Boden. Mancher Hund gerät dabei in Panik, kämpft gegen die Behandlung an, beißt möglicherweise nach dem Ausbilder - (was dem recht geschieht!) - und wird sicherlich nur sehr zögerlich bereit sein, später auf gleiche Art angefaßt und erzogen zu werden. Viel einfacher und besser ist folgende Methode.

Am besten joggt man mit seinem jungen Hund, läuft so lange, bis er müde ist. Jetzt hält man an, und in der Regel wird sich der Hund schon aus Erschöpfung auf den Boden legen. Im gleichen Augenblick gibt man das Kommando »Down«, dann wird der Hund mit einem Leckerbissen oder Streicheln belohnt. Der Lauf wird fortgesetzt und das Ganze wiederholt. Achten Sie darauf - immer wird das Kommando erst erteilt, wenn das Tier freiwillig die erwünschte Haltung einnimmt, nicht vorher. Später mag der Ausbilder die Haltung »Down« zu verfeinern versuchen, so daß der Hund vor seiner Belohnung eine ziemlich präzise Stellung einnehmen muß - möglicherweise wünscht man seinen Hund in der klassischen Stellung der Sphinx, also dekorativer, nicht erschöpft mit nach der Seite ausgestreckten Läufen. Natürlich legen sich Hunde nicht nur dann auf den Boden, wenn sie nach längerem Jogging erschöpft sind.

Die instrumentale Erziehungsmethode kann bei Hunden jeden Alters und bei jeder anderen Gelegenheit angewandt werden, um sie in die gewünschte liegende Haltung zu bringen. Das Handzeichen für »Down« ist eine Übertreibung der zuvor gebrauchten Geste bei »Sitz«. Hierbei wird die rechte Hand flach tiefer nach unten abgesenkt als der Hund selbst zu Boden geht (siehe Foto Nr. 12). Wenn die Erfahrung des Hundes mit »Down« wächst, kann das Handzeichen recht einfach abgekürzt werden, etwa auf ein einfaches, horizontales Halten der rechten Hand (Foto Nr. 15). Das Pfeifensignal für »Down« ist ein einzelner, kurzer Pfiff.

Es gibt noch eine weitere Methode, die zuweilen als humane Alternative gegenüber der traditionellen Zwangstechnik empfohlen wird. Sie besteht darin, ein Leckerchen in die Hand zu nehmen, es nahe dem Fang, am Brustkorb des Hundes zum Boden zu bewegen, in der Hoffnung, daß er ihm folgt und damit die gewünschte Haltung einnimmt. Bei der Art, wie die meisten Erzieher hierbei vorgehen, folgt das Kommando »Down«, ehe der Hund sich in die gewünschte Haltung begibt, anstatt danach. Dies empfehle ich deshalb nicht, weil das Wort »Down« dabei zu sehr mit dem Wunsch des Hundes nach einem Leckerbissen verbunden wird, was nicht immer zweckmäßig erscheint. Der von mir beschriebene instrumentale Weg zur Erziehung von »Down« hat gegenüber allen anderen Methoden Vorteile, denn er ist humaner und wirksamer.

Bleib: wie angewurzelt!

Es ist immer praktisch, einen Hund zu haben, der, ohne daß man ihn auf irgendeine Art anzubinden braucht, genau da bleibt, wo man es von ihm verlangt. Auch hierfür ist die instrumentale Erziehung wieder die richtige Wahl. Dabei muß man sich vor Augen halten, daß das Kommando »Bleib« immer nur einer anderen, bereits instrumental gelehrten Aufgabe folgt. Beispielsweise hat man nach instrumentaler Kontrolle seinem Hund das Kommando »Sitz« beigebracht; kann man danach die Belohnung über den Zeitraum aufschieben, der durch das Kommando »Bleib« oder »Warten« bestimmt ist. Danach vergrößert man die Intervalle zwischen Kommando »Sitz« und der abschließenden Belohnung für Gehorsam durch »Bleib« oder »Warten«.

In dem Frühstadium der Ausbildung wird das Kommando »Bleib« zweckmäßigerweise in Intervallen von drei bis fünf Sekunden wiederholt, verbunden mit einem Sichtzeichen der flach dem Hund entgegengehaltenen Hand, während man dem Hund direkt ins Auge blickt. Sehr bald wird das Kommando »Bleib« in sich selbst zwingende Eigenschaften entwickeln, braucht nicht immer eine Ankündigung für eine in Kürze bevorstehende Belohnung sein. Jetzt kann man die Erziehung »Bleib« auch bei anderen Kommandos zwischenschalten, beispielsweise bei »Down«, ehe die Futterschüssel gegeben wird und ähnliches.

Eine allgemein umstrittene Frage in der Ausbildung ist die Art, wie das Kommando »Bleib« aufgelöst wird. Manche machen einen Unterschied zwischen »Warten« und »Bleib«, wobei »Warten« als vorübergehendes Verweilen angesehen wird, aus dem der Hund durch das Kommando »Hier« befreit wird, während nach dem Kommando »Bleib« die körperliche Rückkehr des Ausbilders zum Hund Voraussetzung ist. Ich selbst habe diese Unterscheidung zwischen »Bleib« und »Warten« nie als wichtig empfunden. Die meisten Hunde scheinen mir jederzeit in der Lage, sich auf das freundliche Kommando »Hier« zu verlassen, das jede Situation auf jede Entfernung beendet.

Hol's - Apport: jagen, töten, teilen

Tötung der Jagdbeute ist für jagende Caniden wie den Wolf Grundvoraussetzung für das Überleben; dies schafft die Grundlage für das Apportierverhalten von Hunden. Es ist recht nützlich, diese Eigenschaft zu entwickeln, denn es erspart den Menschen, sich bücken und Gegenstände aufheben zu müssen, die auf den Boden gefallen sind, wird zum Schlüsselelement für die meisten Spiele. Auch bei den Hütehunderassen ist der Apportiertrieb auf Gegenstände stark ausgeprägt.

Die Veranlagung, Gegenstände zu halten und zu tragen, wurde innerhalb der Hundezucht genetisch gefestigt - besonders ausgeprägt finden wir es bei Rassen wie Golden Retriever und Labrador, weniger häufig bei Terriern. Das Apportierverhalten ist Bestandteil eines Futter-nach-Hause-Trag-Systems. Dabei tragen erwachsene Wölfe ihre Beute ihren Welpen zu - eine ausgeprägt soziale und sogar altruistische Handlung. Manchmal frage ich mich, ob es überhaupt der Mühe wert ist, Apportierverhalten anzuerziehen, wenn es beim normalen Spiel mit dem Hund nicht auftritt. Wahrscheinlich ist eine Erziehung über Zwang nicht gerechtfertigt. Möchte man einen Retriever haben, sollte man sich einfach auch eine Retriever-Rasse kaufen! Wenn wir aber davon ausgehen, daß ein Hund eine natürliche Veranlagung zum Jagen, Aufheben und Festhalten besitzt: nachstehend einige Hinweise, wie man instrumental diese Eigenschaft erzieherisch festigt.

Man nimmt das Lieblingsspielzeug seines Hundes für einige Stunden an sich, so daß es für ihn durch längere Abwesenheit besonders wertvoll wird. Dann bindet man das Spielzeug an eine dünne Schnur, Länge zehn bis zwanzig Meter. Jetzt wird der Hund in die Position »Sitz« und »Bleib« befohlen. Man wirft das Spielzeug, deutet mit der Hand in die geworfene Richtung, danach wird der Hund vom Kommando »Bleib« befreit, er jagt seinem Spielzeug nach, Kommando »Hol's«. Im gleichen Moment, wenn er es aufnimmt, folgt das Kommando »Halten«. Man sollte den Hund ruhig bei lose gehaltener Schnur einige Kreise ziehen lassen. Keinesfalls sollte ein »Seilzieh-Spiel« daraus werden! Nun folgt das Kommando »Hier«. Wenn der Hund sich nähert, das Spielzeug noch immer trägt, folgt »Bring«. Kommt der Hund dicht genug heran, um angefaßt zu werden, wird er tüchtig gelobt und gestreichelt. Läßt er den Gegenstand freiwillig fallen, folgt gleichzeitig das Kommando »Aus«. Hierbei sollte man immer einen Leckerbissen zur Hand haben. Das Angebot einer Futterbelohnung soll ihn dazu bringen, den Gegenstand auszugeben, denn hier handelt es sich um einen Wettstreit zwischen zwei Handlungen, die nicht gleichzeitig ausgeübt werden können.

Der erfolgreiche und problemlose Aufbau einer guten Apportiersequenz hängt davon ab, daß der Hund ein natürliches Beuteinteresse an seinen Spielzeugen hat, und sein Ausbilder ihm vorher die Kommandos »Sitz - Bleib - Hier« beigebracht hat. Es ist sehr wichtig, daß diese Kommandos gut sitzen, ehe man sich mit dem Apportieren in seinen Einzelheiten befaßt. Hat man das Apportieren erst einmal mit dem Lieblingsspielzeug des Hundes erfolgreich trainiert, kann man es auf jede Art anderer Gegenstände ausdehnen. Am besten wird jeder Gegenstand mit seinem Namen verbunden. Beispiele: »Hol den Schuh«, »Hol den Ball«, »Hol das Quietschiespielzeug«, ...

Jess, einer meiner frühen Patienten, hat mir viel über die Lernfähigkeit von Hunden beigebracht. Er war ein Collie-Mischling und besaß ein bemerkenswertes Gegenstandsgedächtnis über mehr als neunzig einzelne Gegenstände, denen laufend weitere hinzugefügt wurden. Seine Herrin hatte eine sehr amüsante Ausbildungszeit, während sie die natürliche Apportierleidenschaft von Jess förderte, indem sie eine Vielzahl von Haushaltsgegenständen mit entsprechenden Namen ausstattete. Es waren alles Gegenstände, die Jess selbst von ihren Originalplätzen holen und auch wieder zurückbringen konnte. Hunde für Behinderte verrichten ähnliche Aufgaben, bringen schwer erreichbare Gegenstände im Haus zu ihrem Herrn. Ich wiederhole aber, wenn Dein Hund hierfür keine Veranlagung zeigt, ist es nach meiner Auffassung wenig vernünftig, ihn zu zwingen! Die Funktion der Hundeausbildung ist es, in erster Linie natürliche oder vorhandene Veranlagungen zu kanalisieren und zu entwickeln, nicht Hunden neue und ihrer Natur widrige Aufgaben aufzuzwingen.

Bellen oder nicht bellen

Die meisten Hunde bellen - selbst Basenjis stoßen eine Art »Jodler« aus. Durch instrumentale Erziehungstechnik läßt sich das Bellen von Hunden leicht unter Kontrolle bringen. Ein Junghund, wie auch ein erwachsener Hund, wird spontan bellen, wenn jemand gegen die Tür klopft, oft auch aufgrund der Aufregung bei anregendem Spiel oder auf der Jagd. Hört man dieses erste Bellen - ich betone, das erste Bellen, das auftritt - folgt das Kommando »Gib Laut«, man lobt den Hund und gibt ihm eine Belohnung. Dieses Vorgehen wiederholt man über mehrere Wochen laufend - der Hund bellt, der Besitzer antwortet »Gib Laut« - und der Hund erhält seine Belohnung. Recht bald sollte man damit das Bellen unter instrumentaler Kontrolle haben - auf »Gib Laut« beginnt der Hund zu bellen. Gleichzeitig verringert sich im allgemeinen das Bellen ohne besonderes Kommando. Dieses Vorgehen bietet auch einen angenehmen Weg, unsinniges Bellen abzustellen, da der Hundebesitzer es durch sein Kommando kontrolliert.

Eine ähnliche vernünftige Methode kann man gegen das Heulen (Singen) anwenden. In der Wildnis ist Heulen der normale Kontaktruf zwischen den Rudelmitgliedern. Es tritt in der Regel in der Dämmerung oder bei Nacht auf, ehe das Rudel zur Jagd auszieht und wenn die Wölfe von der Jagd zurückkehren. Solches Heulen kann interessante musikalische Qualitäten aufweisen, viele Hunde scheinen eine solche Vorstellung geradezu zu lieben. Mein Setter Sam ist hierfür ein erstklassiges Beispiel. Das erste Mal, daß Sam spontan seine hohen stimmlichen Fähigkeiten demonstrierte, war anläßlich der vierten Geburtstagsparty meiner Tochter - als wir alle vereint »Happy Birthday, Ruth« sangen. Dieses Verhalten konnten wir in der Folgezeit dadurch auslösen, daß wir unseren Kopf zurücklegten, mit den Lippen ein »O« formten - das ursprüngliche Stimulans singender Kinder erwies sich nicht länger als notwendig. Heute ist Sam als Künstler über die gesamte englische Nation durch Radio und Fernsehen bekannt - tritt auch bei musikalischen Wunschkonzerten auf!

Wenn man einen Hund besitzt, der auf die Zeichen »traurig«, »sprich« oder von »knurre« bis »ärgerlich« entsprechende Töne von sich gibt, ist das natürlich ein unterhaltsamer Partytrick. Es gibt jedoch auch eine ernsthafte Seite, die stimmlichen Äußerungen eines Hundes unter instrumentale Kontrolle zu bringen. Besitzt man die Fähigkeit, auch Stille auszulösen, gefällt dies mit Sicherheit allen Nachbarn. In den heutigen etwas unsicheren Zeiten ist es andererseits gut, wenn ein Hund ein entsprechendes Stimmrepertoire aufweist, das »Möchtegerneinbrecher« abschreckt.

Fährtensuche: - der Gebrauch der Nase

Insbesondere bei der Jagd mobilisieren Wölfe alle ihre Sinne, um die Beute richtig zu lokalisieren, gerade auf weite Entfernungen sind sie außerordentlich auf ihren Geruchssinn angewiesen. Durch die Domestikation ist der olfaktorische Sinn des Hundes leicht eingeschränkt, aber alle Hunderassen haben noch immer eine beeindruckende Genauigkeit und Unterscheidungsfähigkeit für jede Art von Geruch. Leider ist unsere menschliche Umwelt - insbesondere in unseren Städten - geradezu drastisch von miteinander im Wettbewerb stehenden olfaktorischen Informationen überschwemmt; dies macht es besonders einem in der Stadt lebenden Hund schwierig, viele Erfahrungen in der Fährtensuche zu machen. Solche Vergnügungen bleiben Reisen über das Land vorbehalten, wo man immer noch jungfräuliche Äcker - unberührt von den Pfoten und Füßen anderer Hunde und ihrer Menschen - finden kann.

Es gibt unter den Hundefreunden eine Gruppe von Enthusiasten, die sich der Sucharbeit mit Hunden verschrieben haben. Sie nehmen diese Aufgabe sehr ernst, erringen mit ihren Hunden sogar die anspruchsvollen, nicht leicht zu erreichenden Titel Fährten- oder Suchhund. Über diese Erziehung gibt es erstaunlich komplizierte und ermüdende Ausbildungsbücher. Aber Du und ich, wir halten unsere Hunde des Vergnügens wegen, deshalb will ich hier alleine all den Spaß darstellen, den wir durch Erziehung auf der Fährte gewinnen.

Am besten eignet sich ein Hund, der Futter besonders liebt; zur Fütterungszeit zieht man seine Futterschüssel über eine Entfernung von zwanzig bis fünfzig Metern in gerader Linie quer über den Rasen hinter sich her. Der Hund darf durchaus beobachten, was sein Besitzer tut, dann wird er in die richtige Richtung geschickt. Wenn man ihn losläßt, wird er völlig von sich aus der Fährte folgen, verläßt sich wahrscheinlich dabei mehr auf visuelle als auf geruchliche Wahrnehmungen. In den darauffolgenden Tagen macht man die Aufgabe schwieriger, man geht über längeres Gras und weitere Entfernungen. Später verhindert man, daß der Hund den eingeschlagenen Weg mit den Augen verfolgen kann. Die Ausbildung muß aber immer erfolgsorientiert gestaltet werden, der Hund für richtiges Verhalten seine Belohnung finden. Frustration aufgrund von Fehlschlägen muß bei der Grundausbildung vermieden werden. Als nächstes fügt man auf der Fährte eine Wendung ein, danach eine zweite und nach und nach weitere Schwierigkeiten. Wenn dies alles erfolgreich verläuft, hebt man ganz einfach die Futterschüssel vom Boden, danach folgt der Hund nur noch den Fußabdrücken seines Herrn, nicht mehr der Schleifspur der Schüssel.

Diese Ausbildung nennt man Freisuch-Methode. Man kann sie leicht auf das Apportieren von Gegenständen erweitern, verbindet die Suchaufgabe mit der schon früher beschriebenen Aufgabe des Apportierens. Es ist immer vernünftig, einen Hund mit einem klaren Kommando auf die Fährte zu schicken, etwa »Such«. Andernfalls besteht bei einem arbeitsfreudigen Hund die Gefahr, daß er allein von sich aus herumstöbert und auf der menschlichen Fährte die untergehende Sonne sucht.

Du brauchst aber keinesfalls aus Freude an der Sucharbeit mit dem Hund in ein regennasses Moor oder schmutziges Kornfeld zu gehen. Sucharbeiten können auch zu Hause oder im Garten durchgeführt werden, beispielsweise versteckt man einen richtig verwitterten Gegenstand unter Teppichen, hinter einem Möbelstück oder im Gebüsch. Alleine das Kommando »Such« setzt den Hund in Bewegung. Heute kann das Leben für einen Hund so langweilig sein! Was gibt es besseres, als sein Gedächtnis zu erweitern, ihn mit seiner Nase arbeiten zu lassen?

Sich lösen: Kontrolle über Blase und Darm

Bei dem Gedanken, unser Hund könnte an falscher Stelle und zu falscher Zeit Urin oder Kot absetzen, verfallen viele Menschen geradezu in Angstvorstellungen - sie meinen, es wäre immer besser ganz hinten im Garten eines Fremden untergebracht, wo es kein anderer sieht! Um solche Unannehmlichkeiten zu vermeiden, sollte man von Anfang an versuchen, die Aktivitäten, die bei jedem Hund Ausscheidungen vorangehen, unter Kontrolle zu bringen. Dieses Thema wird noch im einzelnen in Kapitel 14 erläutert, aber selbst ein vorzüglich erzogener Hund kann seinen Besitzer in große Verlegenheiten versetzen, wenn er unsere Regeln über erlaubt und nicht erlaubt überschreitet. Nachstehend die Methode, wie man über Blase und Darm seines Hundes instrumental Kontrolle gewinnt.

Beim Spaziergang mit dem Hund hält man ihn in unmittelbarer Umgebung. Das erfordert möglicherweise den Gebrauch einer Ausziehleine, oder daß man sich in den eigenen Garten begibt, anstatt ihn frei über große Flächen laufen zu lassen. Bei jedem einzelnen Urinieren spricht man ein ganz bestimmtes Wort aus, beispielsweise »Wie, Wie«, »Schsch« und ähnliches. Hier sollte man immer sein ganz persönliches Kommando wählen! Dieses Wort spricht man immer, während der Hund uriniert, danach wird er tüchtig gelobt, eventuell auch ein kurzes, fröhliches Seilziehen oder selbst ein Leckerchen.

In der Regel kotet ein Hund viel weniger häufig als er uriniert, durchschnittlicher Kotabsatz täglich 2,7 mal. Wenn der Hund mit seinen Vorbereitungen beginnt, wird das selbstgewählte Wort ausgesprochen und zwar genau zu dem Zeitpunkt, wenn der Hund noch kreist, schnüffelt und dann die typische gekrümmte Kackhaltung einnimmt. Als Kennwort könnte man beispielsweise den Namen eines geschätzten Familienmitglieds oder seines Lieblingspolitikers wählen. In kurzer Zeit werden »Uncle Mort« oder »Mr. X« das Schlüsselwort sein, daß der Hund sich da löst, wo es seinem Besitzer richtig erscheint.

Möglicherweise hat man auch den Wunsch, seinen Hund zum sich Säubern an eine ganz bestimmte Stelle zu schicken. Am meisten widerstrebt dem Hund, sich am Ort, wo er gefüttert wird, zu lösen. Aus diesem Grund setzt man seine Futterschüssel an all die Stellen auf dem Rasen, wo er sich verbotenerweise löst. Danach führt man ihn an den Ort, wo er sich lösen sollte, beispielsweise hinten im Garten am Komposthaufen - außer Sichtweite des Hauses. Hier wartet man, beobachtet den Hund und belohnt ihn wiederum, wenn er die ausgewählte Stelle benutzt.

Hunde unterliegen hinsichtlich Urin und Kot anderer Hunde gesellschaftlichen Komponenten, es besteht ein signifikantes Markierungsverhalten. Deshalb kann es durchaus klug sein, von einem dem eigenen Hund bekannten Hund ein »gerade frisch produziertes Häufchen zu importieren« - möglicherweise auch noch mit einem Spritzer seines oder ihres Urins, dies alles an der Stelle abzulegen, die man für seine Bedürfnisse ausgewählt hat. In der Praxis ist es natürlich wahrscheinlich einfacher, Fido's besten Freund persönlich heranzuholen, ihn dazu zu bringen, das Notwendige zu hinterlassen, als es in der eigenen Handtasche nach Hause zu bringen. Wurde Dein Hund als Welpe für Urinieren oder Koten bestraft, kann seine Erziehung zur richtigen Toilette einige Schwierigkeiten mit sich bringen. Dies ist der Grund, warum gerade das Stubenreinmachen von Welpen strikt nach den in Kapitel 14 aufgeführten, außerordentlich ruhigen und geduldigen Methoden empfohlen wird.

Hundetricks: erstaunliche Kunststücke

Ich schätze es persönlich überhaupt nicht, wenn Tiere für gewerbliche Zwecke im Film, Zirkus oder auch zu Hause unnötige Kunststückchen vorführen müssen. Aber unabhängig hiervon - Hunden macht es Freude, ihren Menschen zu gefallen. Und meine hochethischen, philosophischen Einwendungen sollten möglicherweise in den Hintergrund treten, wenn die Tiere Spaß an der Vorstellung haben.

Willst Du wirklich, daß Dein Hund erstaunliche Kunststücke lernt, die Nachbarn und die ganze Familie beeindrucken? Wie kann man das erreichen? Um Erfolg zu haben, muß man einige ganz wichtige theoretische Grundlagen kennen. Zunächst, erinnere Dich an all das, was ich in Kapitel 5 über das »Verknüpfen« gesagt habe, wobei eine komplexe Aufgabe in viele kleine, leicht durchzuführende Komponenten aufgebrochen, in logischer Reihenfolge aufgebaut wird. Hat man erst einmal festgelegt, welche Tätigkeit der Hund am Ende durchführen soll, erreicht man sein Ziel immer durch Teilfortschritte, man »formt« und verändert das jeweilige einzelne Verhalten in Richtung auf das Endziel.

Ein Beispiel - Du möchtest Deinem Hund beibringen, durch Reifen zu springen. Am besten beginnst Du mit einem sehr großen Reifen, gehst selbst durch diesen Reifen und lädst durch Dein Vorbild Deinen Hund ein, Dich nachzuahmen und Dir zu folgen. Danach wird der Reifen schrittweise immer kleiner und kleiner gemacht, ein zusammengerolltes Stück Polyäthylenschlauch eignet sich hierfür besonders. Letztendlich hat man einen Reifen von genau richtiger Größe, daß der Hund gerade noch durchspringen kann. Jeder einzelne Schritt des Ausbildungsplans wird belohnt, das Gesamtprogramm kann oft in weniger als einem bis zwei Tagen abgeschlossen werden. Danach wird der Reifen etwas vom Boden abgehoben, jedes Mal nur um einige wenige Zentimeter. Immer arbeitet man über einen Zeitraum und mit einer Geschwindigkeit, in der das Interesse des Hundes voll erhalten bleibt - nie darf er der Ausbildung überdrüssig werden.

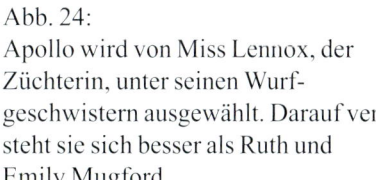

Abb. 24:
Apollo wird von Miss Lennox, der Züchterin, unter seinen Wurfgeschwistern ausgewählt. Darauf versteht sie sich besser als Ruth und Emily Mugford

Abb. 25:
Welpen brauchen ihr eigenes Spielzeug, Ersatz für fehlende Mutter, Brüder und Schwestern

Abb. 26:
Pollo findet bei Sam nicht, was er sucht

Abb. 27:
Tschüß Vater und Mutter, ich mache mich auf den Weg, werde zum Hund eines Verhaltensforschers!

Abb. 28: Karrenhunde in Belgien, ca. 1916. Man achte auf das pferdeähnliche Anschirren einschließlich Kopfhalfter (Seite 133)

Abb. 29: Käfige machen das Reisen im Auto sicherer (Seite 178)

Abb. 30:
Grabkiste, um einen Collie von seiner Grabmanie abzulenken (Seite 142)

Abb. 31:
Gute und schlechte Leinen - achten Sie auf Länge, Stärke und Bequemlichkeit

Abb. 32:
Erziehung für »Sitz«, dabei wird der Kopf mit einem Halti ange- hoben (Seiten 66 und 133)

Abb. 33:
Ein »Gentle Leader« Kopf- halfter für Nutty (Seite 133)

Abb. 34: Warum gestattet man Whippets, Greyhounds und Salukis solche angenehmen Halsbänder, mißhandelt andere Hunde mit Folterinstrumenten wie in Abbildung 35? (Seite 129)

Abb. 35: Stachelhalsband für den Selbstversuch!

Abb. 36: Drohende Klapperbüchse gegen den Halti tragenden Weimaraner mit Rauflust im Kopf (Seite 167)

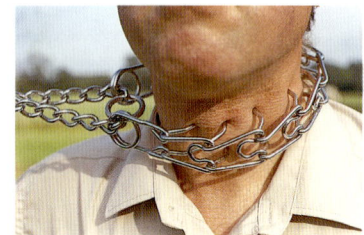

Abb. 37 bis 39:
Spielzeug ist für die seelische Entwicklung
unserer Hunde unerläßlich! Vom großen
Boomerball bis zum Kong und kleinen Bällen
besteht eine große Auswahl (Seiten 141-145)

Abb. 40: Bestimmt nicht nervengeschädigt, wird gerade mit Aboistop erzogen (Seite 138)

Abb. 41: Aboistop unterbricht durch eine Duftwolke das Kläffen

Abb. 42: Sicherheitsgurt für Autoreisen (Seite 133)

Abb. 43: Dog Stop Alarm, ehe es ernst wird! (Seite 139)

Abb. 44: Der unwiderstehliche Kong - von allen begehrt! (Seite 143)

Abb. 45: Freie Nachsuche kann unter Ausnutzung des natürlichen Futtertriebs früh entwickelt werden (Seite 70)

Abb. 46:
So lernt man Tricks - Sam beim Singen - Nachahmung oder »instrumental learning«? (Seite 72)

Abb. 47:
Abheben zur Jagd auf das
Frisbee (Seite 142)

Abb. 48:
Wählen sie stets einen
Maulkorb, der Menschen
schützt und für den Hund be-
quem ist, es ihm erlaubt zu
hecheln, zu trinken und
Leckerbissen anzunehmen.
(Seite 135)

Zum Schluß wirst Du in der Lage sein, den Reifen in jeder Höhe, in einer Vielfalt von Positionen zu halten, an jeder Stelle - und der Hund springt sicher und freudig. Damit steht man vor seinem ersten Auftritt als allgemein bewunderter Tierlehrer!

Eine zweite wichtige Grundlage für das Beibringen von Tricks wurde gleichfalls in diesem Buch bereits erwähnt - das Ausschöpfen vorhandener Reaktionsfähigkeit und Reizreflexe, ihre weitere Entwicklung durch instrumentales Lernen. Beispielsweise haben viele Hunde die Gewohnheit, sich auf den Rücken zu rollen, ihren Bauch zu zeigen - ein angeborenes, instinktgebundenes Verhalten. Dies kann ein Zeichen der Furcht, ein Versuch, Aggression abzulenken, ja sogar sexuelle Einladung sein. Man kann ein solches Verhalten weiterentwickeln, etwa durch das Wort »Tod«. Richtig eingeübt erreicht man ein überzeugendes, hollywood-ähnliches Zusammenbrechen, einen Kollaps ähnlich Lassie, die sich der Mafia gegenübersieht. Es wäre bestimmt schwierig, einen Hund zu zwingen, sich auf den Rücken zu rollen. Viel leichter ist es, darauf zu warten bis eine spontane Handlung eintritt, sie dann mit dem Wort »Tod« zu verknüpfen, den Hund nach zu belohnen. Hat man erst einmal über sein Verhalten instrumentale Kontrolle gewonnen, kann man es verstärken, beschleunigen, sofortige Reaktion auslösen - ganz einfach, indem man langsamere Vorstellungen nicht mehr belohnt. Später kann man sogar doppelte oder sogar dreifache Rollen verlangen, indem man erst danach die in Aussicht stehende Belohnung gibt.

Eine besonders bei vielen kleinen Hunden leicht auszulösende »Vorstellung« ist das Betteln - das »Männchen-Machen« auf den Hinterkeulen. Einige Hunde - insbesondere Jack Russell Terrier - sind athletisch genug gebaut, um diese Haltung über Minuten und noch länger unverändert zu demonstrieren. Einige andere Rassen mit weniger robustem Körperbau - zum Beispiel viele Dachshunde - könnte es körperlich schädigen, wenn man ihnen diese »Kunststücke« beibrächte. Natürlich muß wiederum die Ausgangsstellung für das Balancieren auf den Hinterläufen Teil des spontanen Verhaltensrepertoires des Hundes sein, ehe man es durch instrumentale Erziehung verstärken kann.

Eine Fülle anderer lustiger Handlungen kann man bei vielen Hunden anerziehen, beispielsweise das Anheben eines Vorderlaufs, um einen Korb oder Diplomatenkoffer zu tragen, das Öffnen von Schubladen, Kommunikation mit dem Tierlehrer durch eine Folge von bellen, grunzen und wimmern. Wenn Du die erforderliche Zeit hast - Dein Hund hat ganz sicher zahlreiche Fähigkeiten.

7

Welpenfrüherziehung:

Erziehungslehrgang über zwanzig Wochen

Du bist der glücklichste Mensch auf der Welt, weil Du Zeit, Raum, Phantasie und die geistige Großzügigkeit besitzt, mit einem Welpen zu beginnen. Wir wollen einmal unterstellen, daß alle Diskussionen in der Familie, alle Gespräche erfolgreich verlaufen sind, Deine Wahl für eine ganz bestimmte Rasse und das gewünschte Geschlecht des Welpen gefallen ist. Gab es noch irgendwelche Zweifel über die Richtigkeit dieser Entscheidung, hast Du sicher mit Deinem Tierarzt gesprochen. Er kann die Rolle des »Advocatus Diabolis« einnehmen, vor Hunderassen warnen, bei denen es erbliche Defekte und Verhaltensprobleme gibt. Möglicherweise hat Dein Tierarzt Dir einen bestimmten Züchter empfohlen, dessen Hündin in Kürze Welpen bekommt, jetzt stehst Du auf Rang eins der vorgemerkten Hundekäufer. Die Züchterin gefällt Dir, sie hat Dir versprochen, daß Du jederzeit vorbeikommen kannst, Dir die Welpen anzusehen, für Dich einen perfekten Hund heranzuziehen.

Was ich nachfolgend niedergeschrieben habe, entwirft - ideale Voraussetzungen unterstellt - ein zwanzigwöchiges Erziehungssystem. Es enthält all die Maßnahmen, die einem Welpen die besten Startmöglichkeiten ins Leben geben. Es bietet Dir und dem Züchter das Privileg, gemeinsam an der richtigen Gestaltung eines Hundelebens teilzuhaben. Die irdischen Realitäten mögen häufig im Wege stehen, alle diese Ziele gleichzeitig zu realisieren, aber hier kann man einige Kompromisse eingehen. Der notwendige Zeitaufwand für bestimmte Erziehungen kann etwas vorgezogen oder später geleistet werden. Worauf es einzig und allein ankommt ist, daß Du alles unternimmst, um das Beste für dieses neue Hundeleben zu tun.

Erste Woche

Natürlich bist Du kein Geburtshelfer für Hunde. Nehmen wir an, daß die Hundegeburt normal verlief, einen Wurf schöner Welpen brachte, denen es an Wärme, einer liebevollen Mutter und reichlich Milch nicht fehlt. Manchmal wird diskutiert, ob man alle Neugeborenen am Leben belassen soll. Auf der einen Seite ist es ein Gebot der Menschlichkeit, jedem Welpen eine Lebenschance zu geben. Auf der anderen Seite fordert die gleiche Menschlichkeit, daß man nur dann alle Welpen großziehen sollte, wenn die Mutterhündin über genügend Milchvorräte und mütterliche Energien verfügt, um alle Welpen wirklich gut aufzuziehen. Hinzu tritt natürlich die Überlegung, daß finanziell gesehen jeder Welpe dem Züchter auch Geld ins Haus bringt. Nach meiner Auffassung kann die alte Routine, wonach ein Wurf beispielsweise auf eine Welpenzahl von sechs reduziert wurde, heute weder vom Gesichtspunkt des Wohlergehens der überlebenden Welpen, noch durch die Ergebnisse praktischer Verhaltensforschung gerechtfertigt werden. Es gibt heutzutage erstklassige, für Welpen voll geeignete Futterersatzstoffe. Worauf es einzig und allein ankommt, ist die Qualität der mütterlichen Fürsorge. Besonders wichtig ist zum Beispiel, daß die Hündin zuverlässig die Verdauung der Welpen durch Lecken und Pflege fördert. Eine Hündin muß die Sicherheit der Welpen garantieren, dafür sorgen, daß die Welpen sich nicht aus dem Lager entfernen, die Lagertemperatur für ihre Entwicklung eine gute Grundlage bietet.

Bis zum dritten Tage nach der Geburt sollte die Verbindung der Hündin zu ihren Welpen so gefestigt sein, daß sie absolut vertraut, sich sicher fühlt. Ja sie sollte ihrerseits durchaus Menschen, die sie kennt, im Umgang mit ihren Welpen als positiv empfinden. Der Welpenkäufer ist für sie zunächst ein Fremder, dementsprechend könnte die Hündin drohen, auch ablehnen, daß Du Dich zu sehr den Welpen näherst; Du solltest Dich deshalb mit einem Zuschauen auf Distanz zufriedengeben. Der Züchter jedoch und seine Familienmitglieder müssen in diesem Alter jeden der Welpen genau überprüfen, kontrollieren, daß es im Nabelbereich zu keinen Infektionen kommt, daß keine anderen offensichtlichen Fehler vorhanden sind, die tierärztlicher Behandlung bedürfen. Solche Kontrollen empfehlen sich täglich zweimal. Man erinnere sich, der Hund ist ein sozial ausgerichtetes Lebewesen. Welpen sind ein Ereignis, an dem das ganze Rudel sich aktiv beteiligt. Bei den Wildcaniden ist Mutterschaft keine Privatangelegenheit - auch bei Haushunden sollte sie es nicht sein!

Zweite Woche

Bis zum siebten Tag sind die Bewegungsreflexe von Welpen gut ausgebildet, in aller Regel können sie sich selbst wieder umdrehen, wenn man sie auf den Rücken legt. Die Stimmen der Welpen sind charakteristisch hoch, erwecken sofort starkes Interesse der Mutter. Noch sind ihre Augen geschlossen, bleiben dies auch etwa bis zum elften bis dreizehnten Tag. Nur anfangs schreit ein Welpe, wenn man seine Stellung verändert, schnell gewöhnt er sich daran, von seinem Züchter hochgehoben, in der Hand gehalten und überprüft zu werden. Besonders intensiv sollte sich der Züchter bereits in der zweiten Woche mit seinen Welpen befassen! Ist die Hündin vom Wurf getrennt, etwa um zu fressen oder Auslauf zu haben, sollte man jedem Welpen zwei bis fünf Minuten widmen, über die man ihn sanft in den Händen hält, ihn an Körperkontakt mit dem Menschen gewöhnt. Dieser Berührungsprozeß lehrt die Welpen, neue Eindrücke aufzunehmen - das bereits funktionierende Geruchssystem nimmt den menschlichen Geruch auf, was dem späteren Bindungsprozeß Mensch/Hund durchaus dienlich ist. Generell gehören die Welpen über die ersten zwei Wochen zu ihrer Mutterhündin - sie bietet die denkbar beste Fürsorge - den Menschen bleibt in der Regel nur die Stellung helfender Tanten. Aber ähnlich den anderen Mitgliedern in einem Wolfsrudel ist die Aufgabe der betreuenden Menschen Gewährleistung von Nahrung und Sicherheit.

Dritte Woche

Dies ist die Zeit, in der Du - der künftige Hundebesitzer - bereits die Entwicklung Deines künftigen Welpen beeinflussen kannst. Der Welpe hat jetzt den neonatalen Entwicklungsstand abgeschlossen, in dem sich in erster Linie das Zentralnervensystem schnell entwickelte - in Form wie Funktionen. In dieser Woche setzt eine Entwicklung ein - von Verhaltensforschern wird sie Übergangsperiode genannt - in der die Welpen nach und nach die Fähigkeit zu sehen und zu hören entwickeln, während ihre Sinne für Berührung, Geschmack und Geruch bereits viel früher voll entwickelt sind.

Zum Ende der dritten Woche beobachtet man bereits ein wackliges Umhertapsen. Jetzt ist der richtige Zeitpunkt, da man dem Züchter anbieten sollte, beim Aufziehen der Welpen bereits mitzuhelfen. Es gibt keine wissenschaftlich klaren Untersuchungen, die Auskunft geben, welche Optimalzeit für das Sich-befassen mit dem Welpen gegeben ist, weder in Qualität noch in Quantität. Meine Empfehlung wäre, zumindest drei- bis viermal täglich, jeweils zwei bis drei Minuten pro Welpe. Dabei hält man den Welpen sanft in den Händen, streichelt alle seine Körperteile, rollt ihn auf den Rücken, setzt ihn auf den Fußboden, damit er neue Oberflächenstrukturen kennenlernt. Dabei spricht man sanft und geduldig mit dem Welpen.

Es gibt eine Fülle an Studien über kleine Katzen und menschliche Babys, die klare Hinweise geben, daß Einschränkungen im Umwelterleben bei Kindern in diesem Alter auf die Entwicklung von Sehvermögen und andere Sinnesleistungen für das spätere Leben geradezu katastrophale Auswirkungen haben können. Die zusätzlichen Sinneswahrnehmungen, die aus dem menschlichen Umgang mit Welpen entstehen, helfen, das Sinnessystem und die neurologischen Funktionen der Junghunde zu entwickeln.

Der dreiwöchige Welpe gewinnt nach und nach einen optischen Eindruck von den Menschen, menschlicher Kontakt wird für ihn Quelle positiven Erlebens, eine nützliche Hilfsquelle, die ihm Annehmlichkeit vermittelt. Man könnte die Theorie der olfaktorischen Prägung eines Welpen dadurch erproben, daß man einen kleinen Welpen mit den Schweißdrüsen des eigenen Unterarms in Kontakt bringt. Man kann beobachten, daß die Mutterhündin laufend Blase und Darm ihrer Welpen bewußt anregt, indem sie den Unterbauch der Welpen beleckt. In ähnlicher Weise kann auch der Mensch in der dritten Woche (und früher) den gleichen Reflex zum Urinieren auslösen, indem er sanft mit den Fingern den Genitalbereich des Welpen streichelt. Wenn der Welpe dadurch ausgelöst uriniert, kann man jetzt bereits das gewählte Wort benutzen, das ihn für den gleichen Vorgang über sein gesamtes Leben begleitet. Für die Hunde der Familie Mugford lautete dieses kleine Wort immer »busy«; wir wählten es, weil es ungewöhnlich ist, nicht häufig von anderen verwendet wird. Selbst in diesem Frühstadium sollte man nie einen Welpen dadurch verwirren, daß man nach seiner Reflexauslösung zusätzlich damit die Worte »guter Junge« oder »gutes Mädchen« verbindet.

Vierte Woche

Dein Welpe ist nun auf bestem Weg, ein Hund zu werden, in seiner Entwicklung schon ein ganzes Stück vorangekommen. In diesem Alter kann er bereits einige Meter außerhalb des Lagers umherspazieren, zeigt Interesse, Wurfgeschwistern und Mutter nachzulaufen. Dies ist der richtige Zeitpunkt für ein Gespräch mit dem Züchter, welcher Welpe wohl am besten zu Dir paßt. Gewöhnlich sind Größe, Verhalten und Charakter der Welpen bei einer guten Zucht einander ziemlich ähnlich, innerhalb desselben Wurfes stimmen sie meist mehr überein als bei verschiedenen Würfen gleicher Eltern. Deshalb gibt es eigentlich wenig Probleme bei der Frage, welcher wohl der richtige Welpe für Dich ist. Die Beurteilung, ob der eine oder andere Welpe bereits weiter voran oder intelligenter ist als die anderen, erscheint meist ziemlich willkürlich, es gibt dafür nur eine recht schwache wissenschaftliche Untermauerung. Bei guter Zucht kann man durchaus davon ausgehen, daß jeder Welpe die Chancen hat, ein bemerkenswerter Hund zu werden, in der Regel es auch wird.

Es ist richtig, mehrfach den Einzelwelpen aus dem Lager herauszuholen, die Berührungsspiele wie in den vorangegangenen Wochen fortzusetzen. Jetzt bringt man ihn außerhalb des Lagerbereichs auf Teppiche, Beton und andere Oberflächen, die ihm beim Gehen festen Halt geben. Natürlich sollte man ihn nicht auf glatte, polierte Flächen wie Vinyl setzen, das kann für ihn noch schwierig sein, sich auf den Beinen zu halten. Am besten sollte es innerhalb des Zimmers keine Ablenkungen geben, man kauert sich auf Hände und Knie nieder, kriecht vom Welpen weg, ermuntert ihn nachzufolgen. Bereits in diesem Frühstadium Kommando »Hier, Hier!«. Weiß man bereits sicher, daß es der eigene Welpe sein wird, sollte man sich auch in demokratischer Aussprache innerhalb der Familie seinen Rufnamen ausdenken. Bei unserem letzten Setter-Welpen lag die Auswahl zwischen »Neurone« (meine Lieblingsidee) und »Apollo« nach Wahl meiner Töchter. Natürlich setzte sich die Wahl der Mädchen durch, ihre Freunde nannten ihn dann »Pollo«!

Gegen Anfang der vierten Woche verändern die Welpen auch ihre oralen Gewohnheiten, aus dem Saugen und sanften Spiel wird ein echtes Zugreifen mit dem Kiefer. Am besten bietet man dem Welpen ein bißchen Futter (Tartar) auf der Hand, für sie ist es, als leckten sie die Lefzen ihrer Mutter nach Futterresten ab. Anfang der vierten Woche ist nicht zu erwarten, daß bereits größere Mengen Futter aufgenommen werden, denn noch immer ist die Mutter die Hauptnahrungsquelle. Das ändert sich jetzt aber schnell.

Fünfte Woche

In dieser Woche wird sich Dein Welpe lebhaft für Menschen interessieren, er wartet jetzt sogar auf regelmäßige Besucher. Der Körperkontakt mit einzelnen Berührungen wird fortgesetzt, wichtig ist die weitere Erziehung von »Hier«. Uriniert der Welpe, setzt außerhalb des Lagers Kot ab, sollte man immer das hierfür gewählte Wort gebrauchen. Am besten wäre es, Urinieren und Kotabsetzen - soweit man es gewahr wird - durch eine kleine Futterbelohnung - vom Finger abgeleckt - zu belohnen.

Von dem ganzen Wurf als Gruppe werden in dieser Woche bereits in Anwesenheit oder Abwesenheit der Mutter größere Mengen Festfutter aufgenommen. Einige Hündinnen halten sich dabei im Hintergrund, verzichten auf das Futter ihrer Welpen, andere treten nachhaltig mit ihrem Nachwuchs in Wettbewerb. In der freien Natur ist es gewöhnlich so, daß die ausgewachsenen Wölfe mit in ihren Mägen teils verdautem Fleisch von der Jagd zurückkehren. Die Welpen drängeln sich gegen die Lefzen der Erwachsenen, die ihnen das Fleisch vorwürgen. Dies ist die biologische Grundlage, weshalb Hunde so gerne auch uns Menschen rundum im Gesicht, insbesondere in Mundnähe, belecken. Man sollte das Interesse der Welpen an den menschlichen Händen weiterentwickeln, gelegentlich zwischen den Handflächen verborgene Futterreste anbieten. Auf diese Art wird der Mensch Teil des mütterlichen Aufzuchtprozesses, denn Futter bedeutet für Welpen nicht allein Wettbewerb unter Wurfgeschwistern.

Bis zum Ende der fünften Woche könnte der Welpe bereits Interesse am eigenen Namen zeigen, man kann den seinen Namen mit dem Wort »Hier« verbinden, wenn man den Hund weiter das Nachfolgen lehrt. Die Erziehung zur Stubenreinheit wird fortgesetzt. Jetzt holt man sich den Welpen bereits aus dem Lager innerhalb des Zwingers, bringt ihn an eine Stelle draußen im Garten, die nach Möglichkeit die gleichen Eigenschaften haben soll, wie man sich dies für den Löseplatz des erwachsenen Hundes vorstellt. Im Haushalt der Familie Mugford gibt es eine Lagerstelle von Holzabfällen, in anderen Haushalten kann es Gras oder auch Beton sein. Derartige Unterlagen prägen sich bereits in diesem frühen Alter ein, in der Regel auch über das Vorbild und durch Kopieren des Verhaltens der Mutterhündin.

Verantwortungsvolle Züchter sollten sich immer darum bemühen, einen derartigen Prozeß natürlicher Erziehung zur Stubenreinheit zu unterstützen, den Welpen genügend Raum geben, daß sie sich weiter von der Wurfkiste entfernen können. Eine überfüllte Zwingeranlage zwingt die Welpen, ihre Umgebung zu verunreinigen. Es reicht ganz einfach nicht aus, Welpen auf einer Bodenfläche mit zerkleinerten Zeitungsschnipseln aufzuziehen! Ganz besonders wende ich mich gegen die sogenannte »Zeitungsmethode« bei der Toilettenerziehung, es sei denn, die künftigen Hundebesitzer wären bereit, ihren eigenen Garten künftig mit verschmutztem, nassen Zeitungspapier zu verunreinigen.

Bis zur fünften Woche solltest Du wirklich beobachten können, wie sich die Persönlichkeit Deines Welpen entwickelt, er auch zu Dir als Einzelwesen eine direkte Beziehung aufbaut. Solltest Du jetzt noch Deine Erstwahl korrigieren, Dein Herz einem anderen Welpen schenken, ist dies kein Grund zur Beunruhigung. Die direkte Beziehung des Welpen zur Einzelperson ist zu diesem Zeitpunkt noch schwach entwickelt.

Sechste Woche

In der sechsten Woche werden die Welpenzähne immer spitzer und länger, beim Säugen empfindet die Mutterhündin Schmerzen. Wenn sie Gelegenheit hat, zieht sie sich von ihren Welpen zurück, möglicherweise auf eine höhergelegene Stelle, wo sie außerhalb der direkten Reichweite ihrer Welpen ist, sie aber weiter beobachten kann. In der freien Natur führt die Hündin ihre Welpen in diesem Alter auf etwas weitere Ausflüge außerhalb der Höhle und des direkten Lagerbereichs. Manchmal zieht sie mit ihnen sogar in verschiedene andere Höhlen um, trägt sie entweder am Nackenfell oder läßt sie nachfolgen. Es ist völlig natürlich und erwünscht, daß die Welpen jetzt auch ermuntert werden, Menschen nachzulaufen; und der beste Mensch, der dies jetzt tun sollte, ist der künftige Partner für das weitere Leben.

Feste Futterstoffe werden in dieser Woche für den Welpen immer wichtiger, ersetzen mehr und mehr die Muttermilch. Die Züchter bieten ihren Welpen in diesem Zeitraum eine Vielfalt an Futterstoffen, von eingeweichten Hundekuchen über gekochtes Fleisch und Reis bis zu Milchmahlzeiten. Eine vielseitige Ernährung in diesem Alter hilft, eine vielfältige Darmflora aufzubauen, welche den Welpen einen guten Schutz gegenüber künftigen Infektionsgefahren im weiteren Leben bietet. Bei jeder Begrüßung sollte man dem Welpen ein kleines Futterbröckchen geben, dies erhält und festigt die Erwartung, daß von der Hand des Menschen immer Gutes ausgeht.

Achte darauf, wenn Dein Welpe nach anstrengendem, wilden Spiel unter den Geschwistern sich manchmal ganz von allein hinsetzt. Jetzt ist der richtige Zeitpunkt für die Erziehung zu »Sitz« (vergleiche Seite 66). Das Gleiche gilt natürlich auch, wenn sich der Hund hinlegt - »Platz« - sprich das magische Wort aus! Zum jetzigen Zeitpunkt solltest Du auch bereits ziemlich zuverlässig Kontrolle über Blase und Stuhlgang des Welpen gewonnen haben, wenn Du ihn zur richtigen Stelle bringst. Warte geduldig, laß ihn schnüffeln und kreisen, dann folgt das Wort, der Erfolg wird stürmisch durch Lob und Leckerbissen belohnt.

Spiel mit den Welpen in diesem Alter ist sehr erwünscht, jetzt sollte der Mensch einiges an Spielinteresse des Hundes auf sich übertragen. Sei ein williges Opfer der kleinen Überfälle, achte darauf, daß der Welpe beim »Fangspiel« zumindest eine Erfolgsrate von 50 % erreicht. Jetzt sollte als Folge frühen Körperkontakts bei dem Welpen ein klares Interesse an Deinem Gesicht und an Deinen Händen aufgebaut sein, nicht alleine an Deinen Füßen. Gerade eine übersteigerte Konzentration auf Knöchel und Füße entsteht, wenn der Welpe immer nur mit diesen Teilen des menschlichen Körpers Kontakt hat. Um solchen Fuß-Fetischismus zu vermeiden, muß man sich immer auf die Ebene des Hundes begeben, sich der Welt der Welpen anpassen; sie dürfen Dich ablecken und an Dir herumziehen - ganz wie es Gulliver im Zwergenreich geschah.

Siebte Woche

Es ist durchaus denkbar, daß in der Familie des Züchters jetzt lebhaft debattiert wird, ob man länger in der Lage ist, sich dem groben Spielvergnügen, endlosen Reinigungsarbeiten, Schäden an den Teppichen durch die heranwachsenden Welpen auszusetzen. Ende dieser Woche steht für einige der Welpen die Übergabe an ihre neuen Besitzern an - möglicherweise hast Du aber den Wunsch, Deinen Welpen noch etwas beim Züchter zu belassen, da er sich so gut entwickelt, vom laufenden Kontakt mit seiner Mutter weiter zu profitieren scheint. Möglicherweise beobachtet der Welpe in dieser Zeit, wie seine Mutter die Katze ableckt, die in ihren Körbchen den Sonnenschein genießt. Ist es möglich, daß Katzen nicht zum Nachjagen geschaffen wurden? Der Welpe beobachtet, daß seine Mutterhündin es meidet, durch Blumenbeete zu laufen, auch nicht in den Teich springt; könnte dies auch den Welpen zur Nachahmung veranlassen, ihm für seine Zukunft mehr Sicherheit geben?

In diesem Alter geht es auch mit der Erziehung zur Stubenreinheit schnell voran - es ist durchaus möglich, daß den Welpen nur noch gelegentlich während der Nacht ein Mißgeschick passiert. Die Milch der Hündin hat sich nahezu völlig zurückgebildet, aber vielleicht beobachtest Du, daß die Mutterhündin ihren Welpen bei der Rückkehr von ihrem eigenen Mahl Futter vorbricht - eine Erinnerung, daß die wölfischen Ahnen noch immer in unseren Hunden weiterleben.

Achte Woche

Die Würfel sind gefallen, alle sind sich einig, dies ist der richtige Welpe für Dich! Ein einfacher, zweisilbiger Name wurde ausgewählt, zum Beispiel Caesar, Peter, Benji, Winston oder Telstar. Die zweite Silbe kann später bei besonders liebevollem Gebrauch manchmal auch fallengelassen werden. Vor der Abreise hat man den Welpen sechs Stunden hungern lassen. Du holst den Hund mit einem Helfer ab, der das Auto fährt, während Du selbst Deinen Welpen auf den Schoß nimmst. Es ist wichtig, auf dieser Reise den Hund mit Spiel und Körperkontakt beschäftigt zu halten, am besten im unteren Teil des Innenraums, so daß er durch das Hinausschauen und die vorüberziehende Landschaft nicht verwirrt wird. Es wäre sehr gut, wenn man bei dieser Reise ein Erbrechen des Welpen vermeiden könnte, weil sich durch eine negative Erfahrung leicht eine Phobie gegen das Autofahren entwickeln kann (vergleiche Seite 181).

Erster Tag
Willkommen zu Hause, mein Welpe! Sei Dir bewußt, daß Dein kleiner Hund gerade frisch von seiner Mutter und den zurückbleibenden Wurfgeschwistern getrennt wurde. Deshalb mußt Du Dir die Zeit nehmen, laufend für ihn verfügbar zu sein. Du solltest ihn jetzt nicht alleine in den Welpenkäfig oder eine kahle Küche stecken, auch darfst Du Dir keinerlei Gedanken machen, ob der Hund jetzt irgendwelche Markierungen auf

Deinen kostbaren Teppichen vornimmt! Hunde sind soziale Tiere, Du hast eine Waise, die über die allermeiste Zeit der vierundzwanzig Stunden eines Tages direkten Kontakt zum Menschen braucht. Bei seiner Ankunft solltest Du direkt mit dem Welpen in den Garten gehen, auf einen Bodenbelag, an den er bereits beim Züchter zum Urinieren und Kotabsetzen gewöhnt wurde. Benutze das eingeübte Kennwort, habe immer eine kleine Futterbelohnung zur Hand. Füttere Deinen Hund im Haus, in der Küche oder in anderen Räumen, wo Du wünschst, daß er sich keinesfalls löst. Nach dem Futter immer sofort ein Spaziergang zum Lösen an der bestimmten Stelle. Danach darf er schlafen, Welpen brauchen in diesem Alter häufige, aber nur kurze Schlafpausen. Am ersten Tag sollte für den Hund alles sehr einfach gehalten werden - keine neugierigen Besucher, insbesondere keine energiegeladenen Kinder, die schon so lange auf diesen Augenblick gewartet haben, um mit dem neuen Hund zu spielen. Sie würden den Welpen völlig überbeanspruchen.

Soweit als irgendmöglich solltest Du am gleichen Futterplan, wie ihn der Züchter aufgebaut hat, festhalten - vier Mahlzeiten täglich, letzte Fütterung von festem Futter am Abend. Bleibe unbedingt an seinem ersten Abend bei dem Welpen, laß ihn, wenn er es möchte, auf Deinem Schoß schlafen, auch Du kannst Dich dabei entspannen und fernsehen. Ein solch enger Kontakt ist wichtig und völlig normal - es gibt keinerlei logische Begründung, warum der Welpe abgetrennt vom Menschen in der Küche alleingelassen werden sollte. Geschieht versehentlich ein »Unglück«, solltest Du Dich selbst, nicht den Welpen tadeln. Säubere die Stelle mit einem biologischen Reinigungsmittel, gehe mit dem Hund nach draußen, damit er sich in Ruhe fertig säubern kann.

Es gibt überhaupt keine Frage, wo der Welpe die Nacht über sein sollte - in Deinem Schlafzimmer! Möglicherweise hast Du in Hundebüchern aus früheren Zeiten gelesen, daß man durch solches Verhalten Gefahr laufe, daß der Hund auch in Zukunft darauf bestehe, im Schlafzimmer zu schlafen. In solchen Büchern findet man den Rat, daß man zu diesem Augenblick für alle Zeiten festlegen müsse, wer wo schläft - Punktum! Bis zu einem Alter von neun bis zehn Wochen könnte aber ein Welpe ernsthaft darunter leiden, wenn man ihn plötzlich sowohl von hundlichem wie menschlichem engen Kontakt ausschließt. Die Entscheidung, wo der Hund auf Dauer schlafen soll, kann durchaus noch zu einem späteren Zeitpunkt erfolgen. Deshalb nimmt man den Welpen abends zum letzten Spaziergang mit hinaus in den Garten und legt sich danach gemeinsam zur Ruhe. Natürlich ergeben sich andere Gesichtspunkte, wenn man bereits einen Hund besitzt. Unser Junghund Pollo legte sich nie zusammen mit den Mugfords zur Ruhe, weil er ab der ersten Nacht unseren Setter Sam hatte, mit dem er zusammenkuscheln konnte.

Wo soll der Neuankömmling schlafen? Es könnte besonders verlockend scheinen, daß der Welpe in Deinem Bett oder Du in seinem schläfst. Dies könnte sich aber als gefährlich erweisen, falls Du Dich im Schlaf über ihn wälzt. Am besten kauft man einen Käfig oder Korb, in dem sich der Welpe mit einem weichen Spielzeug - beispielsweise einer ihm geopferten Puppe - zusammenkuscheln kann. Die wissenschaftliche Grundlage, jungen Tieren derartige Sicherheit zu geben, ist eindeutig, gilt für alle Jungtiere - vom verwaisten jungen Rhesusaffen bis hin zu menschlichen Babys - das hat schon vor Jahren die Arbeit des britischen Psychiaters John Bowlby bewiesen. Er untersuchte die Kosten, die dadurch entstanden sind, daß man ungeliebten Zigeunerwaisen derartigen Kontakt verweigerte. Wir wissen heute genau, daß frühe Abtrennung alle jungen Tiere wesensmäßig schädigt - und daß umgekehrt häufige Liebkosungen kräftige Emotionen wecken.

Natürlich kannst Du nicht erwarten, daß ein Welpe bereits in seiner ersten Nacht volle acht Stunden durchschläft - zu Hause bei Mutter und Geschwistern war dies auch nicht der Fall. In der ersten Nacht wird Dich aller Wahrscheinlichkeit nach ein unruhiger Welpe mehrfach wecken. Reagiere sofort und liebkose ihn - vielleicht kannst Du ihn auch auf einen Spaziergang in den Garten führen. Es ist durchaus möglich, daß Du in der ersten Nacht mit dem Welpen zu Hause nicht viel Schlaf findest - es ist wirklich ganz wie bei einem eigenen, kleinen Baby.

Zweiter Tag
Dies ist der richtige Tag für einen Besuch beim Tierarzt - zur Gesundheitskontrolle. Denke daran - Tierarztpraxen werden immer von kranken Tieren besucht, die möglicherweise auch an Infektionskrankheiten leiden - die gefährlichsten sind Parvovirose, Staupe und verschiedene Darminfektionen. So ist es durchaus sinnvoll, seinen Welpen in einem großen, sauberen Tuch zu tragen, damit direkten Kontakt mit Boden, Tisch oder anderen Patienten beim Tierarzt zu vermeiden. Jetzt ist der richtige Zeitpunkt zur Planung von Wurmkur und Schutzimpfungen - dies ist ein Thema, zu dem Dich der einzelne Tierarzt viel besser beraten kann als ich. Eine wichtige Frage an den Tierarzt lautet, welche Möglichkeiten bestehen, mit dem Welpen so früh wie irgendmöglich mit anderen Hunden zusammenzukommen. Bitte um einen Impfplan, der möglichst frühen Schutz bietet. Es gibt eine große Auswahl an Vakzinen, auch Meinungsverschiedenheiten unter den Tierärzten, wie man am besten vorgeht. Die Entscheidung hängt in erster Linie von den möglichen Infektionsrisiken der unmittelbaren Umgebung ab. In ländlichen Bereichen und in Städten, bei denen ein hoher Prozentsatz der erwachsenen Hundepopulation durchgeimpft wird, ist das Risiko, daß ein noch nicht durchgeimpfter Welpe Staupe nach Hause bringt, beträchtlich kleiner als in weniger begünstigten Bereichen, wo Krankheit ringsum droht.

Für den Augenblick möglicherweise auftretenden Injektionsschmerzes sollte man seinen Welpen durch spielerische Ablenkung und einen Leckerbissen beschäftigen. Keinesfalls möchte man ja, daß sich der Hund zu dem sprichwörtlichen jeden Tierarzt hassenden Hund auswächst! Die Impfung könnte auch einige körperliche Störungen beim Welpen auslösen, möglicherweise Durchfall oder leicht erhöhte Temperatur, aber keine ernsthafte Erkrankung. Über die ersten vierundzwanzig bis achtundvierzig Stunden nach der Impfung braucht der Welpe Ruhe, keine körperliche Anstrengung. Dann kann man zu den Erziehungsroutinen der siebten Woche zurückkehren, also Einübung der Worte »Hier, Willi!«, und »Sitz«, wenn sich der Welpe von sich aus setzt, »Platz«, wenn er sich hinlegt, und so fort.

Es läßt sich überhaupt nicht vermeiden, Dein Welpe wird durch seine Unternehmungslust immer einmal in Schwierigkeiten geraten - möglicherweise verfolgt er eine Katze, kaut die Fransen eines besonders hochwertigen Teppichs, köpft die Lieblingspuppe Deiner Tochter oder untersucht die praktischen Grundlagen der Elektrizität. Die erste Überlegung bei einem Welpen muß deshalb sein, Versuchungen und Gefahren weitgehend auszuschalten. Achte deshalb besonders auf Elektrokabel, Chippendale Sessel, weiche Schlappen, giftige Pflanzen - möglicherweise bleibt in Deiner alten Wohnung dabei nicht viel übrig! Anstelle der ausgemusterten Teile treten erwünschte und zulässige Gegenstände, beispielsweise Spielzeug aus Naturgummi, weiche Seile oder Boomer Balls (vergleiche Seite 142). In dieser Zeit zahlt es sich wirklich aus, wenn man für seinen Welpen einen Käfig kauft - er kann sein Leben, Dein Eigentum retten, - die Erziehung innerhalb des Hauses wesentlich vereinfachen (vergleiche Seite 146).

Wie soll man einen Welpen bestrafen? Diese Frage wird viel zu häufig gestellt, aber es gibt hierauf keine vernünftige Antwort, sondern alleine die Feststellung - so wenig als irgendmöglich - und erst, wenn alle anderen Möglichkeiten ausprobiert wurden, fehlgeschlagen sind. Verrenne Dich nicht in die Vorstellung, für eine Hündin sei es absolut »natürlich«, ihre Welpen dadurch zu bestrafen, daß sie diese am Nacken packt, durchschüttelt, daß die Hündin sie gegen die Nase stößt oder ähnliche Gesten der Mißbilligung vornimmt. Dies alles sind armselige Entschuldigungen für die Sündenfälle einer veralteten Hundeerziehung. Denke daran, Welpen sind gegenüber Tönen und Vibrationen außerordentlich empfindlich, im allgemeinen reicht es völlig aus, einfach mit der flachen Hand auf eine glatte Oberfläche zu schlagen. Für einen anderen Welpen - auf frischer Tat bei einem »schrecklichen Vergehen« ertappt - schlägt man mit einer zusammengefalteten Zeitung auf den Tisch, verursacht dadurch ein lautes Geräusch oder wirft eine Klapperbüchse (Näheres Seite 128). Wieder bei einem anderen Welpen könnte ein kleiner Wasserspritzer das angemessene Mittel sein. Bei allen Strafen sollte man selbst völlig ruhig bleiben. Ausgewachsene Hunde laufen nicht knurrend, bellend oder drohend durch die Gegend, um ihre Welpen zu strafen. Warum solltest Du dies tun?

Neunte Woche

Ab jetzt sollten die Nächte ungestört durch den Welpen verlaufen, entspannt hat sich der Kleine an das Schlafzimmer gewöhnt. Wahrscheinlich gibt es auch innerhalb des Hauses nur noch ganz seltene »kleine Unglücke«, da der Welpe freiwillig zur festgelegten Stelle im Garten läuft. Auf seinen Namen kommt der Welpe angelaufen, er setzt sich, legt sich, es macht alles viel Freude mit ihm! Aber dies ist keinesfalls die Zeit, sich im Lehnstuhl zurückzulehnen - es gibt noch vieles zu tun und zu erreichen. Dein Welpe steht jetzt etwa in der Mitte seiner Sozialisierungsphase.

Bis jetzt warst Du wahrscheinlich für Deinen Welpen unter den Menschen die Hauptkontaktperson. Jetzt wird es Zeit, ihn mit anderen zu teilen. Dein Partner, Deine Kinder und Freunde sollten sich jetzt mehr und mehr mit um Wohlergehen und Erziehung des Welpen kümmern. Jeder dieser menschlichen Sozialpartner muß mit den von Dir gewählten Erziehungskommandos vertraut gemacht werden (vergleiche Kapitel 6). Stelle sicher, daß der Junghund von ihnen immer die richtige Belohnung erhält.

Jetzt ist es auch richtig, andere Tiere in das Leben des Welpen einzubeziehen, vielleicht Nachbars Katze oder den ausgewachsenen (und schutzgeimpften) Hund eines Freundes. Dein Welpe war über eine Woche ohne Kontakt mit anderen Hunden, deshalb muß man vorsichtig sein, wenn man ihn mit anderen Hunden zusammenbringt. Ist das andere Tier freundlich, sollte man die beiden sich selbst überlassen. In diesem Zeitabschnitt wächst das Skelett Deines Welpen sehr schnell, sei deshalb vorsichtig, überwache sein Spiel mit größeren und grob spielenden ausgewachsenen Hunden. Keinesfalls darfst Du den Welpen die Treppe hinunterfallen lassen. Vorsicht auch vor scharfen Gegenständen!

Jetzt ist der richtige Zeitpunkt für das lustige »Apportierspiel«. In diesem Alter tragen die meisten Welpen ganz aus sich selbst heraus gerne Gegenstände, eine nützliche

Eigenschaft. Zeige großes Interesse, wenn Dein Welpe etwas umherträgt, ziehe Dich zurück, rufe laut »Hol's!«. Wenn Du Dich rückwärts bewegst, wird der Welpe von sich aus nachfolgen. Ist er angekommen, ermuntere ihn, den Gegenstand abzugeben, belohne sein Verhalten durch sofortiges, munteres Spiel. Was Futterbissen angeht, solltest Du immer Deinen Welpen daran gewöhnen, Leckerbissen aus Deiner Hand zu nehmen. So bleiben die Hände weiterhin für den Hund Quelle von Annehmlichkeiten, analog dem Fang der Hündin im Wildrudel als Quelle ausgewürgten Futters. Die Hände sind gleichzeitig das beste Ziel, Lecken und Begrüßung des Hundes langsam vom menschlichen Gesicht abzulenken.

Zehnte Woche

Wahrscheinlich wird Dein Welpe jetzt wegen seines Gehorsams von vielen Menschen bewundert. Ist er ein Hund, der schon lange vor seiner Zeit erwachsen wurde? Überhaupt nicht, er ist ganz einfach ein Hund, der sein Verhalten gerne menschlichen Wünschen anpaßt. Es wird Zeit für gemeinsame Spaziergänge, deshalb sollte man für sein erstes Halsband und eine Leine sorgen. Am besten kauft man das leichteste Halsband, immer mit ausreichend Platz, um zwei Finger zwischen Hals und Band zu legen. Mag er sein Halsband nicht, versucht er es abzuschütteln, solltest Du nichts anderes tun, als einfach lebhaft mit ihm zu spielen. Er gewöhnt sich daran! Alle anderen Lernelemente aus Woche neun werden fortgesetzt. Wenn der Hund sich bei vier Mahlzeiten als mäklig erweist, kann man überlegen, die Anzahl der Mahlzeiten von vier auf drei zu reduzieren. Es ist wichtig, die täglichen Mahlzeiten gleichmäßig zu verteilen, beispielsweise auf acht Uhr früh, ein Uhr und sechs Uhr abends.

Elfte Woche

Fährst Du ein Auto, solltest Du täglich den Hund auf Ausfahrten mitnehmen. Ideal sind kurze Fahrten, die immer mit einem angenehmen Erlebnis enden. Niemals darf man einen Welpen nach einer großen Mahlzeit im Auto mitnehmen. Das könnte Erbrechen auslösen! Jetzt wird auch Zeit für erste Spaziergänge von der Wohnung weg. Am besten bringt man aber den Welpen wegen der Infektionsgefahr in ein Gebiet, wo es kaum Hunde gibt. Die Mitte einer großen Wiese wäre ideal. Geht man gemeinsam mit Freunden spazieren, ist das Dreiecksspiel besonders beliebt (vergleiche Foto Nr. 20). Auf diesen Spaziergängen darf der Hund alles erforschen, sein Unterscheidungsvermögen der Gerüche von Tieren und Pflanzen entwickeln.

Jetzt wird eine möglichst leichte Schnurleine am Halsband befestigt, man führt den Junghund durch Haus und Garten. Nie sollte man an der Leine rucken, vielmehr verbindet man das bisherige Nachfolgespiel »Hier«, das im Welpen bereits fest verankert ist, mit der Aufgabe »Fuß«. Bleibt der Hund stehen, solltest Du dies auch tun. Es geht erst weiter, wenn Du Deinen Hund positiv zum weiteren Nachfolgen eingestimmt hast.

Zwölfte Woche

Die Erziehung zum Nachfolgen »bei Fuß« sollte schon etwas fortgeschritten sein, jetzt könnte man die ultraleichte Seilleine gegen eine Ausziehleine tauschen (Näheres Seite 132). Man beginnt mit leichter Berührung des Stopknopfs. Wenn man das Folgen bei Fuß lehrt, sollte man die auf Seite 63 geschilderte Methode anwenden, unterbrochen von gelegentlichen Richtungsänderungen nach rechts oder links, Halt, Sitz und Platz. Futterbelohnungen oder Lob nie vergessen! Während der Ausbildung wird Dein Welpe leicht durch die Anwesenheit anderer Hund abgelenkt. Derartige Kontakte sollte man aber weder unterdrücken noch beschränken. In diesem Alter sind sie für die geistige Entwicklung Deines Welpen besonders wichtig.

So zwischen Woche elf und zwölf steht meistens die Entscheidung an, wo der Hund langfristig seinen Schlafplatz finden soll. Jetzt wäre der richtige Zeitpunkt, ihn vom Schlafzimmer und Deiner nächtlichen Gesellschaft »zu entwöhnen«. Bist Du aber der Auffassung, der Hund sollte auch weiter mit im Schlafzimmer bleiben, braucht dies kein Problem zu sein. Der Welpe ist jetzt in einem Alter, um auch tagsüber längere Trennungsperioden auszuhalten, mit drei Monaten etwa jeweils zwei Stunden. Nach und nach kannst Du Dich immer mehr wieder dem gewöhnlichen Arbeitsleben und den früheren Sozialkontakten widmen. Dein Welpe ist unabhängiger geworden, braucht die in seinem frühen Leben notwendige jederzeitige Verfügbarkeit des Menschen nicht mehr.

Dreizehnte Woche

Die Leinenführigkeit sollte wirklich schon ganz gut klappen. Jetzt besteht die Chance, das »Bei Fuß gehen« sowohl mit wie ohne Leine zu verfeinern. Ich hoffe allerdings, Dein Welpe wird dabei nie aufhören, freudig mit der Rute zu wedeln. Noch immer kannst Du Dich rühmen, Deinen Welpen nie unterdrückt, sicherlich auch nie geschlagen zu haben. Gelegentlich könnte es aber notwendig sein, ihm eine Blechbüchse in den Weg zu werfen. Bei meinem Pollo war dies beispielsweise der Fall, als er beim Stehlen unseres Katzenfutters einen Teller zerbrach.

Täglich solltest Du für die Ausbildung Deines Welpen zumindest eine Stunde »qualitativer Zeit« einplanen. Bringe ihm zum Beispiel das Treppengehen bei, das Steigen auf niedrige Kisten und andere leicht erhöhte Gegenstände. Wahrscheinlich hast Du auch festgestellt, daß Du es nicht mehr magst, wenn Dich Dein Welpe zur Begrüßung anspringt. Wenn er es dennoch tut, bewege Dich jedesmal einfach rückwärts und laß eine Blechbüchse auf den Boden fallen. Dann solltest Du Dich auf gleicher Ebene mit ihm hinknien, ihn tüchtig abliebeln.

Nachdem zwischen dem Tierarzt und Dir das Impfprogramm abgeklärt ist, solltest Du Dich so bald wie möglich mit Deinem Welpen der übrigen örtlichen zweibeinigen wie vierbeinigen Hundegesellschaft anschließen. Oft gibt es organisierte oder nicht organisierte Treffen, wo Hunde aller Größen wild spielen können, natürlichen Umgang miteinander lernen. Jetzt könnte es sein, daß Deine Erziehung zur Stubenreinheit zu erfolgreich war, daß der Welpe außerordentlich zurückhaltend ist, außerhalb des eigenen Gartens zu urinieren oder sich zu lösen. Du solltest weitere Schritte in dieser Frage auf später verschieben, sexuelle Reife stimuliert bei allen Hunden das Interesse, die Düfte von Urin und Kot sorgfältig zu untersuchen und selbst zu vermehren.

Vierzehnte Woche

Gibt es in Deiner Umgebung eine Welpenspielgruppe - einen »Hundekindergarten« - solltest Du Dich mit Deinem Welpen daran beteiligen, andernfalls ist es immer gut, sich Spaziergängen anderer Hundehalter im Park anzuschließen. Ist Dein Welpe talentiert, solltest Du seine Apportierfähigkeit weiter entwickeln; am besten wählst Du weiche Gegenstände (Dummies), die man über gute Entfernungen werfen kann, damit der Hund sie zurückbringt. Keinesfalls solltest Du sein Interesse am Nachjagen und Umhertragen von Stöcken fördern. Es kann zu schrecklichen Verletzungen im Kehlbereich führen, wenn der Hund sich durch Verkettung unglücklicher Umstände ein spitzes Ende Holz in den Fang stößt! Aus diesem Grund sind große Bälle und weiche, vom Menschen entworfene Gegenstände sicherer. Es ist immer richtig, den Hund häufig heranzurufen, kurzfristig die Leine anzulegen und wieder abzunehmen. Als Alternative bietet sich, eine automatisch sich im Halsband zurückziehende Leine an (vergleiche Seite 132).

Vielleicht hörst Du von Deinem Welpen bei einem Klopfen an der Tür ein erstes, sein Territorium schützendes »yip«. Tüchtig loben - verbinde es erzieherisch mit dem Kommando »Gib Laut« (vergleiche Seite 69). Gleichzeitig solltest Du aber auch dafür Sorge tragen, daß Besucher für den Hund regelmäßig Annehmlichkeiten wie Spiel und kleinen Leckerbissen auslösen - Menschen sollten immer die besten Kumpel Deines Hundes bleiben.

Besuche lange vernachlässigte Freunde, die ein gutes Leben auf dem Land führen, Hühner, Schafe und Pferde halten. Halte Deine Blechbüchse griffbereit, unterbrich sofort unerwünschte Jagdinstinkte (vergleiche Seite 190). Zur Kontrolle empfiehlt sich eine Ausziehleine oder ein längeres Wäscheseil. Bleibe einen Tag oder länger auf dem Land, besser vielleicht noch, lege Dir selbst Hühner zu. Halte Dir vor Augen, dies genau ist das Alter, in dem Wolfswelpen die älteren Rudelmitglieder auf der Jagd zu begleiten beginnen. Du solltest Deinen Welpen dahin lenken, vom Menschen für ihn gefertigte Gegenstände, wie zum Beispiel dem Kong-Spielzeug nachzujagen - gefiederte und andere Lebewesen sind tabu!

Fünfzehnte Woche

Andere Leute mögen der Meinung sein, Dein Welpe sollte furchtlos sein. Vorsicht - Furchtlosigkeit kann große Gefahren bedeuten, zum Beispiel im Umgang mit Autos. Beim Spaziergang in verkehrsreichen Gebieten solltest Du Deinem Hund beibringen, sich an jeder Bordsteinkante zu setzen, immer nahe von Hecken und Mauern zu gehen. Falls erforderlich solltest Du durchaus auf den alten Brauch, den Hund immer auf der linken Seite gehen zu lassen, verzichten. Bei jedem Anzeichen von Jagdgelüsten gegenüber Autos, Fahrrädern oder Skateboard-Fahrern muß dies durch die Klapperbüchse oder den Dog-Stop-Alarm unterbrochen werden. Denke daran, solche Kapriolen können eine Frage von Leben oder Tod sein. Im übrigen solltest Du Dich aber ständig der Gesellschaft Deines Hundes erfreuen, ihn, wenn immer möglich, auch mit in die Kneipe nehmen, mit ihm im Zug reisen, Ausflüge in der Stadt und draußen auf dem Lande unternehmen.

Sexualspiele waren wahrscheinlich bereits ab einem Alter von vier bis sechs Wochen Bestandteil des Lebens Deines Welpen. Aber jetzt wird er immer größer, sein Klammern bei der Katze oder an Deinen Knien fester. Dies ist selbst in der Zeit, ehe der junge Rüde das Beinchen hebt, völlig normal. Es handelt sich ganz einfach um ein Einüben seines späteren Erwachsenen-Verhaltensrepertoires, allerdings hast Du es wahrscheinlich lieber, wenn es ohne Sex verläuft. Darüber solltest Du Dich schon frühzeitig mit Deinem Tierarzt unterhalten. Welpen sind bei der Kastration ein »geringeres Risiko« als ältere Hunde - das Risiko liegt aber so oder so sehr niedrig. Jüngere Forschungsergebnisse zeigen, daß mit früherer Kastration keine ins Gewicht fallenden Nachteile verbunden sind, weder Hündinnen noch Rüden müssen vor der Operation bereits sexuell ausgereift sein (Näheres Seite 198).

Sechzehnte Woche

Nach der Definition der amerikanischen Wissenschaftler John P. Scott, John L. Fuller und ihren Kollegen wird im allgemeinen ein Alter von vier Monaten als Ende der hundlichen Sozialisierungsphase angesehen. Dies bedeutet natürlich nicht, daß zu diesem Zeitpunkt plötzlich das soziale Lernverhalten endet. Wahr ist aber, daß bis dahin die Grundlagen für soziale Geschicklichkeit und Anpassungsfähigkeit gelegt sein sollten. Ein vier Monate alter Junghund sendet anderen Hunden gegenüber aufeinander abgestimmte, koordinierte Signale aus, sollte auch Körpersprache, Geruch, Tonlage und alles andere, was mit dem Menschen in Zusammenhang steht, verstehen.

Dein Welpe ist schon halb ausgewachsen, ein anspruchsvoller Fresser mit maximalem Gewichtszuwachs, der täglich zumindest drei Mahlzeiten fordert. Bleibe bei der alten Praxis, bei einzelnen Mahlzeiten dicht neben ihm zu bleiben. Es ist auch gut, die Schüssel dann und wann in den Händen zu halten, damit er nicht anfängt, sein Futter zu verteidigen.

Ein Besuch beim Tierarzt ist zur abschließenden Gesundheitskontrolle und dritten Impfung angezeigt. Vernünftig wäre es auch, einen gewissen Vorrat an Wurmmitteln mit nach Hause zu nehmen, die genau nach Anweisung des Tierarztes gegeben werden. Stellt der Tierarzt fest, daß Du einen zu fetten Hund hast, solltest Du mit längeren Spaziergängen beginnen - etwa so über zwei bis drei Kilometer - nach Möglichkeit teils auf weichem Boden, teils auf hartem Pflaster. Jeder einzelne Spaziergang sollte für den Hund dadurch besonders interessant gemacht werden, daß man die instrumen tal beherrschten Kommandos übt - »Sitz«, »Bleib«, »Fuß«, gelegentlich auch »Platz«. Die menschliche Stimme bleibt fröhlich, Schreien verboten!

Es ist immer richtig, ungewohnte neue Umgebungen zu erforschen, den Welpen kontrolliert mit Gefahren wie lebende Tiere, Verkehr und Flintenschüssen vertraut zu machen. Grundsätzlich wünscht man sich seinen Hund »bombensicher«. Solche Sicherheit entwickelt sich aber nur, wenn man ihn als Junghund den verschiedenartigsten Reizen aussetzt, ihn daran gewöhnt.

Siebzehnte Woche

Möglicherweise hast Du die Absicht, Deinen Welpen nun gezielt weiter auszubilden. Er könnte lernen, Wild nach dem Schuß zu apportieren, Schafe auf dem Bauernhof zu hüten, Kanalschwimmer zu werden oder ein Drogensuchhund, ein erstaunlich guter Spürhund nach verlorenen Schlüsseln oder ganz einfach ein guter Rattentöter. Jetzt ist die richtige Zeit, dem Junghund zu helfen, seine natürlichen Instinkte zu entfalten. Wie schon gesagt - die einfachste Art solcher Erziehung, zum Hüten von Schafen oder zum Suchen, ist die Nachahmung eines richtig erzogenen, ausgewachsenen Hundes. Der richtige Lehrer ist ein Hund, dessen Arbeitsleistung Du bewunderst.

Bei Rüden stellt man zuweilen ein Aufflackern von wachsender Rivalität, zuweilen sogar Angriffslust fest. Dies ist ein Zeitraum sozialer Erfahrungen - weitgehend ähnlich unseren Teenagerkindern. Achte darauf, daß wenn es zu Konfrontationen kommt, immer der Mensch kontrolliert, wer gewinnt. Der Verstand - nicht die Aggression - muß im Vordergrund stehen. Gehe dazwischen, lenke ab oder setze die Technik der Ersatzhandlung ein (Näheres Seite 57). Dies ist wesentlich vernünftiger als der Versuch, aggressives Verhalten direkt zu strafen.

Eine empfehlenswerte Methode, um in diesem Alter die Beziehung zum Junghund zu verstärken, ist der Beginn häuslicher Zahnpflege - das Zähneputzen (vergleiche Seite 140). Mach dies zur täglichen Übung, so daß sich der Hund daran gewöhnt, daß er mit den Händen im Fang berührt wird. Ich empfehle regelmäßige Zahnkontrolle. Man muß darauf achten, daß die zweiten Zähne richtig durchbrechen, im Kiefer in der richtigen Stellung stehen (vergleiche Zeichnungen).

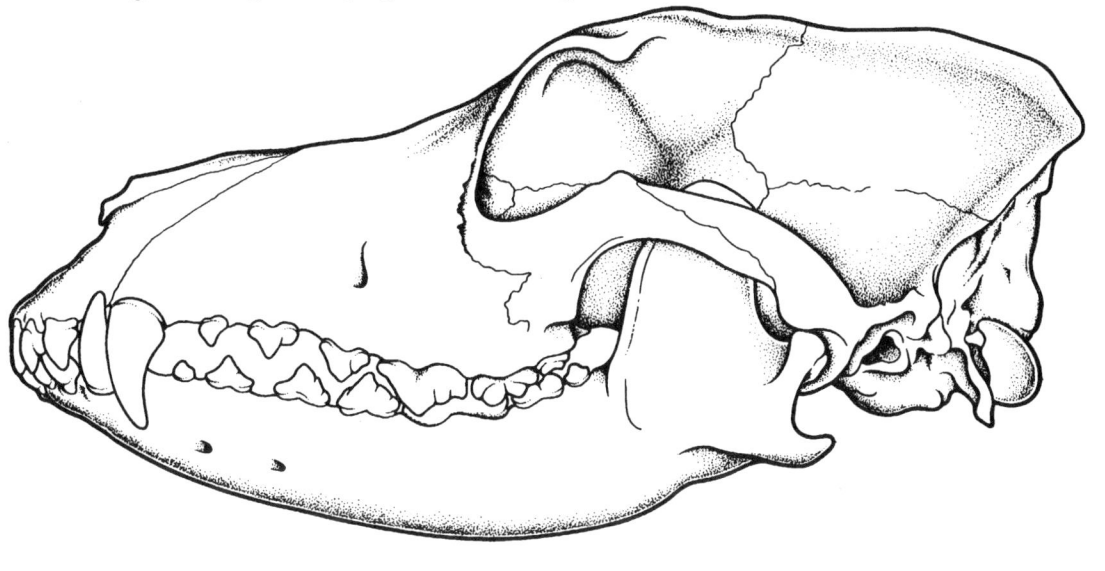

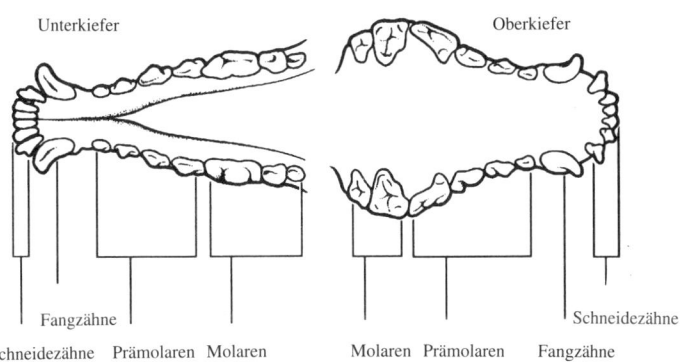

Unterkiefer Oberkiefer

Fangzähne Schneidezähne

Schneidezähne Prämolaren Molaren Molaren Prämolaren Fangzähne

Schädel eines erwachsenen Hundes mit normalem Scherengebiß. Der Blick von oben auf Unter- und Oberkiefer zeigt die ideale Zahnstellung.

Achtzehnte Woche

Die Nasenleistung Deines Hundes wird Dich immer neu erstaunen - vielleicht hat er gerade eine tote Ente aus einem Getreidefeld apportiert, während Du glaubtest, er sei weggerannt und habe sich verlaufen! Der Geruchssinn Deines Hundes ist jetzt für die Jagd ausreichend entwickelt, deshalb ist jetzt der richtige Zeitpunkt, ihn die Fährtensuche mit größerem Nachdruck zu lehren (vergleiche Seite 70). Im Sommer ist es auch immer reizvoll, den Junghund zum Schwimmen mitzunehmen, vorausgesetzt, das Wasser ist sicher und sauber. Die Koordination aller Körperteile beim Schwimmen stellt sich nicht beim ersten Versuch automatisch ein, aber für den erwachsenen Hund ist gutes Schwimmvermögen nötig, denn er könnte auch zufällig einmal ins Wasser fallen. Für manchen mag es überraschend sein zu erfahren, daß Hunde nicht instinktiv schwimmen können - ähnlich Kindern brauchen sie Gelegenheit es zu lernen. In ihrer Reaktion gegenüber Wasser gibt es bei den einzelnen Rassen große Unterschiede. Labrador, Neufundländer, Spaniel, Setter und Pudel finden Wasser unwiderstehlich, Dobermänner und einige Zwerghunderassen hassen es zuweilen. Man muß dies ganz einfach ausprobieren!

Dein Halbwüchsiger wird Deine Ausbilderfähigkeit auf verschiedene Art testen und herausfordern - bleibe ruhig und bestimmt - Du bist der Manager. Massiere und bürste Deinen Hund täglich - erforsche alle Körperteile, streichle ihn, halte ihn fest, kneife ihn, wenn und wo es ihm angenehm erscheint. Baue Deine Stellung als verläßlicher Bundesgenosse und Pfleger immer weiter aus.

Neunzehnte Woche

Normalerweise hast Du bestimmt die Absicht, Dich jetzt wieder Deinem Beruf zuzuwenden, vielleicht zunächst nur auf Halbtagsbasis. Du solltest erkannt haben, daß ich das Aufziehen eines Junghundes mit gleichzeitigem Ausüben eines Ganztagsjobs als unvereinbar ansehe. Hast Du bisher Deinen Junghund routinemäßig höchstens bis zu zwei Stunden alleine gelassen, ohne daß er sich dabei übertrieben erregte, kann diese Zeitspanne nun bis auf vier Stunden ausgedehnt werden. Es ist wahrscheinlich, daß Du in der Zukunft auch gelegentlich Deinen Hund einmal in einem Pflegezwinger »parken« möchtest, etwa während der Ferien oder aufgrund von Krankheit. So solltest Du den Welpen daran gewöhnen, zunächst ein bis zwei Stunden im Zwinger zu sein, später auch einmal über einen ganzen Tag. Solche Vorübungen werden, wenn er als ausgewachsener Hund einmal in Pflege muß, seine Belastung stark mindern - ein weiteres Beispiel von »jung gelernt - alt getan«.

Zwanzigste Woche

Dein Welpe verliert jetzt schnell viele seiner jugendlichen, reizvollen Eigenheiten, am Horizont erscheint das Abbild des ausgewachsenen Hundes. Jetzt ist der richtige Zeitpunkt, daß Dein Hund alle Geschehnisse Deines persönlichen Lebensstils teilt, an alles gewöhnt wird, was in der Zukunft auf ihn zukommt, an Büro, Fischen, Bootfahren, Camping und lange Autoreisen.

Was die Erziehung angeht, solltest Du nun einen Hund haben, der alles tut, was Du willst. Sei Dir aber bewußt, es schlummern noch sehr viele Fähigkeiten in ihm, mehr zu leisten. Geradezu »endlose Kunststücke« sind möglich, vielleicht sogar erwünscht, wenn sie dabei Deinen Hund ständig aufnahmefähig halten.

Zum jetzigen Zeitpunkt kannst Du Dir überlegen, seine Mahlzeiten auf zweimal täglich zu reduzieren, manchmal solltest Du ihm vor dem Füttern noch wie früher die Kommandos »Sitz«, »Bleib« oder »Platz« geben. Hast Du mehr als einen Hund, solltest Du Deine Hunde so erziehen, daß jeder Einzelne auf Ruf seines Namens zu Dir kommt, damit vermeidest Du Mißverständnisse unter den Hunden. Sind Kinder im Haus, hatte der Hund sicher schon viel Kontakt mit ihnen. Jetzt aber ist Zeit, daß Du wissen müßtest, ob Du Hund und Kindern vertrauen, beruhigt sein kannst, wenn sie unbeaufsichtigt ohne ständige Überwachung zusammen sind. Es ist eine ganz vernünftige Regel, kleine Kinder und Welpen niemals unbeaufsichtigt zu lassen. Von jetzt an laufen die Dinge einfacher, ist das Zusammenleben Hund und Kind überschaubarer. Bestehen aber irgendwelche Zweifel, sollte man nie ein Risiko eingehen!

Am Ende unserer Zwanzig-Wochen-Ausbildung solltest Du dankbar sein, daß Du Gelegenheit hattest, die Frühentwicklung Deines Hundes maßgebend zu gestalten. In der heutigen Umwelt haben nur wenige von uns dieses Glück, manche übernahmen einen Welpen, der nicht aus den Händen eines so gewissenhaften Züchters stammt wie Dein Hund. Hatte der Welpe keine idealen Aufzuchtbedingungen, ist noch nicht alles verloren - Hunde sind recht robust, besitzen eine große Anpassungsfähigkeit. Besonders wichtig - auch bei solchen Welpen kann man in jedem Alter das vorstehende Erziehungsprogramm den Gegebenheiten entsprechend anwenden. Wichtig ist immer, frühere Fehlentwicklungen und Mängel, wenn solche auftreten, zu kompensieren.

8

Der zugelaufene Hund:

ein neues Zuhause oder ins Tierheim?

Einige ganz bemerkenswerte Hunde treten ohne ein Vorleben - ohne Abstammungsnachweis - in das Leben ihrer Besitzer. Der beste Arbeitshund unter unseren Schäferhunden, den mein Vater je besaß, war Gyp; er wählte uns und unsere Farm als Zuhause, tauchte plötzlich in einer nassen Winternacht auf. Wir taten, was erforderlich ist, nahmen mit örtlichen Farmen, Zwingern und der Polizei Kontakte auf, aber niemand vermißte Gyp. Dieser Hund förderte mein sich langsam entwickelndes berufliches Interesse an Hunden und ihrem Leben mehr als irgend etwas anderes. Gyp kostete meine Eltern keinen Penny, häufte aber als tüchtiger Hütehund, als Wachhund wie als Freund geradezu Schätze für uns auf. Wir hatten Glück - nicht alle Hunde aus zweiter Hand, zurückgestoßen, recycled, erweisen sich als ebenso ideal. Wie kann man die Risiken mindern, wenn man solche Verantwortung übernimmt, daß sich der zugelaufene Hund nicht zum Monster entwickelt? Was ist der richtige Hund für Dich? Welche Art Hund sollte man meiden? Als nächstes steht die Aufgabe, einen ausgewachsenen Hund in sein neues Zuhause einzugewöhnen, ihn zu erziehen und vieles mehr. Zunächst wollen wir aber einfach als Hundefreunde untersuchen, was das Adoptieren eines Hundes aus zweiter Hand von Problemen mit sich bringt.

Zugelaufen

Es scheint mir, daß ich laufend mein Auto anhalte, um irgendeinen umherstromernden Hund einzufangen, der verkehrsreiche Straßen überquert oder Abfall durchwühlt - mir fällt es einfach schwer, mich von »Wegwerfhunden« abzuwenden. Du aber solltest wirklich recht vorsichtig sein, wenn Du Dich einem fremden Hund näherst, nicht einfach annehmen, daß es absolut sicher sei, ihn am Halsband oder Nacken festzuhalten. Viele streunende Hunde fürchten sich vor Menschen, manchmal aus gutem Grund. Um Erfolg zu haben, solltest Du eine Leine bei Dir haben, zumindest ein Stück Schnur mit Schlaufe, um es dem Hund überzustreifen, ihm das Gefühl zu vermitteln, daß er unter Kontrolle steht.

Was nun? Da stehst Du jetzt - viele Kilometer von Zuhause - hast einen Hund an der Leine, von dem Du überhaupt nichts weißt. Nimm Dir Zeit, gib ihm einen kleinen Leckerbissen, sprich ruhig mit ihm, laß ihn Dich beschnüffeln. Vorrang hat immer, daß Du und der Hund nicht weiter gefährdet sind, insbesondere auf einer verkehrsreichen Straße. Kannst Du den Hund mit einem Leckerbissen in Dein Auto locken? Beim ersten Versuch solltest Du beide seitlichen Autotüren offen halten, so daß der Hund, wenn er sich fürchtet, einen Fluchtweg sieht.

Inzwischen müßte es Dir möglich sein, den Hund nach einem Namensschild, vielleicht sogar einer lesbaren Telefonnummer zu untersuchen, vielleicht findest Du seine Adresse. Ist dies nicht der Fall, könnte er tätowiert sein, kontrolliere Ohren und die Innenseite seiner Hinterläufe. Trägt der Hund keinerlei Identifikationsmerkmale, wurde ihm möglicherweise ein elektronisches Zeichen implantiert. Um dies zu lesen, bedarf es eines Lesegerätes (vergleiche Seite 134), am besten zu finden im örtlichen Tierheim oder bei einem Tierarzt.

Natürlich befragt man Bewohner in der Umgebung, wo der Hund aufgegriffen wurde, ob jemand seinen Besitzer kennt. Führt auch dies zu keinem Ergebnis, muß man mit der Polizei Verbindung aufnehmen, dies ist rechtlich vorgeschrieben. Bei der Polizei werden Informationen über Fundort, Rasse und Geschlecht des Hundes, körperliche Merkmale, Schulterhöhe und dergleichen aufgenommen. Polizei oder Stadtverwaltung sind in England verpflichtet, streunende Hunde, die man ihnen bringt, zu übernehmen, sie zunächst zumindest für einen Zeitraum von sieben Tagen unterzubringen. Du kannst anbieten, den Hund selbst zu halten, natürlich unter der Voraussetzung, daß Du Ihn, wenn sein Besitzer ermittelt wird, zurückgibst. Dies könnte gefühlsmäßig sehr schwer für Dich werden aber jedes andere Verhalten wäre glatter Diebstahl.

Tierheime

Der Begriff »Tierheim« klingt romantisch und beruhigend. In Wirklichkeit sind diese Unterbringungsorte meist traurige Endstationen der Folgen menschlichen Fehlverhaltens - aus denen viele ihrer »Gäste« später in Plastik gehüllt wieder herauskommen. Meine Erfahrungen mit Tierheimen in England wie »Battersea Dogs' Home«, Zwingeranlagen der »National Canine Defence League«, »Plymouth Dogs' Home«, »Toronto Humane Society« und anderen Rettungsstationen sind sehr positiv. Der Mitarbeiterstab widmet sich, immer überarbeitet und meistens unterbezahlt, voll den im Stich gelassenen Tieren. Dieser Mitarbeiterstab kennt die einzelnen Hunde in den Zwingern genau. Bist Du bereit, einen Hund zu adoptieren, bitte sie um ihre Hilfe. Sie werden sich freuen, daß Du Dir die Zeit nimmst, ihren Rat schätztst; denn nur das Äußere, erste Eindrücke, sind keine vernünftigen Kriterien für die Auswahl des künftigen Hausgenossen. Ein paar Tierheime bemühen sich nach bestem Wissen, das Verhalten der ihnen anvertrauten Hunde so zu verbessern, daß sie sich den Wünschen ihrer künftigen Besitzer besser anzupassen vermögen. Ein Gründer eines privaten Tierrettungsheimes - der alte Bernard Cuff - erlaubte interessierten Tierfreunden nicht einmal, sich selbst in seinen Zwingeranlagen umzuschauen. Stattdessen interviewte er sie, bot ihnen dann den Hund an, der nach seiner Auffassung am besten zu ihnen paßte. Die allerschlimmste Methode besteht darin, die Korridore an den kläffenden Hunden, die zeitweise wild gegen die Türen springen, entlang zu gehen. Für den wahren Tierfreund ist es einfach schlimm, daß er die große Mehrheit der Hunde nicht berücksichtigen kann. Möglicherweise wirst Du dabei in die falsche Richtung gelenkt, wählst den Hund, der am traurigsten aussieht oder sich am hysterischsten gegen sein Schicksal aufbäumt - während andere Hunde für Dich viel passender wären. Dies ist der Grund, weshalb es viel besser wäre, auf den Rat der Mitarbeiter zu hören oder sich von einem erfahrenen und objektiven Hundekenner begleiten zu lassen, der die Rolle des Advocatus Diaboli spielt - Dir mögliche Probleme vor Augen führt.

Hast Du eine erste Wahl getroffen, führe den Hund aus dem Zwinger und unterziehe ihn einigen einfachen Verhaltenstests.

Gehe auf den Hund zu - toleriert er es (gut), weicht er zurück (schlecht) oder zeigt er sich uninteressiert (neutral)?

Wirf ihm einen Leckerbissen auf den Boden (angenommen oder zurückgewiesen).

Biete ihm einen Leckerbissen auf der Handfläche (angenommen oder zurückgewiesen).

Versuche ihn mit der Hand zu berühren - reagiert er freundlich, zeigt er Furcht oder Aggression?

Nimm eine Leine, zeigt er Vertrauen oder Furcht? Führe ihn - wenn irgendmöglich - zu einem kurzen Spaziergang nach draußen - versucht er zu ziehen?

Wie ist seine Reaktion auf andere Hunde - Interesse, Toleranz, Spiel oder Aggression? Notiere das Geschlecht der Hunde, auf die er möglicherweise unterschiedlich reagiert.

Wie benimmt sich der Hund, wenn er festgehalten wird? Halte jede seiner vier Pfoten für wenige Sekunden fest. Untersuche sorgfältig den ganzen Hundekörper auf äußere Parasiten, achte dabei auch auf seine Ohren. Kannst Du ungefährdet sanft seinen Fang abtasten? Leistet er Widerstand, wenn irgendein anderer Körperteil berührt wird? Versuche ihn zu bürsten.

Wie ist seine Reaktion auf Außergewöhnliches? Laß einen Helfer am Hund vorbeilaufen, während er an der Ausziehleine gehalten wird. Versucht er zu jagen, zu schnappen (negativ), zeigt er sich beunruhigt oder verhält er sich tolerant (positiv)?

Wie ist seine Reaktion gegenüber anderen Tieren? Befinden sich die Zwingeranlagen auf dem Land, gibt es auf dem Grundstück möglicherweise Katzen, Enten und verschiedene andere Tierarten. Beobachte sorgfältig die Reaktionen des Hundes gegenüber diesen Tieren.

Wie reagiert er auf Futter? Biete ihm in einer Futterschüssel eine kleinere Menge schmackhaften Futters, halte dabei die Schüssel fest. Nimmt er das Futter an? Stelle die Schüssel auf den Boden, ziehe Dich zurück, trete wieder näher und hebe die Schüssel auf. Toleriert er dieses Verhalten? Vorsicht! Gibt es irgendwelche Berichte der Tierpfleger, wonach der Hund sein Futter verteidigt, sollte man keinesfalls versuchen, ihm den Futternapf wegzunehmen. Dies ist ein Problemverhalten, das man erzieherisch bewältigen kann. Trotzdem solltest Du ernsthaft überlegen, ob genau dies der richtige Hund für Dich ist, insbesondere wenn er mit Kindern zusammenleben soll.

Wie steht es mit Spielen? Biete ihm einen Ball, ein Spielzeug zum Seilziehen und ähnliches, versuche ihn damit zu animieren. Schießt er »über das Ziel hinaus«? Kannst Du seine körperliche Kraft kontrollieren?

Liebt er das Reisen? Nimm ihn zu Dir ins Auto, unternehme eine Ausfahrt von vier bis fünf Kilometern. Verhält er sich friedlich oder nervös, möglicherweise sogar aggressiv?

Schließlich gibt es dann ein kaum zu beschreibendes Gefühl, das letztendlich entscheidet, ob sich eine harmonische Verbindung ergibt. Man kann dies einfach als eine Frage der »Persönlichkeit« beschreiben - könntest Du Dich in diesen Hund verlieben? Hat der Hund diese Tests bestanden, ist die Frage nach seinem Charakter positiv beantwortet, dann solltest Du ihn mit nach Hause nehmen.

Hilfsorganisationen für bestimmte Hunderassen

Keineswegs sind Mischlinge die einzigen Hunde, die kein Zuhause haben, zur Adoption angeboten werden. Es gibt Tausende von Rassehunden von sehr guter Abstammung, die gleichfalls auf einen neuen Besitzer warten. Die Gründe, warum diese Hunde abgegeben werden, sind so unterschiedlich wie das Leben der Menschen. Vielleicht ist da ein Old English Sheepdog (Bobtail), der für die Wohnverhältnisse seines

Besitzers einfach zu groß wurde, ein Dachshund, der immer wieder seinen Wurfbruder attackierte, ein Corgi, der am liebsten die Familienkatze umbringen würde oder ein fach ein Hund, dessen Besitzer in Schwierigkeiten gerieten, ihre Wohnung verloren. Man braucht nicht immer davon auszugehen, daß solche Hunde alle verdorben sind, Verhaltensstörungen aufweisen. Die Vorbesitzer des Hundes sind möglicherweise über den Verlust ihres Familienhundes ebenso betrübt wie Du glücklich bist, genau diesen Hund entdeckt zu haben.

Der große Vorteil, mit den Hilfsorganisationen bestimmter Rassezuchtvereine zu-sammenzuarbeiten, liegt darin, daß diese in der Regel die Interessen der ihnen anver-trauten Hunde sehr nachdrücklich wahren, auch die finanziellen Mittel hierzu haben. Beispielsweise wird von ihnen ein notleidender Hund zunächst in einem Heim unter-gebracht oder auch in eigenen Zwingeranlagen, wo man sich genau auf diese Hunde rasse spezialisiert hat. Manchmal hat man Glück und kann das bisherige Zuhause des Hundes selbst besuchen. Eine ideale Ausgangssituation, denn man bekommt eine Vor-stellung darüber, welchen bisherigen Regeln der Hund unterworfen war, wie sein Cha-rakter wirklich beschaffen ist.

In England gibt es heute über zweihundert Rassezuchtorganisationen mit eigenen Rettungsstationen, auch in Deutschland, Österreich und in der Schweiz nehmen sich viele Zuchtvereine in Not geratener Hunde an. Am besten erkundigt man sich beim **Verband für das Deutsche Hundewesen e.V.** in Dortmund nach den genauen Adressen. Die meisten dieser Hilfsorganisationen leisten vorzügliche Arbeit, man trifft auf Mitarbeiter, die sich interessiert und kritisch über jeden Käufer informieren, ehe sie ihm einen Hund ihrer Rasse anvertrauen.

Der Hund als Erbschaft

Da gibt es doch ein altes Sprichwort »Wozu sind Familien da, wenn nicht zum Aus-nutzen!«. Wenn es um Tiere geht, die ein neues Zuhause brauchen, gilt dies besonders. Ein Haustier kommt geplant und vorbedacht zu Dir ins Haus, möglicherweise ist es sogar der testamentarische Wille eines dahingeschiedenen teuren Verwandten. Oft werden Eltern auch durch die Haustiere ihrer Kinder beglückt, wenn sie eine neue Stellung in Übersee annehmen. Vielleicht zieht auch Vetter Jack von seinem Landhaus in ein Großstadtappartement, hat dort nicht genügend Raum für seinen großen Hund. Wahrscheinlich hast Du einige Bedenken, ob es klug ist, ihren Hund zu übernehmen. Gefühlsmäßig fühlst Du Dich aber überrumpelt, zu einer unklugen Entscheidung ge-nötigt. Hast Du solche Gefühle, solltest Du es ganz einfach offen sagen. Grundsätzlich steht das Wohlergehen ihres Haustieres allein in der Verantwortung Deiner Verwand ten. Vielleicht mochtest Du das Tier überhaupt nie - oder es paßt nicht zu den Tieren, die Du bereits besitzt.

Anders gesehen - früher bot die traditionelle Großfamilie automatisch den Fami-lienmitgliedern wie ihren Tieren Gastfreundschaft und Fürsorge. Dies war ein guter Brauch, ähnelt sehr der hundlichen Gesellschaftsordnung. Heute liegt es alleine an Dir, schwer akzeptable Forderungen abzulehnen, die bei der Übernahme solcher Hun-de oft gestellt werden - beispielsweise ihm freitags nur Fisch zu füttern, am Sonntag einen schönen Braten und tägliche Ausflüge ans Meer. Übernimmst Du tatsächlich ei-nen solchen Hund, darf damit keinesfalls die Verpflichtung verbunden sein, zu ir-gendeinem Zeitpunkt später den Hund seinen ursprünglichen Besitzern wieder zurück-zugeben. Um derartige Mißverständnisse innerhalb der Familie auszuschließen, ist es immer richtig, eine ganz klare und formelle Eigentumsübertragung vorzunehmen. Am besten sollte ein kleiner, nominaler Geldbetrag bezahlt, darüber eine Quittung ausgestellt werden, die eindeutig bestätigt, daß der Hund endgültig übergeben und übernommen wurde.

Ausstellungshunde im Ruhestand

Viele der kommerziell ausgerichteten Hundezüchter halten eine Reihe von Hunden, von denen sie Ausstellungslorbeeren erwarten oder mit denen sie später züchten möchten. Darunter sind immer ein paar Tiere, die weniger erfolgreich als erwartet abschneiden. Es gibt auch ältere Hündinnen, mit denen bereits vielfach gezüchtet wurde, die aber vom Züchter nicht länger als gewinnbringend angesehen werden. Du oder ich, wir beide würden natürlich davon ausgehen, daß ein Züchter seinen Hund auch liebt, so sehr, daß er es gar nicht ertragen könnte, sich von ihm zu trennen, ihn viel lieber für den Rest seines Lebens als Familienhund hält. Nicht so bei manchen Züchtern, für sie sind ihre Hunde in erster Linie Geschäft, erst dann Lebewesen.

Nicht selten hört man von einigen nicht länger erwünschten, im Ruhestand lebenden Zuchthunden - manche Rassezuchtvereine vermitteln sie sogar. Es muß aber eindeutig klar sein, Hilfsorganisationen der Zuchtvereine wurden nicht als Verkaufsservice für Züchter aufgebaut! Solche Zuchthunde haben möglicherweise ihr ganzes Leben in Zwingern verbracht, ihr einziger Ausflug aus dem ständigen Eingesperrtsein war eine gelegentliche Reise zu Hundeausstellungen. In England gibt es sogar Zuchthündinnen, die nicht einmal diese Erfahrungen machen durften. Ich habe festgestellt, daß solche Hunde manchmal als Familienhunde deshalb nicht in Frage kommen, weil sie nervös oder scheu sind, nie gelernt haben, sich den mannigfaltigen Anforderungen des häuslichen Lebens anzupassen. Im Einzelfall mußt Du Dich klar entscheiden. Ratsam sind die gleichen Verhaltenstests, die ich bereits für den Kauf von Hunden aus dem Tierheim empfohlen habe.

In unserer zu oft auf Geschäfte ausgerichteten Hundewelt ist eines sicher - nie sollte man einem Züchter, der einen ausgewachsenen, früheren Ausstellungs- oder Zuchthund anbietet, das große Geld bezahlen. Der Käufer leistet dem Züchter einen echten Dienst, indem er dessen Hund ein gutes Zuhause bietet. Er sollte sich nicht als Zahlmeister mißbrauchen lassen, der die Geschäfte des Züchters noch unterstützt. Andererseits sollten Hunde nie kostenlos abgegeben werden, es ist zu gut bekannt, daß niemand sich um ein Wesen richtig kümmert, dessen Wert null beträgt! An wen sollte deshalb für einen solchen Hund freiwillig Geld bezahlt werden? Am besten wäre es wohl angelegt, wenn es für den Tierschutz oder das rassezuchtvereinseigene Hilfssystem gespendet würde.

Der Tierarzt

Tierärzte und ihre Mitarbeiter werden laufend gebeten, Tiere, bei denen keine medizinische Notwendigkeit besteht, einzuschläfern. Solche Hunde dürfen nach dem Gesetz gar nicht eingeschläfert werden. Bei Tierärzten trifft man auch auf echte Not, etwa den Hund, der zum Verkehrsopfer wurde, und dessen Besitzer nach der Behandlung unbekannt blieb. Niemand kam in die Praxis, um den Patienten wieder abzuholen, die Rechnung zu bezahlen. Die meisten Tierärzte wären glücklich, von einem Hundefreund zu hören, der bereit ist, ein solches Tier zu adoptieren. Tierärzte sind auch immer in der Lage, Hundefreunde mit den örtlichen Tierschutzbeauftragten zusammenzubringen.

Zeitungsanzeigen

Blättere in den Tageszeitungen, stets wirst Du auf eine Anzeige stoßen: »Kostenlos in gute Hände abzugeben, wunderschöner Afghane, kinderlieb, keine Fehler ...«.Vorsicht ist immer angezeigt bei Hunden zu hohen Preisen! Handelt es sich um einen privaten Verkäufer, hast Du zumindest den Vorteil, vieles über das Tier, seine bisherige Ernährung, Ausbildung und dergleichen zu erfahren. Aber Vorsicht, es gibt skrupellose Verkäufer gestohlener Hunde, für sie ist der Liebhabermarkt ganz einfach die Alternative zum Verkauf des Hundes an Versuchslabors.

Aufklärung der Vorgeschichte

Ein Hund, dessen Vorgeschichte man kennt, läßt sich viel leichter in ein neues Leben, ein neues Zuhause überführen als wenn nichts über ihn bekannt ist. Kannst Du den Vorbesitzer herausfinden oder ihn zumindest anrufen oder anschreiben - solltest Du dies immer tun. Nachstehend eine Checkliste der Fragen, zu denen Du Antworten erbitten solltest. Die Aufreihung erfolgt nach keinem bestimmten Prioritätensystem. Ich bin ganz sicher, daß Du Dir je nach den Einzelumständen noch eine ganze Menge Zusatzfragen ausdenken kannst, die wichtig sind.

Wie alt ist der Hund?
Wie alt war er, als Du ihn erhieltest?
Wo hast Du den Hund erworben?
War er seit der Welpenzeit ausschließlich in Deinem Besitz?
Hast Du zufälligerweise Adresse oder Telefonnummer des Züchters?
Wer lebt in Deiner Familie (Erwachsene, Kinder in welchem Alter, ...)?
In welcher Art Haus lebst Du?
Gibt es einen Garten?
Gibt es in der Umgebung einen Park, Wälder oder ähnliches?
Wer ging mit dem Hund spazieren?
Wurde er ohne Leine ausgeführt?
Zieht er an der Leine?
Hat er irgendwelche schlechten Gewohnheiten?
Wie verhält er sich Schafen gegenüber?
Wie wurde er gefüttert?
Wie viele Mahlzeiten bekam er täglich?
Zu welchen Uhrzeiten wurde gefüttert?
Ist er beim Füttern ein schneller oder ein langsamer Fresser?
Kannst Du ihm während des Fressens die Futterschüssel wegnehmen?

Wo schläft der Hund?
Kann sein neuer Besitzer das Lager (Käfig, Körbchen) mitnehmen?
Schläft der Hund im Bett?
Gibt es Räume im Haus, von denen der Hund ausgeschlossen wurde?
Gibt es noch andere Haustiere?
Wie verträgt sich der Hund mit diesen?
Wie könnte man den allgemeinen Gehorsam des Hundes beschreiben?
Wurde er für bestimmte Aufgaben ausgebildet?
Wo, wann, wie ...?
Wird der Hund regelmäßig alleine gelassen?
Wenn ja, über welche Zeiten?
Was waren die längsten Zeiten, die der Hund sich selbst überlassen blieb?
Zerstört er irgendwelche Gegenstände, wenn man ihn alleine läßt?
Wie reagiert er, wenn jemand gegen die Tür klopft?
Hat der Hund je jemanden gebissen?
Wen?
Auch noch andere?

Insgesamt, wie oft hat der Hund gebissen?

Wie wird er bestraft?

Wovor fürchtet sich der Hund?

Wie reagiert der Hund auf Donner, lauten Knall, Schüsse ...?

Wie kommt er mit fremden Hunden zurecht?

Wann ist er am glücklichsten?

Was tut er dabei?

Wer ist seine Lieblingsbezugsperson?

Weshalb willst Du den Hund verkaufen?

Wirst Du ihn sehr vermissen?

War er bisher ein gesunder Hund?

Wer ist der Haustierarzt?

Wann war der Hund zuletzt beim Tierarzt?

Braucht er regelmäßige Medizin?

Wann wurde er zuletzt geimpft?

Gibt es ein Impfzeugnis?

Gab es mit dem Hund je rechtliche Schwierigkeiten?

Stromert er von Zuhause weg oder gibt es Klagen, daß er zuviel kläfft?

Hatte der Hund jemals ein schlimmes Trauma oder besonders unangenehme Erfahrungen?

Wurde er zum Beispiel von einem anderen Hund angegriffen oder von einem Auto angefahren?

Der Zweck all dieser Fragen ist, solides Grundwissen zu erwerben, das hilft, den Hund in sein neues Zuhause zu integrieren, nicht zuletzt aber allgemeine Folgen der Vernachlässigung, des Mißbrauchs, des Leidens im bisherigen Leben zu korrigieren.

Herzlich Willkommen im neuen Zuhause!

Wenn Du den neuen Hund abholst, nimm so viel wie möglich von seinem persönlichen Besitz mit. Zum allermindesten brauchst Du sein Halsband, seine Leine, seine Futterschüssel, sein Körbchen, Spielzeug und alle jene Lieblingsgegenstände, die ein Hund so um sich sammelt. Bald wirst Du ihm ein neues Halsband und eine längere Leine kaufen, aber über die ersten paar Tage sollen Normalität - möglichst wenig Veränderungen - das Ziel sein. Beginne beim erwachsenen Hund, indem Du ihm dort seinen Schlafplatz einräumst, wo er langfristig auch schlafen soll. Nur weil die Vorbesitzer ihn immer im Schlafzimmer bei sich hatten, ist kein Grund, warum Du das Gleiche tun solltest. Gab es in seinem vorangegangenen Zuhause strikte und regelmäßige Mahlzeiten, solltest auch Du diese anfänglich einhalten, erst nach und nach den Hund auf den eigenen Zeitplan umstellen.

Was Spaziergänge angeht, ist es das Beste, den Hund so lange an der Leine zu führen, bis Du etwas mehr über ihn weißt, bis sich zwischen dem Hund, Dir, und der neuen Umgebung eine Bindung aufgebaut hat. Dann mag dies der richtige Zeitpunkt sein, um eine Ausziehleine zu kaufen. Beobachte sorgfältig seine Reaktionen auf andere Hunde, auch gegenüber Schafen, Verkehr, Joggern und anderen Risiken des Lebens. Sei immer auf Überraschungen vorbereitet.

Soll man sofort auf Disziplin bestehen - die Antwort lautet Nein! Wahrscheinlich ist Dein neuer Lebensgefährte noch immer durch die Veränderungen in Umwelt und Gesellschaft verwirrt. Selbst schlechte Besitzer werden von ihren Hunden geliebt und vermißt, es gibt ein Gefühl des Verlustes, des Trauerns um die alte Familie. Bekommt man seinen Hund aus Zwingern oder Übergangspflegestellen, wird dies meist die Trauer einschränken - alles ist besser als ein Leben in Zwingern! Aber das Leben in Zwingern kann auch zu Untugenden geführt haben, die man ihm jetzt abgewöhnen muß. Fehlende Gelegenheit, sich außerhalb des Zwingers zu lösen, kann beispielsweise zu Problemen bei der Erziehung zur Stubenreinheit führen. Lasse Dir Zeit, sei tolerant, befasse Dich insbesondere mit Teil drei dieses Buches - er enthält gute Ratschläge für Probleme, die sich nicht von alleine lösen.

Indem Du Dir lieber einen erwachsenen Hund kauftest als einen Welpen, hast du persönlich dazu beigetragen, gegen die Überproduktion von Welpen etwas zu tun - möglicherweise hast Du auch ein Leben vor einem vorzeitigen, traurigen Ende bewahrt. Laß solche Gefühle aus dem Spiel - die meisten Vorteile erwachsen aus dieser Entscheidung für Dich und Deine Familie. Ein kleiner, armer Hund wird bald vollwertiges Mitglied der Familie sein, sich den häuslichen Gepflogenheiten anpassen. Du hast Dir auch die Probleme mit der Aufzucht von Welpen erspart - angekaute Möbel und kleine Seen auf den Teppichen. In der Regel wird es möglich sein, einen erwachsenen Hund über einen halben Tag alleine zu lassen, während ein Welpe ständige Überwachung braucht. Alles in allem gesehen - das Schaffen eines neuen Zuhauses für einen Hund in Not kann durchaus der beste Kauf sein!

9

Hundemahlzeiten:

Futter als Erziehungshilfe

Vor einigen Jahren verbrachte ich einen hochinteressanten Nachmittag mit der Beobachtung verwilderter Hunde in alten Stadtvierteln von St. Louis, Missouri, USA. Mein besonderes Interesse galt einem struppigen, kleinen Beagle-Mischling. Diese Hündin hatte drei zottige Welpen, deren Alter ich auf etwa acht bis neun Wochen schätzte. Die Hundefamilie lebte in einem zerfallenen Stadtteil, der vor Abriß und Neuaufbau stand; die Hunde teilten mit ein paar unternehmungslustigen Ratten, Kakerlaken und ähnlichem Getier ein Erdgeschoß. Besonders ging es mir um Antwort auf eine immer wieder gestellte Frage - wie können Hunde unter derartigen Verhältnissen überleben? Wo finden sie Nahrung, frisches Wasser, wie verbringen Hündin und Welpen ihre Zeit? Die Antwort lautete, daß die Mutterhündin früh am Morgen und spät am Abend in der umliegenden, noch bewohnten Nachbarschaft auf Beute auszog. Sie stahl, bettelte und durchwühlte den Abfall.

Alle drei Strategien waren erfolgreich. Ich selbst beobachtete, wie sie aus einem Haus lief, etwas, das aussah wie ein roher Hamburger, im Fang trug. Sie wurde vom Hund des verärgerten Hausbewohners verfolgt, raste so schnell zu ihrem Versteck, daß ich nicht Schritt halten konnte. Sie schlüpfte unter den Zäunen durch, lief über Wege, die für diesen ziemlich übergroßen Hundeethologen nicht passierbar waren. Dann wieder sah ich, wie sie aus offenen Plastikabfallbeuteln Hühnerknochen herauszog, auch andere Reichtümer von den Tischen satter Amerikaner. Außerdem konnte man unschwer aus den Federbüscheln und einem einsamen Rattenschwanz schließen, daß sie auch jagte - der Rattenschwanz diente ihren Welpen als Spielzeug. Es gelang mir, einen ihrer Welpen einzufangen - wider Erwarten war er völlig gesund herangewachsen, wäre für jeden gewerblichen Futtermittelhersteller eine gute Reklame gewesen.

Meine Begegnung mit dieser Hündin und ihrem Nachwuchs in Missouri erlaubte zwei mögliche Antworten. Entweder ist amerikanischer Abfall ein außergewöhnlich hochwertiges Hundefutter oder verwilderte Haushunde sind großartige Überlebenskünstler, obwohl ihre Mahlzeiten von ernährungswissenschaftlicher Perfektion weit entfernt sind. Ich vermute - beide Antworten sind richtig.

Ich kehrte in mein Hotel zurück, genoß die Fernsehwerbung über »Hunky Chew, die Vollfleischnahrung, wie die Natur sie vorschreibt«. Danach kam »Die Ernährung für Champions« und weiter »Wenn Du mehr von Deinem Freund erwartest, verdient er auch wirklich Spitzenernährung« (wobei diese Werbung auf die Sieger beim Schlittenhunderennen von Iditerod nach Alaska zielte). Amerikanische Hunde führen aber zumeist das sprichwörtliche Leben von »couch potatoes« (Sofarutscher), laufen aus ihrem warmen, air-conditioned Haus heraus und wieder hinein, verbellen im Hof ab und zu den Postboten. Und damit ist ihr Tagesablauf bereits ausgiebig beschrieben. Wofür braucht man für einen solchen Lebensstil »peak performance«?

Ehe ich meinen heutigen Beruf der Verhaltenstherapie zur Korrektur von Problemhunden einschlug, verbrachte ich neun glückliche Jahre bei einem großen Futtermittelhersteller mit der Erforschung der Zutaten zur Ernährung, die das Verhalten von Hunden und Katzen beeinflussen. Die mir zugänglichen Einrichtungen verfügten über eine biologische Ausrüstung, vergleichbar den Forschungslabors von Rolls Royce für die Autoherstellung. Meine Kollegen waren Doktoren der Biochemie, Ernährungswissenschaft, Ernährungsphysiologie; hinzu kamen klinische Tierärzte, Haematologen und Zwingerpersonal mit viel gesundem Menschenverstand. Wir waren ein winziger Zahn in einem Viel-Millionen-Dollarunternehmen, das Millionen und Millionen von Büchsen mit Hundefutter für die hungrigen Fidos und verwöhnten Rovers der ganzen Welt füllt.

Was sind nach wissenschaftlichen Forschungsergebnissen die tatsächlichen Kriterien für ein gutes Hundefutter? Beachte nachstehende Liste genau:

Schmackhaftigkeit: daß Hunde es gerne fressen.
Preiswürdigkeit: daß Hundebesitzer es kaufen.
Aussehen: daß die Besitzer meinen, es schaue für sie und ihr Tier appetitlich aus.
Farbe: im Idealfall fleischiges Rotbraun.
Profit: billige Zutaten.
Fester Stuhlgang: Hundebesitzer achten auf die Ausscheidungen ihrer Lieblinge!
Ernährungswert: daß Hunde davon leben können.
Fruchtbarkeit und Wachstum: komplette Nahrung für das ganze Tierleben.

Achte darauf - was Du als vernünftiger Leser als erste Priorität erwartest, vollständige und zuverlässige Ernährung über das ganze Leben - steht auf dieser Liste an letzter Stelle; Kosmetik und Gewinn kommen viel früher. Sie betonen alle, das sei die freie Marktwirtschaft. Deshalb muß der Verbraucher wachsam sein, wenn er an Regalen und Verkaufsinseln des Supermarkts entlang geht, verwirrt von knusprigem Diesem, schmackhaftem Jenem und Müsli für Leckermäuler. Wie kannst du unter den nachhaltig beworbenen Marken die richtige Auswahl treffen, mit all ihren im Widerspruch zueinander stehenden Aussagen über Vergnügen, Wert, Nahrhaftigkeit und dergleichen? Wie mußt Du Deinen Hund füttern - schon ab Welpenalter - wie kannst Du Dich auf die verlockenden Aussagen der Futtermittelindustrie verlassen? Sollten die Hundebesitzer lieber zu Hause die Mahlzeiten selbst zusammenstellen - wie ihre Mutter und ganz bestimmt ihre Großmutter dies taten?

Ich hege überhaupt keinen Zweifel, daß man industriell hergestelltes Hundefutter für sein Geld gut einkaufen kann - tatsächlich mache ich das bei der Fütterung meines eigenen Trios von Sam, Nutty und Pollo laufend selbst. Aber jeder meiner Hunde wird anders gefüttert, denn einer - (Sam) - ist etwas futtermäklig, führt ein hartes Arbeitsleben, arbeitet aktiv mit schwierigen Hunden. Nutty wiederum ist genau das Gegenteil von Sam, nämlich das sprichwörtliche fette Weib von Jack Spratt; sie haßt überflüssige Bewegung, frißt jeden auf den Boden fallenden Krümel, verschlingt alles, was sie von unseren vier Jahre alten Zwillingen stiehlt. Reicht dies alles nicht aus, hat sie stets Zugang zum Pferdefutter, ja auch zu den Pferdeäpfeln! Pollo wiederum ist ein heranwachsender Junghund, auf dessen Fütterung wir besonders sorgfältig achten. Ehe ich einige praktische und spezifische Kriterien zur Hundefütterung darstelle, zunächst ein Blick auf die Grundregeln des Futterverhaltens und guter Ernährung. Es gibt zahlreiche Regeln, aber ich will ganz einfach die wichtigsten hervorheben, Wahrheiten, die leider manchmal übersehen werden.

Regel 1: Häufig füttern

Haben Hunde die Gelegenheit, häufig kleine Mahlzeiten zu fressen, dann tun sie es - sie sind sprichwörtliche »Knabberfresser«. Was für ein Gegensatz zur traditionellen Auffassung, wonach Hunde gierig alles hinunterschlingen! Diese Vorstellungen entstammen Beobachtungen, daß ein halb verhungerter Wolf, wenn er Jagdglück hat, eine geradezu gigantische Futtermenge aufnimmt. David Mech, der bekannte Wolfsforscher, beobachtete einen Wolf, der 40 % seines eigenen Körpergewichtes von einer Beute verschlang. Aber nur wenige Familienhunde hungern, und es stellt sich schnell heraus, daß sie recht tüchtige Kalorienzähler sind, wenn sie immer ein wenig fressen können, verdauen, absorbieren, dann erneut ein wenig mehr. Dies ist im Gegensatz zur Überflutung ein Tropfen-Futtersystem. Während meiner Forschungen hatten wir auch einige Hunde, die bis zu zwölf Mahlzeiten täglich eingenommen hätten, andere wiederum nur fünf, im Durchschnitt acht. Dieses Selbstfütterungssystem bei freiem Futterzugang arbeitet nur dann richtig, wenn das Futter dem Hund über ein Fütterungsgerät angeboten wird, so daß die Nahrung nicht herumfliegt, infiziert wird oder ganz einfach austrocknet. Für die Praxis bedeutet dies ein Produkt aus dem breiten Angebot von Komplettrockenfutter - im Gegensatz zum sonst angebotenen Feuchtfutter.

Würde man allerdings Nutty, meinem fetten Corgi, einen solchen Futterberg anbieten, wäre sie in kürzester Zeit abscheulich übergewichtig. Danach aber würde sie unter Beweis stellen, was Ernährungswissenschaftler »positive overshoot« nennen; nachdem sich zunächst ihr Körpergewicht vermehrt hätte, würden ausgleichende Mechanismen Nutty's Futtereinnahme ganz von alleine auf normalere Mengen reduzieren. Im Gegensatz hierzu würden die zwei Setter in meinem heutigen Leben, ebenso etwa die Hälfte aller Familienhunde, im Einklang mit ihrem Energieverbrauch bald die richtige Balance in der Futteraufnahme finden. Was bedeutet dies für die Praxis? Für eine Reihe von Hunden wäre die Möglichkeit, selbst zu bestimmen, wann immer und wieviel Futter sie aufnehmen wollen, eine ideale Fütterungsmethode. Auf diese Art bestimmt ihr eigener Körper - nicht der Hundebesitzer - wann und wieviel sie fressen.

Bei anderen Hunden wiederum bedarf es einer strikten Kontrolle der Kalorienaufnahme, für sie empfiehlt sich ein genau vom Besitzer bestimmtes Futtersystem. Das bedeutet jedoch nicht, sie sollten täglich nur ein Riesenmahl hinunterschlingen, besser sind zwei, drei oder - wenn Du die Geduld (die mir fehlt) hast, auch mehr. Ganz gleich, welche Art Hund Du Dein eigen nennst, fett oder dünn, verfressen oder Gourmet, die Regel sollte immer »wenig und oft« lauten.

Regel 2: Abwechslung, das Gewürz des Lebens

Während meiner Forschertätigkeit für die Futtermittelindustrie gehörte es zu meinen Aufgaben, Methoden zu entwickeln, mit denen man bei Hunden die Freude an Futtermitteln messen kann. Es mag bizarr klingen, aber ganz ernsthaft zeichnete ich über Videos auf, wie sich die Ruten der Hunde während der Mahlzeiten bewegten. Die Pausen zwischen den einzelnen Bissen wurden gemessen, die Größe jedes einzelnen Futterhappens, die Zeit, die der Hund mit Kauen und Hinunterschlucken verbrachte und vieles mehr. Ich sollte herausfinden, ob der Hund irgendwelche Präferenzen für bestimmte Futtermittel zeigte - fraß er die Marke X lieber als die Marke Y? Nach diesem und anderen Maßstäben war das tatsächlich wichtige Ergebnis, das sich aus meinen

Untersuchungen ergab, Hunde lieben Abwechslung, genießen neue Geschmacksrichtungen.

Gegenüber dieser Regel gibt es einige interessante Ausnahmen. Je furchtsamer und nervöser ein Hund ist, um so weniger ist er bereit, etwas Neues auszuprobieren. Je furchtsamer und vorsichtiger ein Tier, um so enger lehnt es sich an die Strategie der Wildhunde an, die vorsichtig verfügbare einzelne Futtermittel sammeln, dabei aufpassen müssen, daß sie keine möglicherweise vergiftete Nahrung aufnehmen. Als wir Menschen den Hund zähmten, beseitigten wir gleichzeitig derartige mißtrauische Vorsicht. Das wiederum ist der Grund, weshalb Haushunde so leicht gefährliche Chemikalien aufnehmen, die man zu Hause und in unseren Gärten zahlreich antrifft.

Auf die Praxis übertragen bedeutet dies, daß es vernünftig ist, den Typ, zumindest den Geschmacksstoff der Hundenahrung von Fütterung zu Fütterung zu wechseln. Besitzt man einen besonders schleckigen Hund, sollte man einmal das Sandwich-Konzept ausprobieren: Zunächst bietet man eine Probe des Futters X, gefolgt von einer zweiten von Y und möglicherweise dritten von Z. Das Ganze gestaltet man am besten, im Gegensatz zum typisch englischen »alles auf einen Teller packen«, wie eine Art Gourmettest in einem guten französischen Restaurant.

Regel 3: Ernährungskultur - Erfahrungen im Welpenalter bestimmen die Präferenzen über das ganze Leben

Welpen, denen man von Anfang an eine Vielfalt an Futtermitteln anbot, sind aufgeschlossener - weniger wählerisch in ihren Futtergewohnheiten als jene, denen von Anfang an nur ein eingeschränktes Angebot an Futtermitteln offenstand. Dieses Phänomen bezieht sich in erster Linie auf die ersten zwölf Lebenswochen, ehe das auf Gewohnheit aufgebaute Verhalten der Erwachsenen zum Tragen kommt. Die praktische Folgerung hieraus lautet, daß man Junghunden über die ersten Lebensmonate laufend wechselnde Futtermittelzusammensetzungen anbieten sollte. Hierdurch schafft man die Voraussetzung, daß diese Hunde auch im späteren Leben eine mannigfaltige Fütterung bevorzugen, allen Futterarten gegenüber aufgeschlossen sind. Auch gesundheitliche Erwägungen sprechen dafür, denn bietet man Welpen und Junghunden eine Vielfalt an Futterstoffen, baut dies eine breite Darmflora auf, die im späten Leben recht wirksam gegen Infektionen schützt.

Regel 4: Wasser - Grundlage des Lebens

Der allerwichtigste Faktor, den wir ermittelt haben, war daß, wie sehr Hunde ihre Nahrung genießen, von deren Feuchtigkeitsgehalt abhängt. Je mehr Wasser, um so schneller können sie die Nahrung schlucken, um so mehr wird sie bevorzugt. Nun - Wasser ist - in den meisten Ländern - sehr billig; es besteht keine zwingende Notwendigkeit, es in Büchsen einzukaufen, wenn man es recht preiswert aus der Leitung über das Futter gießen kann.

Durch einen Blick auf die Verpackung läßt sich schwer beurteilen, wieviel Wasser ein Hundefutter enthält. Es bedarf schon einiger mathematischer Begabung, man muß werbliche Aussagen richtig lesen, die genau den Prozentsatz an Proteinen, Fett, Kohlehydraten und »Asche« angeben, aber in der Regel den größten Futterbestandteil, das Wasser, vernachlässigen. Bei den meisten Büchsenprodukten kann der Wasseranteil mit bis zu 75 % relativ niedrig sein, verbreiteter trifft man Wassergehalt in Bereichen 80 - 84 % an; das bedeutet dann, nur 16 % des Büchseninhalts besteht aus nützlichen Nährstoffen. Seiner Haltbarkeit wegen muß Trockenfutter unter 10 % Wassergehalt haben, die meisten haben nur 7 - 9 % Wasseranteil. Schließlich gibt es noch einige Nebenprodukte, die heutzutage weniger populär geworden sind, sogenannte Halbfeuchtfutter; sie enthalten Salz, Zucker und Chemikalien, um Pilz- oder Bakterienbefall zu verhindern. Diese Futtermittel haben einen durchschnittlichen Feuchtigkeitsgehalt von 25 - 30 %.

Man muß wissen, Fleisch wie auch der ganze Hundekörper bestehen überwiegend aus Wasser. Der Wasseranteil von Fleisch liegt etwa bei 70 %, hieraus ergibt sich die Frage, warum die Futtermittelindustrie bei der Zubereitung von Hundefutter in Büchsen einen höheren Wasseranteil bietet. Technisch gesehen bräuchte man es durchaus nicht, dies läßt sich bei dem in Büchsen angebotenen traditionellen Corned Beef aus Südamerika ablesen, das nur einen Feuchtigkeitsgehalt von 55 % aufweist, mit anderen Worten zu 45 % aus nützlichen Nährstoffen besteht. Demgegenüber enthält eine typische Büchse industriell erzeugten Hundefutters im Vergleich zu Corned Beef, auf Trockenfutterbasis ausgedrückt, nur ein Drittel an nützlichen Nahrungsstoffen. Wenn man einfach nur äußerlich eine Scheibe Hundebüchsenfutter mit einer Scheibe Corned Beef vergleichen würde, käme man sicher nicht zu einer solchen Schlußfolgerung. Der Grund, weshalb man den Feuchtigkeitsgehalt von Büchsennahrung und den meisten anderen in Büchsen angebotenen Nahrungsmitteln so schwierig zu beurteilen vermag, liegt darin, daß die Futtermittelindustrie große Mengen an Geliermitteln (gelling agents) einsetzt. Dies sind natürliche Zusammensetzungen aus Seetang, Bohnen und anderen Stoffen, die Wasser binden, ihm Festigkeit geben - ganz ähnlich, wie man aus Gelantine Gelee herstellt. Mit anderen Worten, bei Büchsenhundefutter verliert der Verbraucher auf zweierlei Art: zum einen erhält er nur ein Drittel der Futtermenge, die er sich vorstellt, zum anderen bezahlt er für eine clevere Technologie, die Wasserüberschuß ein festes Aussehen verleiht, obgleich es sich um völlig nutzloses, glitschiges Gelee oder Soße handelt.

Regel 5: pflanzliche Fasern - iß brav Dein Gemüse
Wölfe und, Ihrer Abstammung nach, Hunde nennt man Fleischfresser (carnivores), aber natürlich fressen sie nicht alleine nur Fleisch. In der freien Natur habe ich in den USA Wölfe beobachtet, wie sie Persimmon-Früchte (tomatenähnliche Frucht) fraßen. Beobachtungen in der freien Natur zeigen, daß je nach saisonaler Verfügbarkeit Gräser, Wurzeln und Früchte zu einem recht wichtigen Bestandteil der wölfischen Ernährung werden. Bei unseren Hunden ist dies genauso - einige opfern für ein paar Äpfel alles, andere lieben eine Möhre, wieder andere bevorzugen Kohl; unser Corgi pflückt sich seine eigenen Brombeeren! Es gibt eine Reihe von Gründen, warum Hunde gerne Gemüse fressen, eine wichtige Erklärung ist, daß sie in ihrer Nahrung Faserstoffe brauchen. Aus den Forschungen von Dr. Denis Burkitt - einem berühmten Arzt aus Bristol - wissen wir, daß auch Menschen für ihre Ernährung Fasern brauchen. Interessanterweise ähnelt der Darm des Hundes dem des Menschen. Die Menschen entwickelten sich aus Jägern/Sammlern in den Ebenen, verzehrten Nahrung, in der fetthaltige, proteinreiche Bestandteile am besten durch pflanzliche Faserstoffe ausbalanciert wurden. Dies hält »alles in Bewegung« oder - wie Physiologen es ausdrücken - reduziert die »Durchlaufzeit«. Fasern gibt es in vielen Formen und Qualitäten. Alles hängt von der Länge der Kohlehydratketten (die sich aus zwei oder mehr Zuckermolokülen aufbauen) ab, unterstellt, daß die Faserstoffe aus Kohlehydraten wie etwa Zeralien stammen. Aber auch tierische Materialien enthalten Fasern, zum Beispiel Knorpel oder

Bindegewebe. Sie sind aber nicht so wirksam wie tierische Fasern, denn die Verdauungsenzyme des Darms können sie auflösen.

Auf Futtermitteln sehen wir oft den »Rohfasergehalt« angegeben. Wenn wir einmal die technischen Einzelheiten beiseite lassen, prüfen, was der Begriff »roh« besagt, nimmt man am besten an, daß es nützliche Faserbestandteile sind, Stoffe, die durch die Verdauungsenzyme unseres Hundes nicht aufgelöst werden, die verhältnismäßig unverändert den Verdauungstrakt des Körpers passieren. Zeralien sind die nützlichste Quelle von Rohfaser, gleich ob sie aus Kleie, Getreideschalen oder gar behandeltem Stroh stammen. Andere gute Rohfaserquellen sind Wurzelgemüse einschließlich der überall heimischen Möhre. Industriell wird Rohfaser aus Zuckerrüben in großen Mengen als Nebenprodukt der Zuckerindustrie gewonnen.

Immer bedeutet hoher Faseranteil voluminösen Stuhlgang - aber wer liebt es, hinter seinem eigenen Haushund elefantöse Kothaufen zu entfernen? Es kann experimentell bewiesen werden, daß ein Hund mit besonders niedrigem Faseranteil in seiner Nahrung dahin kommt, nur alle zwei bis drei Tage Stuhlgang zu haben, aber dieser Kot ist um so ekelerregender! Das rührt daher, daß sich unverdauliche Reststoffe im Enddarm, dem Colon, ansammeln, dies über zwei bis drei Tage, unangenehm verbunden mit Gas- und Giftstoffe erzeugenden Bakterien. Im Vergleich hierzu passiert Nahrung ein gesundes Verdauungssystem des Hundes innerhalb eines halben Tages. Deshalb bleibt für pathogene Bakterien weniger Zeit sich auszubreiten, ehe die Fasern alles nach draußen schaffen. Dies wiederum ist der Grund, warum der Stuhlgang von Hunden, die faserreich ernährt werden, so viel weniger unangenehm riecht als Kot aus konzentrierter Nahrung. Selbst die Würmer können den Unterschied feststellen. Faserreicher Stuhlgang wird schneller verzehrt, in den Boden zurückgeführt als der klebrige, gelantineartige, hochnitrogene, faserarme Stuhlgang eines Hundes, der auf faserarme Kost gesetzt ist.

Diese Tatsachen verleihen in der Praxis den meisten Trockenfuttern einen beachtlichen Vorteil. Man sollte aber immer kontrollieren, weil einige dieser Futtermittel gleichfalls einen niedrigen Fasergehalt haben. Die Mehrheit der Trockenvollwertfutter enthält jedoch mehr als 5 % Fasern, das ist ein richtiges Verhältnis. Natürlich ist es einfach, Deinem Hund zusätzliche Faserstoffe zu füttern, etwa gelegentlich durch eine Möhre, etwas Kleie oder sogar durch Beigabe von aufgelösten Papiertaschentüchern ins Futter. Der zusätzliche Bonus faserreicher Nahrung für Mensch wie Hund ist, daß der Wunsch, reichlich Nahrung aufzunehmen - sich zu »überfressen« - wesentlich geringer ist. Das Hungergefühl - »ich habe Hunger wie ein Pferd« - tritt viel seltener auf.

Regel 6: gemeinsame Mahlzeiten - eine wichtige soziale Einrichtung
In der freien Wildbahn ist die Jagd in der Regel Gemeinschaftsaufgabe, Nahrung erbeutet man durch die Jagd im Rudel. So war es bei meinen Forschungen keine Überraschung, als ich entdeckte, daß in Gruppen lebende Haushunde gleichfalls dazu neigen, ihre Ausflüge zu den Futterstellen zu synchronisieren. Außerdem zeigt es sich, daß der Umfang ihrer Mahlzeiten oder ihres Appetits immer größer war, wenn sie gemeinsam fraßen. Eine weitere interessante Feststellung bei unserer Beobachtung von Hundegruppen war, daß an gemeinsames Fressen gewöhnte Hunde niemals um Futter kämpften. Zugegeben - das Futterangebot war stets großzügig, diese Hunde lebten seit ihrem Welpenalter zusammen. Futterverteidigung und Futterstreit entstehen nur in Situationen, da der Futtervorrat gefährdet erscheint. In den meisten Haltungsverhältnissen un-

seres Haushundes sollte so etwas nie eintreten. Der Hund kann sicher sein, daß er alleine die ihm hingestellte Mahlzeit so lange fressen darf, bis er selbst damit aufhört. Bei meiner Beratung in der Verhaltenstherapie habe ich im Gegensatz zu den Ratschlägen in den meisten populären Hundebüchern empfohlen, den Hunden Futter nicht wegzunehmen und wieder zurückzugeben. Ebenso lehne ich es ab, Hunden, die dabei knurren, auf die Schnauze zu schlagen.

Am liebsten wäre mir, wir entwickelten bei der Fütterung unserer Hunde eine viel natürlichere Haltung. Ihre Mahlzeiten sollten gleichzeitig mit den unsrigen erfolgen, dadurch würden sie zum gemeinsamen Tun, nicht zum Wettbewerb. Mit Sicherheit werde ich den strikten Ratschlag eines Hundefachmanns und »Verhaltensspezialisten« mißachten, wonach man gegenüber dem eigenen Hund Dominanz und Autorität dadurch erwirbt, daß man ihn auf sein Futter warten läßt, bis der Mensch in Ruhe die eigene Mahlzeit verzehrt hat. Dies ist mit Sicherheit nicht der Weg, sich eng mit seinem Hund zu verbinden.

Abschließend noch ein Hinweis. Um das Wettbewerbsgefühl um Nahrung eines Hundes aufzuheben, könnte es ratsam sein, in der Hundeschüssel des jungen oder erwachsenen Hundes etwas weniger anzurichten als er wahrscheinlich zu fressen vermag oder braucht. Kommt er dann bei der Mahlzeit auf den Boden seiner Schüssel, schüttet man noch etwas zusätzliches Futter nach. So erkennt der Hund, daß der Mensch ihm »Manna« - das Gute - beschafft, er ist während der Mahlzeiten immer ein willkommener Partner. Mit anderen Worten, es ist viel besser, dem Hund etwas zusätzliche Nahrung zu geben als sie ihm wegzunehmen.

Regel 7: Proteine - über ihren Geschmack und Ernährungswert

Proteinreiche Futtermittel waren in den 1970er Jahren bei den Hundefutterherstellern und Nahrungswissenschaftlern die Regel. Durch nüchternes Nachdenken über den Hunger in der Weltbevölkerung, aber auch als Ergebnis klinischer Forschung über die Ursachen von Nieren- und Lebererkrankungen, hat sich dies verändert. Heute betonen die meisten Ernährungswissenschaftler, daß ein Überangebot an Protein sinnlos ist, daß der Hund ebenso leicht Proteine erschließen und »einzusparen« vermag wie der Mensch, daß es eine Verschwendung bedeutet, Proteine einfach nur als Energiequelle zu nutzen. Bessere und wirtschaftlichere Energiequellen sind in der Regel Kohlehydrate und Fett.

Ebenso wichtig wie die Proteinmenge ist die Proteinqualität. Proteinqualität ist primär abhängig von sorgfältig ausbalancierten Aminosäuren, den Bausteinen, aus denen Proteine zusammengesetzt sind. Wird Futter durch die Extreme von Hitze, Säure oder über längere Lagerzeiten durch mikrobiologische Entwicklungen geschädigt, vermindert sich gleichzeitig der biologische Wert, die Proteinqualität. Insbesondere Aminosäuren am Ende der Proteinketten fallen scharf ab, teilweise wird die Proteinkette selbst chemisch aufgebrochen.

Hinsichtlich der Qualität der verschiedenen Proteine wurde beachtliche Forschungsarbeit geleistet. Die Proteine von frischem Fleisch liegen in der Regel qualitativ hoch. Wird dieses Protein aber während der Produktion großer Hitze ausgesetzt (beispielsweise beim Abfüllen in Büchsen), kann hierdurch die Qualität geradezu drastisch abfallen. In frischem Fleisch ist normalerweise 90 % Protein typisch, nach extremer Erhitzung kann es bis auf 60 % abfallen. Weiterhin beeinflußt die Proteinquelle den biologischen Wert. Bindegewebe, Haut und Organe wie Lungen besitzen einen

Abb. 49 bis 51: Pollo mit seiner Furcht vor einem quietschenden Gatter; vor dem offenen Tor hält er an. Das geschlossene Gatter gibt neuen Mut - also durch geht's! (Seite 28)

Abb. 52 bis 54: Shula stahl Futter. Zu Anfang der Erziehung (52) lief sie in Richtung Korb (53). Das Wurfgeschoß flog! Schuld an dieser unangenehmen Überraschung ist immer der Korb, nie der sich völlig still verhaltende Besitzer (54)

Abb. 55 bis 56:
Pollo macht es Spaß, Pferde zu
ärgern. Die Klapperbüchse lehrt
ihn besser und sicherer als der
Pferdehuf vorsichtig zu sein
(Seite 190)

Abb. 57:
Bürst - unglücklich mit seiner schlecht informierten Halterin und den Stacheln in seinem Nacken (Seite 50)

Abb. 58:
Ist es ein Dominanzversuch oder einfach hundliche Klugheit, das Auto zu blockieren, um seinen Herrn am Verlassen des Hauses zu hindern?

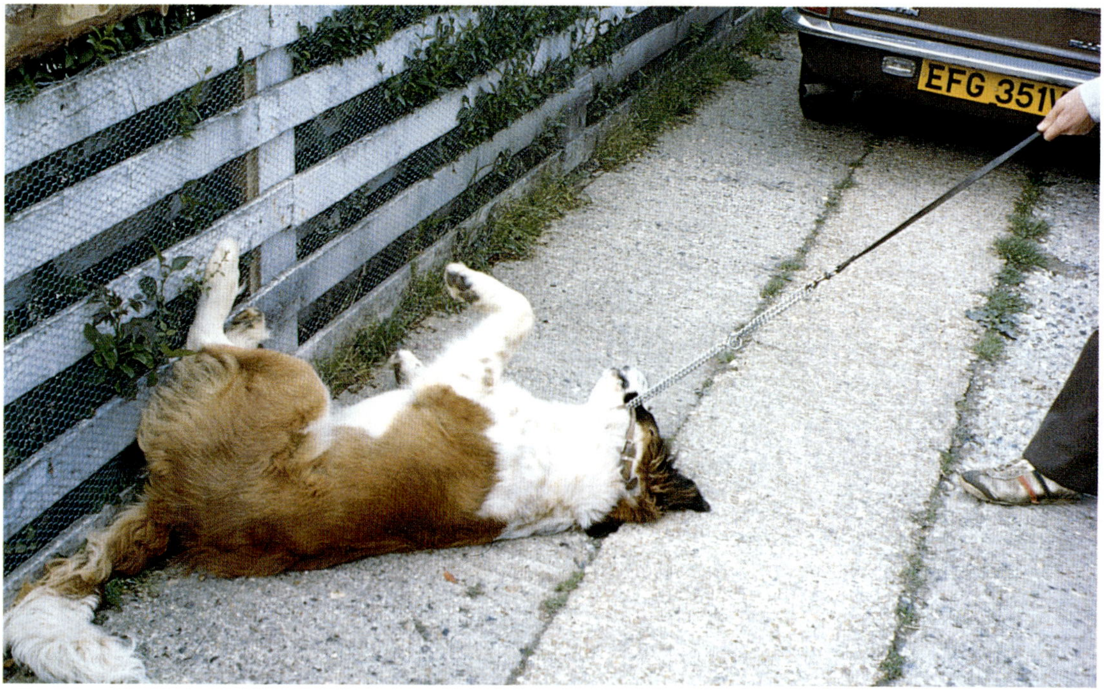

Abb. 59:
Der territoriale imperative
Zwang! Vorsicht vor dem Hund!
(Seite 165)

Abb. 61:
Gleich ist die Post da

Abb. 60:
Ein Autos hassender Collie erhält seine notwendige Lektion
(Seite 190)

Abb. 62 und 63:
Ein Collie wird von seinem Fußfetischismus durch richtig eingesetzten Dog Stop Alarm befreit! (Seite 139)

Abb. 64:
James und Harry Mugford völlig furchtlos, was man von meinem Patienten nicht so bestimmt sagen kann

Abb. 66:
Sam als Friedensstifter mit
seinem Gehilfen Pollo, der sich
auf seine Karriere als
Verhaltenstherapeut vorbereitet

Abb. 67:
Übersehen und zurückgewiesen
werden ist eine harte Strafe
(Seiten 49 und 51)

Abb. 68:
Sam und Pollo in fröhlichem
Spiel

niedrigeren biologischen Wert als qualitätvolles Muskelfleisch. Solche Unterschiede werden durch die Deklaration des Prozentsatzes an Proteingehalt auf der Verpackung in keiner Weise ersichtlich. In der Regel enthalten Büchsenfutter 7 - 9 % Protein, bei Trockenvollwertfutter liegt der Proteingehalt meist zwischen 18 und 40 %. Die verschiedenartigen Feuchtigkeitsgrade machen den deklarierten Proteingehalt bedeutungslos. Da bei Hundefutter die Proteinqualität nahezu niemals objektiv deklariert wird, kann der Verbraucher ganz einfach die verschiedenen Marken nicht vergleichen. Nur als besonders einleuchtendes Beispiel: Schuhleder ist reich an Proteinen, aber für die Hundeernährung von sehr niedrigem Wert!

Als Verbraucher müssen wir den Hundefutterherstellern viel Vertrauen schenken, hoffen, daß sie gewissenhaft frische Nährstoffe für ihre Produkte einsetzen, die weder in Herstellung noch Lagerung Schaden nehmen. Das heute in England geltende Gesetz zur Kennzeichnung macht solche feinen Unterschiede nicht, aber Tierärzte und Hundezüchter sollten sich sorgfältig informieren, welche Produkte zufriedenstellend sind, welche den Erwartungen nicht entsprechen. Geradezu dringendst brauchen wir eine neutrale Instanz, die objektive Informationen über die verschiedenartigen, auf dem Markt verfügbaren Hundefuttermittel vermittelt.

Wenn ein hoher Proteingehalt nicht notwendigerweise Qualität bedeutet, warum wird bei den heute in Büchsen angebotenen Hundefuttern der Fleischbestandteil so stark hervorgehoben? Die Gründe liegen teilweise ganz einfach in wirtschaftlichen Erwägungen über Verfügbarkeit von Abfallfleisch, Blut und anderen Nebenprodukten, die innerhalb der Industrie beim Schlachten von Tieren anfallen. Würden diese Produkte nicht zu Futtermitteln, Würsten und Sülze weiterverarbeitet, müßte man sie wegwerfen oder in niedrigwertigere Produkte wie Dünger oder Futtermittel für die Landwirtschaft weiterverarbeiten. Hinzu kommt die Frage der Schmackhaftigkeit - es gibt überhaupt keinen Zweifel, daß Hunde Fleisch lieben. Die Details, was Hunde besonders mögen, wurden durch die Wissenschaftler der Futtermittelindustrie sorgfältig erforscht. Dabei stellte sich heraus, daß alles letztendlich von der sogenannten »Maillard Reaktion« abhängig ist, der Reaktion freier Aminosäuren mit verschiedenen Zuckern. Hieraus entsteht zum Beispiel das Aroma von gebratenem Fleisch und anderen interessanten Geschmacksstoffen, die Hunde so stark anziehen. Heute lassen sich diese Geschmacksstoffe synthetisch erzeugen. Sie sind für Hunde genauso appetitlich wie Produkte, die auf dem häuslichen Herd zubereitet werden. Viele industrielle Hunde- und Katzenfutter enthalten solche synthetisch hergestellten Geschmacksstoffe. Sie besitzen keine andere ernsthafte Funktion als die Tiere zu ermuntern, sich vollzufressen, erkennbare Freude an ihren Mahlzeiten zu haben, was in den Augen der liebenden Hundebesitzer wie Du und ich so attraktiv wirkt.

Zu viel Protein ist für Hunde schlecht, ganz besonders in reiferen Jahren, wenn die Nierenfunktion möglicherweise angeschlagen ist. In unserem »Animal Behaviour Centre« haben wir deutliche Hinweise gefunden, daß hochproteinhaltige Futterstoffe bei einigen Hunden kurz nach der Mahlzeit zu massiven Vehaltensänderungen führen können. Hundepensionen, die ihre Fütterung von niedrigproteinhaltigen auf hochproteinhaltige Trockenfutter umgestellt haben, berichteten über geradezu bizarre Veränderungen im Verhalten ihrer Langzeitbewohner. Ein Manager eines Tierheims erzählte mir, daß die meisten seiner Collies und Collie-Mischlinge »gegen die Wände liefen«, als er die Fütterung auf ein landesweit beworbenes proteinreiches, niedrigfasriges Hundetrockenfutters umstelle.

Um das Ganze zusammenzufassen - Hunde sind Allesfresser, sie lieben Abwechslung, sie fressen am liebsten wenig und oft, sie halten ihre Mahlzeiten am liebsten mit uns. Die meisten Hunde lassen sich leicht füttern, begnügen sich mit den meisten Futterstoffen, die man ihnen vorsetzt. Ich würde jedoch nicht all mein Vertrauen in irgendeine bestimmte Futtermittelmarke setzen, empfehle vielmehr, zwei oder drei verschiedene Marken in aufeinanderfolgenden Mahlzeiten zu verfüttern.

Die Wissenschaft der Ernährung von Hunden mit bestimmten Erkrankungen hat sich in den letzten Jahren geradezu enorm entwickelt. Tierärzte haben Zugang zu Futtermitteln, die speziell für diabetische Patienten entwickelt wurden, für Hunde mit Erkrankungen von Nieren, Haut, für Allergiker (ein wichtiges und immer bedeutender werdendes Problem), für futtermäklige Hunde und Rekonvaleszenten. Die Futtermittelhersteller, die derartige Futterstoffe fabrizieren, untermauern die Qualität ihrer Produkte durch detaillierte Forschungsergebnisse - in wesentlich größerem Umfang als die Hersteller von regulärem Hundefutter für den Supermarkt. Braucht man speziellen Rat über die Fütterung seines Hundes, sollte man sich in dieser wie in vielen anderen Fragen mit dem Tierarzt beraten.

Spezielle Fütterungsprobleme

Viele Hunde schleppen die birnenförmigen Körperlinien ihrer Herren mit sich herum, andere huldigen dem »Twiggy Look«, und eine ganze Reihe von Hunden wird sich beträchtlich unwohl fühlen, wenn sie zuviel an falschem Futter aufnehmen. Die Parallelen zu den jüngsten Forschungsergebnissen über menschliche Ernährung und Psychiatrie ist recht bemerkenswert. Bis zum Ende möchte ich mich besonders mit drei praktischen Problemen befassen.

Der gierige Fresser

Fettleibigkeit ist bei Hunden zuweilen eine tödliche Krankheit. Sie kann den Ausbruch von Diabetes bewirken, das Muskel/Skelettsystem übermäßig belasten, bei heißem Wetter Atmungsprobleme auslösen, die wiederum zu Herzversagen führen - und anderes mehr. Im Gegensatz zur allgemeinen Vorstellung sind fette Hunde in aller Regel unglückliche Hunde. Deshalb solltest Du Deinen Tierarzt um Rat fragen, wenn Dein Hund Fettröllchen ansetzt. Du solltest ein Schlankheitsprogramm und eine Ernährungsumstellung zur Gewichtsreduzierung ausarbeiten.

Nicht viele Hundebesitzer besitzen Waagen, die genau und groß genug sind, um Hunde darauf zu wiegen. Der gut ausgerüstete Tierarzt sollte aber für diese Aufgabe die richtige Waage haben. Eine einfache Methode, Hunde (die nicht zu groß sind) zu wiegen, bietet die Badezimmerwaage. Wiege Dich selbst, hebe dann den Hund hoch, wiege Dich selbst mit Hund und ziehe die erste Zahl von der zweiten ab. Um die Futteraufnahme zu berechnen, ist es am einfachsten, das Körpergewicht in Kilogramm, die Futteraufnahme in Gramm auszudrücken.

Angenommen Dein Hund wiegt 15 kg, sollte aber 10 kg wiegen, dann hat dieses arme Geschöpf irgendwo 5 kg loses Fett herumhängen, diese müssen weg. Du kannst Dir vom Tierarzt Spezialfuttermittel zur Abmagerung besorgen, es ist aber auch möglich, einfach seine normalen Futterrationen zu kürzen. Als ganz einfache Faustregel - füttere nur noch zwei Drittel seines für das angezielte richtige Körpergewicht notwendigen Erhaltungsenergiebedarfs, tue dabei so, als wäre er bereits ein zehn Kilogramm wiegender Hund. Der tägliche Erhaltungsenergiebedarf (maintenance energy requirement = MER) läßt sich nach der Formel 60 x Wtkg + 40 ausrechnen - diese Formel nimmt bei Hunden verschiedener Schulterhöhe Rücksicht auf Änderungen im Verhältnis zwischen Körpergewicht und Körperoberfläche. Hunde haben einen MER, der zwischen 50 kcal/kg/Tag und 100 kcal/kg/Tag streut. Die letztere, höhere Zahl bezieht sich auf kleine und aktivere Hunde, während die niedrige Zahl typisch für die etwas lethargischen Haushunde großer Rassen ist.

Unser 15 kg Hund (der 10 kg wiegen sollte) hat einen täglichen Erhaltungsenergiebedarf (MER) von 74 kcal/kg - im Normalfall sollte seine tägliche Futteraufnahme damit bei 740 kcal liegen. Da wir aber entschieden haben, ihn auf richtiges Gewicht herunterzuhungern, füttern wir nur zwei Drittel des Normalbedarfs - das heißt hier also nur 500 kcal/Tag.

Natürlich können wir unseren Hunden ihr Futter nicht in Kalorienform anbieten, wir füttern in abgewogenen Futtermengen. Du mußt wissen, daß einzelne Nahrungsmittel in ihrer Energiedichte stark voneinander abweichen, zwischen 350 kcal/100 g für viele Trocken- und Halbfeuchtfuttermittel bis herunter zu 75 kcal/100 g für »Premiumfutter in Büchsen«. Als groben Hinweis - eine im Volumen gleiche Menge hochpreisiges, nicht auf Zeralien aufgebautes Büchsenfutter und eine »Mixer Biscuit Mischung« bieten eine Energiedichte von 150 kcal/100 g. Von dieser Mischung sollte unser Abmagerungskandidat erhalten:

$$\frac{740 \times 0{,}66 \times 100}{150} = 326 \text{ g Büchsenfutter mit Biscuit Mixer}$$

Füttern wir den gleichen Hund alternativ mit einem Komplettrockenfutter, ergibt sich nachfolgende Futtermengenkalkulation:

$$\frac{740 \times 0{,}66 \times 100}{350} = 140 \text{ g}$$

Wöchentlich muß der Hund gewogen werden, Ziel ist 1 %, maximal 2 % Gewichtsverlust pro Woche. Bei unserem Beispiel haben wir die Aufgabe, wöchentlich das Körpergewicht um 100 - 200 g zu reduzieren; Ausgangspunkt sind 15 kg, das Zielgewicht liegt bei 10 kg. Ist dieses Ziel erreicht, wird nach und nach die tägliche Futtermenge auf 100 % des Erhaltungsenergiebedarfs angehoben.

Während dieser Abmagerungskur wird der Hund hungriger als gewöhnlich sein, er könnte zu stehlen versuchen, Menschen anbetteln, bei jedem um Hilfe suchen, um seine Abmagerungskur zu unterbrechen. Folgende Tips, welche die Abmagerungskur für Hund wie Menschen erträglicher machen:

Mehr Bewegung, hierdurch sammelt der Hund vor seinen Mahlzeiten interessante Erlebnisse außer Haus, Ablenkungen, um sein ständiges Futtersuchverhalten zu unterbrechen.

Mehrere Mahlzeiten sind besser als einmal täglich eine große Mahlzeit.

Faserreiche Ernährung verschafft dem Hund während der Abmagerungskur für seinen Verdauungsapparat zusätzliche Arbeit.

Ergänzungskauen. Wilde Hunde müssen beim Fressen häufig das Fleisch vom Knochen reißen, fressen auch den Knochen selbst. Dies bedeutet, daß sie bei ihren Mahlzeiten beträchtliche Kauarbeit leisten. Die feinstrukturierten Mischungen so vieler moderner, vorbereiteter Hundenahrungen verlangen sicherlich nicht die gleiche Arbeitsleistung mit eigenen Zähnen wie ein ganzer Tierkörper; deshalb ist es sicherlich ein richtiger Gedanke, dieses Kauen auf weiche, aber nicht nahrhafte Gegenstände wie Gummispielzeuge umzulenken. Es gab und gibt innerhalb der Tierärzteschaft immer eine lebhafte Debatte, ob es richtig ist, Hunde Knochen kauen zu lassen. Viele Hunde leiden unter Verstopfungen, und als Ergebnis des Kauens harter Knochen treten zuweilen Zahnprobleme auf. Hast Du einen »vernünftigen Hund«, der geduldig die Knochen abnagt anstatt zu versuchen, sie aufzusplittern, solltest Du ihm große Rinderbeinknochen geben, besser roh als gekocht. Das Kochen verhärtet Knochen, läßt sie leichter zwischen den Hundezähnen splittern. Das Kong-Spielzeug wird aus natürlichem Gummi hergestellt, bietet Hunden einen interessanten Kauersatz; es ist weich und kann intensiver bekaut werden als selbst natürliche Knochen. Alternativ bieten Kaustücke aus ungegerbtem Leder wahrscheinlich einen recht nützlichen Reinigungseffekt auf der Oberfläche der Hundezähne, helfen dabei, Futterreste und Zahnstein zu entfernen.

Bestrafung von Futterstehlen aus dem Hinterhalt? Die populäre Hundeerziehungsliteratur ist angefüllt mit verschiedenen Methoden, wie man Hunde beim Futterstehlen strafen soll. Empfohlen werden Mausefallen mit Ködern, rasselnde Konservenbüchsen, die auf den Hund herunterstürzen, wenn er den Sonntagsbraten stiehlt. Elektroschocks werden an der Kühlschranktür angebracht, wenn der Hund gelernt hat, sie zu öffnen und ähnliches mehr. Ich bin ziemlich sicher, daß die Autoren, die solche Techniken vorschlagen, sie kaum selbst in der Praxis erprobt haben - nach meiner Erfahrung sind sie alle überflüssig, möglicherweise gefährlich, in der Regel nicht einmal erfolgreich.

Eine andere Methode, die oft empfohlen wird, um einen Hund davon abzuhalten, bestimmte Nahrungsmittel (zum Beispiel Würste) zu stehlen, lautet, diese Lebensmittel mit heißer Pfeffersoße oder Senf zu verekeln. Derartige Vorschläge gehen von einem sehr niedrigen Intelligenzgrad eines Hundes aus, wonach er nicht fähig wäre, zwischen senfbeschmierter und frischer Wurst zu unterscheiden. Nach meiner Erfahrung entwickelt auch diese Methode sich stets zum Flop.

Viel besser ist es, die der Gier des Hundes zugrunde liegenden Ursachen als Symptome zu sehen, den Einzelfall zu behandeln. Wichtiger ist, Futter sicher wegzupacken, Schubladen und Kühlschränke mit zuverlässigen Verschlüssen zu versehen, nichts auf dem Tisch herumstehen zu lassen.

Hundezahnpflege. Abschließend empfehle ich für alle Hunde unterschiedslos nach den Mahlzeiten, in der auf Seite 141 beschriebenen Art Zahnpflege zu betreiben.

Es bedarf wohl keiner nochmaligen Betonung, daß Leckerbissen bei der Erziehung von exzessiv futterorientierten Hunden verboten sind. Ihr Sabbern in Erwartung eventueller Leckerbissen ist eine körperliche wie seelische Grausamkeit, möglicherweise auch für Teppiche und Kleider schädlich, auf denen der sabbernde Hund seine Schnauze abwischt.

Der futtermäklige Hund

Nach meiner Schätzung sind etwa 10 Prozent unserer Familienhunde schleckig - futtermäklig. Sie nehmen nur besonders schmackhafte und verfeinerte Futtermittel, bestehen in Extremfällen sogar auf Fütterung aus der Hand. Dies ist nicht nur für den Hund ungesund, sondern oft auch für das Familienbudget teuer. Für den Hundehalter wird es recht ermüdend, wenn er sich den Anklagen wohlmeinender Hundeliebhaber ausgesetzt sieht, er lasse seinen Hund verhungern. Von diesem Problem kann ich wirklich aus umfassender Erfahrung sprechen. Ich besaß zwei Irish Setter, die in ihren früheren, mageren Jahren beide eher aussahen wie gelblich-rotbraune Knochengerüste als der Stolz oder die Freude eines Tierexperten! Ich hatte reichlich Gelegenheit, die beeinflussenden Faktoren zu bestimmen, welche den Appetit von Hunden wie Sam und seinen Vorgänger Bip anregten oder niederdrückten. Nachstehendes lehrten mich meine Hunde:

Warme Mahlzeiten.
Wenn man das Futter auf Körpertemperatur anwärmt, vermehrt dies seine Schmackhaftigkeit; aus der Sicht eines Wolfes kann man dies mit einer frischen Beute anstatt eines kalten Kadavers vergleichen.

Wenig Futter.
Es mag paradox klingen, aber man sollte nie versuchen, einen mäkligen Hund zu veranlassen, mehr zu fressen als er möchte. Statt dessen bietet man, entsprechend vorausgegangener Erfahrungen, immer etwas weniger als man vermutet, daß er vollständig aufnimmt. Auf diese Art bleibt immer noch etwas Appetit ungestillt, hat der Hund ein unsicheres Gefühl, ob sein Fressen ausreicht. Bei Erfolg dieser Methode wird nach und nach - immer sehr geringfügig - das angebotene Volumen vermehrt. Keinesfalls sollte man dem Hund eine Riesenauswahl an Futtermitteln anbieten, woraus er sich dann über den ganzen Tag einige Leckerbissen auswählen könnte.

Seltene Fütterung.
Dieser Rat ist das genaue Gegenteil von dem, den ich für futtergierige Hunde erteile. Wählerische Hunde erhalten täglich eine, allerhöchstens zwei Mahlzeiten, keine Verteilung auf mehrere kleine Mahlzeiten. Diese Maßnahme wird noch durch eventuell mögliche Fütterung im Wettbewerb (siehe unten) verstärkt.

Wettbewerb steigert den Appetit.
Besitzt Du eine Katze, die mit dem Hund auf gutem Fuß steht, sollte man beide Seite an Seite, ja sogar aus der gleichen Schüssel füttern. Katzen sind als Auslöser wettbewerblicher Instinkte bei Hunden ganz großartig. Mein leider viel zu früh verstorbener Setter Bip wäre dem Hungertod nahe gekommen, wenn unsere Tabby-Katze Boots nicht in der Nähe gewesen wäre, um mit ihm die Futterschüssel zu teilen. Was man aber keinesfalls tun sollte, ist sich selbst als Futtermitbewerber mißbrauchen zu lassen, zu hoffen, dadurch die Futteraufnahme zu erleichtern. Wenn man dies einmal anfängt, wird die persönliche Anwesenheit zwingend, man wird zum Sklaven, zum Kindermädchen des Hundes. Normalerweise sollte man nicht aus der Hand füttern, es sei denn, der Hund befindet sich wirklich am Rande des klinischen Hungertodes; in solchen Fällen bedarf es dringend tierärztlichen Rates. Das gleiche gilt für psychische Störungen.

Konzentrierte Futtermittel.
Der energieregulierende Mechanismus des Körpers läßt sich leicht prüfen, wenn man Nahrungsmittel von hohem Fettgehalt, hoher Energiedichte anbietet. Gleich welche Futterzusammenstellung man bisher für den Hund gewählt hat, durch Zusatz von tierischen oder pflanzlichen Fetten - Fett von gebratenem

Fleisch oder Zugabe von Sonnenblumenöl - kann die Energiedichte verstärkt werden. Zusätzlich kann man Nahrungsmittel verwenden, die einen niedrigen Fasergehalt haben.

Die Dinner Party. Für die Hunde sollte die Fütterung eine Partyzeit sein, die Mahlzeiten sollten gleichzeitig mit denen ihrer Menschen erfolgen. Wenn es hilft, kann man wählerische Hunde notfalls neben dem eigenen Eßtisch füttern.

Die Schönheit der Hunde liegt weitgehend im Auge ihrer Besitzer - was für den einen wie ein Whippet, der dem Hungertod nahe ist, aussieht, ist für den anderen ganz einfach schlanke, körperliche Vollendung. Im körpereigenen Mechanismus, der den Appetit auslöst, über Fressen oder Fasten entscheidet, variieren die einzelnen Hunderassen außerordentlich stark. Du und ich, wir sind uns sicherlich einig, daß mein Corgi Nutty fett ist, aber ihr »Ponderostat« (körpereigener Mechanismus) ist anders programmiert. Ähnliches gilt für den schlanken Whippet oder Saluki. In erster Linie sollte man sich fragen, ob sich der Hund glücklich fühlt, gesund ist, ehe man sich ein Programm strikter Abmagerung oder Gewichtsergänzung zur Vollendung der Körperformen seines Hundes ausdenkt.

Ernährung und Verhalten unseres Hundes

In der medizinischen Literatur gibt es zahlreiche Beispiele, wonach unsere Psyche durch unsere Ernährung beeinflußt wird. In einigen Fällen können die Auswirkungen ganz extrem sein, beispielsweise wenn überempfindliche Individuen Farbstoffe wie Tartrazine (E 102) mit der Nahrung aufnehmen. In kürzester Zeit können dramatische Stimmungsänderungen eintreten. Die Möglichkeit, die Stimmung eines Hundes durch das, was er frißt, beeinflussen zu können, hat mich immer fasziniert. Heute gibt es einen laufend sich erweiternden klinischen Nachweis, der zu der Vermutung berechtigt, daß derartige Veränderungen tatsächlich möglich sind. Einige Hunde sind gegenüber spezifischen Futterkomponenten allergisch, zum Beispiel gegen tierisches Protein bei der Fleischfütterung, gegen ein Geliermittel oder eine bestimmte Kohlehydratquelle (zum Beispiel Kleberweizen). Die Auswirkungen können recht auffällig sein, zum Beispiel Durchfall, Hautprobleme, Übelkeit, Depression oder Übererregbarkeit auslösen.

In den Gründungsjahren unserer Therapiepraxis zeigte sich bei meiner Forschung ein klarer Zusammenhang zwischen dem, was einer Reihe von unberechenbaren, manchmal aggressiven Golden Retrievern gefüttert wurde, und ihrem Verhalten. Wurden die Hunde mit proteinreichem Büchsenfutter ernährt, zeigten sie sich launisch, zeitweise depressiv oder gefährlich aggressiv. Wurde ihre Ernährung auf eine einfache, selbst zusammengestellte und mäßig proteinreiche Nahrung umgestellt, verschwanden diese Symptome. Nach diesen ersten Entdeckungen an Golden Retrievern haben wir viele andere plötzliche, »wie ein Wunder aussehende« Veränderungen als Ergebnis von Futterumstellungen beobachtet. Hierbei handelt es sich um recht komplizierte Zusammenhänge. Viele Faktoren spielen zusammen, beispielsweise Hunderasse, verschiedenartige gastro-enterologische Zusammenhänge im Hundekörper, frühe Empfindlichkeit gegenüber bestimmten Nahrungsmitteln und vieles andere mehr. In unserem Animal Behaviour Centre empfehlen wir nachstehende niedrigproteinhaltige Ernährung, um mögliche Verhaltensstörungen in Verbindung mit der Ernährung abzuklären:

1. Ein Teil gekochtes weißes Fleisch; Huhn, Schaf, Fisch oder Kaninchen.
2. Vier Teile gekochter weißer oder brauner Reis, alternativ Kartoffelbrei.
3. Eine Vitamin-Mineral-Mischung.
4. Pflanzliches Öl, zum Beispiel Sonnenblumenöl - je 10 kg Körpergewicht einen Teelöffel

Zeigt sich aufgrund dieser Mischung eine positive Verhaltensänderung, kann diese Ernährung auch auf Dauer beibehalten werden. Alternativ erhält man Futter mit niedrigem Proteingehalt in Trockenform oder Büchsen durch die Tierärzte.

10

Ausstattung:

gut, schlecht bis tierquälerisch

Bei der Entwicklung richtiger Ausrüstung zur Kontrolle und Ausbildung von Pferden hat der Mensch Großartiges geleistet; für jeden Spezialzweck gibt es eigene Entwürfe von Zügeln, Trensen, Sätteln und all dem übrigen. Für bestimmte Pferdecharaktere, für Spezialprobleme oder Stilarten des Reitens wurden von den Pferdefreunden ganz spezielle Kopfstücke entwickelt. Aus unverständlichen Gründen haben Hunde bisher die Phantasie der Ausstatter nicht ähnlich angeregt, darunter hatten sie über viele Jahre zu leiden. Aber die Zeiten haben sich geändert. Über das letzte Jahrzehnt haben einige völlig neue Entwicklungen Haltung und Wohlergehen der Hunde geradezu entscheidend positiv beeinflußt. Speziell entwickelte Ausstattungstechnologie vermag viel zur erfolgreichen Hundeausbildung beizutragen.

Klapperbüchsen

Die Müllabfuhr muß weltweit tagtäglich schätzungsweise eine Billion Büchsen, die von der Nahrungsmittel- und Getränkeindustrie auf den Markt gebracht werden, entsorgen, nur wenige werden echt recycelt. Jeder Hundefreund kann hier eigene Initiativen entwickeln, das Müllproblem zu erleichtern, indem er die an Ringen zu öffnenden Büchsen der Getränkeindustrie einem neuen Zweck zuführt - als Klapperbüchsen für die Hundeerziehung.

Werfe vier Kieselsteine in die Büchse und klebe ein Stück Pflaster oder Klebeband über die Trinköffnung. Am besten machst Du gleichzeitig mehrere Klapperbüchsen fertig, versuchst gleiche Büchsenart und Büchsengröße, die gleiche Anzahl und Größe von Kieseln zu verwenden, so daß alle Büchsen gleichartig klappern. Wird die Büchse während des Gebrauchs beschädigt, weist sie scharfe Kanten auf, wirf sie zum Abfall und präpariere eine neue.

Eine solche Klapperbüchse wird zur geradezu klassischen Stimulans, einem Unterbrecher, der die augenblickliche Handlung des Hundes stoppt, ist eine Warnung an ihn, daß Gefahr droht, ein Ersatz für das Wort »Nein« von menschlichen Lippen. Die Grundkonzeption, bei der Hundeerziehung einen Gegenstand zu werfen, ist keinesfalls neu - bereits Konrad Most gebrauchte Ketten, um sie nach Hunden zu werfen. Andere haben empfohlen, sogenannte Ausbildungsdiskus, Wellington-Stiefel, ja sogar Schlüsselbunde zu werfen. Das Ziel war, bei dem erstbesten falschen Handeln mit diesem Gegenstand den Hund zu treffen. Für Oberst Most und viele Hundeausbilder, die seinen Vorschlag aufgriffen, war die Wurfkette der geeignete »Verstärker«, damit der Hund auf das Kommando gehorchte.

Mein Einsatz der Klapperbüchse ist etwas völlig anderes. Die Zielsetzung ist, im Hund eine Art abergläubische Furcht vor dem Klappern dieser Büchse auszulösen - und zwar durch die akustische Überraschung, nicht durch Wurf auf den Körper. Durch Wiederholung und Überraschungseffekt entwickelt sich nach und nach bei dem Hund ein solider Respekt. Aber nie solltest Du Fido Gelegenheit geben, zu entdecken, daß richtig gesehen diese Büchse eben nichts anderes ist als eine Blechbüchse.

Sowohl vom Standpunkt der Verhaltenstherapie wie der Hundeerziehung geben wir der Klapperbüchse gegenüber einem Schlüsselbund, einem Schuh oder einer Kette den Vorzug - Büchsen sind leicht, nicht hart, rund und billig. Wenn Du versehentlich falsch wirfst, der Hund durch die Büchse doch getroffen wird, schadet es ihm in keiner Weise, wogegen Ketten, Metalldiskus oder kantige Schlüssel Verletzungen auslösen können.

Die Erziehung mit der Klapperbüchse kann in jedem Alter beginnen, am einfachsten beim jungen Welpen - etwa im Alter von zwölf bis dreizehn Wochen; die Büchse tritt anstelle des Wortes »Nein«. Die Anwendungsweise ist für Welpen wie erwachsene Hunde die gleiche; Unterschiede bestehen nur in der Richtung, daß Junghunde schneller eine stabile, langandauernde, geradezu klassisch ausgelöste Reaktion der Büchse gegenüber zeigen, viel schneller als Erwachsene. Nach unseren Erfahrungen im Animal Behaviour Centre gelingt uns unter fünf ausgewachsenen Hunden bei einem nicht, eine langfristige, stabile Reaktion gegenüber der Klapperbüchse aufzubauen, wogegen die Fehlerquote bei Welpen niedriger als ein Welpe unter zwanzig liegt.

Die erste Begegnung Deines Hundes mit der Klapperbüchse ist die kritischste, sie bestimmt für die Zukunft die Wirksamkeit der Büchse als negatives Verstärkungsinstrument. Im Idealfall hat der Hund überhaupt nicht beobachtet, daß Du eine Büchse bei Dir hast. Vermeide zufälliges Klappern, gestatte Deinem Hund nicht, die Büchse zu untersuchen. Am besten trägst Du die Büchse heimlich in der Tasche oder an einer Stelle, wo Du sie leicht erreichst. Im gleichen Augenblick, da der Hund eine unerwünschte Tätigkeit beginnt, etwa Hochspringen, Weit-Voranlaufen, beim Bei-Fuß-Erziehen oder Stehlen des Katzenfutters, wirfst Du die Büchse im Umkreis von etwa einem Meter neben den Hund. Hebe die Büchse sofort wieder auf und stecke sie weg - gestatte keinesfalls dem Junghund oder Erwachsenen, damit zu spielen. Wiederhole diese Übung bei zwei - höchstens fünf weiteren Gelegenheiten; bis zu diesem Zeitpunkt sollte sich bereits zuverlässig und andauernd beim Hund ein Respektgefühl einstellen. Über die ganze Erziehung mußt Du selbst völlig ruhig bleiben, Deine Stimme sollte nicht mit dieser negativen Erfahrung in Zusammenhang stehen. Beispielsweise darfst Du keinesfalls den Namen des Hundes rufen, ebenso wenig die Kommandos »Nein!« oder »Pfui!«.

Beruhige Deinen Hund, wenn seine Reaktion stark ist oder länger andauert - bei derartigen Hunden wird die Büchse nicht erneut geworfen - es reicht meist ein leichtes Klappern. Der Einsatz der Klapperbüchse ist abhängig von der Einschätzung von Furcht und Verletzlichkeit des Hundes. Pavlov unterschied im Hinblick auf äußere Einflüsse zwischen stark oder schwach reagierenden Hundepersönlichkeiten. Ein typischer Labrador wäre danach der ruhigere, selbstbewußtere Typ, ein Border Collie dagegen zeigt schnelle Reaktionen. Dementsprechend ist es bei einem Border Collie viel leichter, schnell erzieherisch Furcht auszulösen als bei einem ruhigeren, eher phlegmatisch reagierenden Labrador.

Sobald Du bei einem Hund Zeichen von Furcht erkennst, etwa Zurückweichen, Zurücklegen der Ohren, solltest Du beim Gebrauch der Klapperbüchse vorsichtiger sein. Wähle besonders sorgfältig die Situationen aus, in denen Du die Büchse benutzt. Reserviere sie ausschließlich für Gelegenheiten, wenn andere Formen der Ablenkung,

Auslösen von Ersatzhandlungen nicht wirksam sind. Der Gebrauch der Büchse bringt immer die Gefahr, eine Art Symbol für den dicksten Prügel des Hundeerziehers zu werden, eine Art »Allzweckteufel«, der, zu grob oder zu häufig eingesetzt, bei einem Hund sogar neurotische Furcht auszulösen vermag. Nach meiner Erfahrung kann sich die Klapperbüchse für Hunde wie ihre Besitzer befreiend auswirken, denn sie beseitigt die Notwendigkeit von groben Korrekturmaßnahmen; nach und nach kann man auch auf die Büchse verzichten. Man sollte immer versuchen, ein Stimulans nur im Mindestmaß einzusetzen, gerade ausreichend, um die gewünschte Reaktion auszulösen. Laufendes Klappern und Rasseln könnte die ursprünglich aufgebaute Furcht wieder zum Erlöschen bringen. Zielsetzung ist immer, eine kurze Überraschung auszulösen, der ruhiges Lernen folgt.

Halsbänder

Im Leeds Castle in Kent gibt es ein wunderschönes Museum mit vielen Hundehalsbändern. Hier kann man bewundern, wie der Mensch bereits über 5.000 und mehr Jahre seine Hunde mit einem Halsschmuck ziert. Die Auswahl erstreckt sich vom gewebten Seidenhalsband für die verwöhnten aristokratischen Schoßhunde bis zu den Halsbändern der Kriegshunde, mit nach außen gerichteten metallenen Stacheln. Es ist einleuchtend, daß in der freien Natur der Wolf sich nicht selbst mit einem Halsband schmückt, deshalb sollte man sich bewußt sein, daß es sich dabei immer um ein unnatürliches Hilfsmittel handelt, das mit Körpersprache und Berührungsempfinden seines Trägers nicht im Einklang steht. Ohne Frage ist die Halspartie beim Hund ein passender Körperteil, um Mensch und Hund miteinander zu verbinden - ließe man alle Hunde frei herumlaufen, wäre dies in unserer modernen Welt viel zu gefährlich. Wir unterscheiden vier Typen von Halsbändern:

Flache Bänder

Dieses traditionelle Halsband wurde in der Regel ausschließlich aus Leder hergestellt, besaß Metallverschluß und einen Ring, an dem man Leine und Identitätsmarke befestigen konnte. Diese Ausstattung ist wohl Tausende von Jahren alt, sie bleibt dennoch mein Favorit, sollte keinem Hund schaden. Bei der Auswahl eines flachen Bandes muß man darauf achten, daß es so breit ist, daß es zwei Halswirbel überdeckt. Als grober Hinweis, bei einem Hund der Größe eines Labradors sind dies etwa 2,5 cm. Beim Zwergpudel rechnen sich 1 bis 1,5 cm, bei der Deutschen Dogge eine Breite von 4 bis 5 cm. Die elegantesten von allen Halsbändern sind jene, die vor allem von Greyhounds und Whippets getragen werden, beachte unser Foto Nummer 34. Diese Halsbänder mit ihrer breiten Auflage unter der Kehle sind wahrscheinlich die sichersten.

Moderneres und zuverlässigeres Material als Leder zur Herstellung von Hundehalsbändern sind heute gewebtes Nylon oder - billiger und weniger attraktiv - Polypropylen. Diese Kunststoffhalsbänder sind nahezu unverwüstlich, während man bei einem Lederhalsband nur von einer Lebensdauer von durchschnittlich einem Jahr ausgeht. Ich selbst habe Extremsituationen mit nicht unbeträchtlichen Gefahren erleben müssen, weil in irgendeinem kritischen Augenblick der Verhaltenstherapie ein abgetragenes Lederhalsband riß. Deshalb ersetze ich heute in der Regel Leder durch Nylon, ehe ich mich und meine Patienten in Gefahr bringe.

Würger

Kein Hund hat es verdient, mit den strangulierenden Gliedern eines Würgehalsbandes »verziert« zu werden, und trotzdem ist dies die verbreitetste Hundeerziehungsausstattung, die man auf Leistungsveranstaltungen, Ausstellungen, kurz überall, wo Hunde ausgeführt werden, antrifft. Wie kam es zu einer solch bizarren Verletzung des Rechtes aller Hunde auf schmerzfreie Führung durch den Menschen? Ich konnte nicht feststellen, wer erstmals dieses Folterinstrument erfunden hat. Wahrscheinlich war es irgendein Bauer, der zufällig auf eine Kette stieß, die irgendwo in seinen Ställen oder Kuhständern herumlag. Ende des letzten und Anfang des zwanzigsten Jahrhunderts - insbesondere im Zeitabschnitt von Konrad Most - waren Würgehalsbänder in Deutschland weit verbreitet. Mit der Ausbreitung deutscher Hundedressurmethoden nach dem Ersten Weltkrieg kamen diese Halsbänder auch nach England, in die USA und viele andere Länder. Das Würgehalsband wurde zum wirksamen Zwangsinstrument, war fester Bestandteil der Most'schen-Ausbildungsmethode, wurde seither von den meisten Autoren plagiatisiert und angewandt - von Koehler in den USA bis Barbara Woodhouse in England. Selbst diese zeitgenössischen Autoren von Hundebüchern behaupten völlig zu Unrecht, ihre Ausbildung sei modern und hundefreundlich.

Mein bester Beurteilungsmaßstab, ob ein Ausbilder Hunden gegenüber eine akzeptable Haltung hat oder nicht, liegt darin, ob er in seiner Ausrüstung ein Würgehalsband führt oder nicht. Wird auf Ausbildungslehrgängen ein Würgehalsband vorgeschrieben, solltest Du vor dem Ausbildungswart und allen anderen Hundebesitzern dies im offenen Streit austragen, danach notfalls den Saal verlassen. Die meisten Hundeerziehungsbücher illustrieren, wie man ein solches Würgehalsband »korrekt« anwendet, behaupten, daß wenn der Hund nachgibt, sich das Halsband. entspanne. Unglücklicherweise lehren meine Erfahrungen beim Retten von Tieren, die illegal in Fallen gefangen wurden, die wie aus Draht gefertigte Würgehalsbänder arbeiten, daß solche Würger fast ebenso sicher die Tiere erdrosseln, wenn sie »richtig« wie »falsch« angewandt werden.

Man könnte Würgehalsbänder überhaupt nur dann tolerieren, wenn sie tatsächlich in der Hundeausbildung bemerkenswerte Vorteile brächten, die Erziehung erleichterten oder schneller machten. Nach meiner Erfahrung ist dies aber in keiner Weise der Fall.

Der Hauptzweck eines Halsbandes ist es, den Hund davor zu bewahren, sich selbst in Gefahr zu begeben; seine zweite Aufgabe besteht darin, Empfangsgerät für diskrete Signale sein, die den Hundekörper am Hals erreichen. Die Problematik der Würgekette besteht darin, daß mit ihr für den Hund immer ein Gefühl des Zwangs verbunden ist. Kurz hintereinander werden die Metallkettenglieder und das Körpergewebe zusammengezogen, die Haare verfangen sich in den Kettengliedern, werden gezogen, und schließlich wird jede Vorwärtsbewegung blockiert. Um unterschiedliche Stimulanzen aufzunehmen, eine leichte Berührung an den Hundehals weiterzugeben, hierfür ist ein flaches Band viel besser geeignet - und dies ist alles, was notwendig ist.

Lasse Dir nicht einreden, es gäbe irgendwelche Würgehalsbänder, die weniger grausam wären als andere. Barbara Woodhouse verteidigt ihre eigene Konstruktion mit flachen Kettengliedern, andere bevorzugen feine Glieder, die ähnlich einen Käsemesser auf den Hals einwirken. Wieder andere bevorzugen schwere, geschmiedete Kettenglieder nahezu in der Größe der traditionellen Kuhkette unserer Farmer. Für eine Bevorzugung des einen Typs gegenüber dem anderen gibt es keine wissenschaftliche Basis, eher könnte man daraus einen Persönlichkeitstest des Ausbilders ableiten.

Die neueste Entwicklung, besonders propagiert von gewissen amerikanischen Ausbildern und auch in England empfohlen, sind Stoffwürger. Diese Ausstattung wird von einer transatlantischen Schule von Hundeausbildern damit empfohlen, daß dieser Würger besonders hoch rund um den Hundehals angebracht wird, direkt hinter dem Ohr. Zufälligerweise ist dies der empfindlichste Akupunkturpunkt des ganzen Körpers, chinesischen Akupunkteure wohlbekannt, sicherlich aber keine Begründung, um einen Hund damit besonders heftig zu quälen.

In einer Abhandlung, die ich 1980 veröffentlichte, habe ich erstmals die Gefahren von Würgehalsbänder eingehend beschrieben. Meine Haltung ist heute völlig unverändert: wenn Du wirklich Deinen Hund liebst, wirf den Würger in den Müll!

Korallenhalsbänder und Stachelhalsbänder

Die Haltung gewisser Menschen gegenüber Hunden ist noch viel erbärmlicher, wenn wir uns den Schaden betrachten, der durch Stachelhalsbänder angerichtet wird. Sie werden viel zu häufig in Kontinentaleuropa und in den USA angewandt, glücklicherweise in England recht selten. Unverfroren arbeiten derartige Ausbilder damit, intensiven Schmerz zu übertragen (vergleiche Foto Nr. 35). Man kann sich leicht vorstellen, welche Gewebeschäden solche Folterinstrumente anrichten. Anfang der 1980er Jahre stellte man mir in unserer Pariser Klinik eine Weimaraner Hündin als Patientin vor - es hieß, sie sei »unkontrollierbar«. Sie trug ein Stachelhalsband. Ihre wohl geistig minderbemittelte Besitzerin klagte, daß sie durch harte Anwendung des Stachelhals bandes die Luftröhre der Hündin bereits punktiert hätte. Wörtlich erklärte sie: »Dieser Hund will einfach nicht lernen!«

Mein dringender Rat an alle Hundefreunde, begegnen sie einem Hundeausbilder oder einem Zoohändler mit einem solchen Folterwerkzeug - protestieren sie nachdrücklich gegen solche Grausamkeit! Im Vereinigten Königreich ist dies ein leichtes Unterfangen, noch ist es früh genug. In anderen Ländern erfordert es einiges mehr an persönlichem Mut und Überzeugungskraft.

Halbwürger

Der Halbwürger ist eine leicht veränderte Konstruktion; er liegt eng am Hundehals an, soll aber nicht tatsächlich würgen. Im Normalfall liegt die flache Oberfläche des Leders oder Nylongewebes an der Unterseite des Halses, der gleitende Kettenmechanismus beeinträchtigt dadurch weniger das Hundefell. Der Vorteil einer solcher Konstruktion gegenüber dem traditionellen Flachhalsband liegt darin, daß der Hund nicht rückwärts aus dem Halsband schlüpfen kann. Bessere Ausführungen lassen sich dem Wachstum des Hundes anpassen. Besonders nützlich sind solche Halsbänder für Hundehälse, die praktisch so dick wie die Hundeköpfe sind. Dagegen spricht, daß in der Praxis ein zu enger Halswürger den Hund ebenso würgt wie eine Würgekette. Deshalb muß man sich immer vergewissern, daß Halbwürger genau dem Umfang des Hundehalses angepaßt sind.

Ausziehleinen

Eine der nützlichsten Erfindungen des zwanzigsten Jahrhunderts für Hunde war die Konzeption der Ausziehleine. Ihre Rolle in der Erziehung der Hunde bei Fuß zu gehen, bei der Ausbildung für »Komm«, ist in Kapitel sechs einzeln erläutert. Hier betonte ich besonders die Wichtigkeit des »Klick«-Klangeffekts, den man dadurch erzielt, daß man während des Ausgleitens der Leine aus dem Abrollmechanismus durch leichtes Drücken den Bremsknopf betätigt. Dieser Klang wird zum wichtigen kritischen Stimulus für Hunde. Der große Vorteil der Ausziehleine besteht darin, daß sie einen Kompromiß zwischen Freiheit und Kontrolle bietet. Ein einfacher Zugang zur Hundeerziehung hängt tatsächlich von dem richtigen Gebrauch der Ausziehleine ab, zumindest in den Anfangsstadien. Hat der Hund erst einmal, bedingt durch die Ausziehleine, gelernt, seinen Körper im richtigen Verhältnis zum Ausbilder relativ frei zu bewegen, kann man im weiteren Ausbildungsgeschehen zu konventionellen Leinen übergehen, später vielleicht sogar auf die Leine ganz verzichten.

Bei der Ausziehleine gibt es nur eine einzige Gefahr. Sie besteht darin, daß Du zur Kontrolle des Hundes in die freilaufende Schnur greifst, anstatt die durch den Knopf auszulösende Bremse zu bedienen. Greifst Du in die Leine, kannst Du Dir durch das Seil eine recht ernsthafte Brandwunde zuziehen. Ich empfehle ausdrücklich, wenn man den Hund zu seiner Linken gehen lassen will, grundsätzlich die Ausziehleine auch in der linken Hand zu halten, soll der Hund rechts laufen, dann benutzt man die rechte Hand. Die freie Hand kann Leckerbissen, die Klapperbüchse, dieses Buch, oder die Hand der besten Freundin halten.

In unerfahrenen Händen kann die Ausziehleine den Hundebesitzer selbst einwikkeln, möglicherweise auch die Hunde gefährden. Man achte sorgfältig darauf, daß bei jeder Art von Leine sich der Hund auf beiden Seiten in einem Halbkreis frei bewegen kann; auf einem Gehweg könnte der Hund dabei zur Straßenseite in den Verkehr laufen. Ohne aufmerksam und intelligent die Bewegungen des Hundes zu beobachten, könnte sich die Leine auch um die Beine von anderen Menschen und Tieren wickeln. Die Ausziehleine erfordert deshalb laufende Aufmerksamkeit des Hundeführers, niemals ist sie nur ein passives Kontrollsystem.

Eine neuere Entwicklung, deren Miterfinder ich bin, ist eine Ausziehleine, die im Halsband des Hundes integriert ist. Der Reiz liegt darin, daß auf diese Art der Hund immer seine eigene Leine trägt, verbunden mit Vorteilen der Bequemlichkeit und vereinfachter Erziehung. Es hat zur Folge, daß Du nie das Fehlen einer Leine als Entschuldigung vorschützen kannst, um mit dem Hund nicht spazieren zu gehen, noch daß Du beim Spaziergang die Kontrolle über den Hund verlierst. Die ins Halsband integrierte Leine verringert den Unterschied zwischen frei Umherlaufen und durch den Besitzer kontrolliert an der Leine zu gehen. Es besteht keine Notwendigkeit mehr, Leine und Halsband miteinander zu verbinden, man greift ganz einfach zum Leinengriff am Halsband. Bei Unterordnungsprüfungen, wo häufig gefordert wird, daß der Hund angeleint, dann abgeleint sein soll, könnte die in das Halsband integrierte Leine ein echtes Vergnügen sein.

Hände

Es mag dem Leser merkwürdig erscheinen, daß ich unter der Ausrüstung auch menschliche Hände erwähne. Was aber den Kontakt zum Hund angeht, sind Hände tatsächlich auch Instrumente.

In früheren Zeiten wurden die Hände häufig als Strafinstrumente mißbraucht, für einen Schlag hinter das Ohr oder den Klaps auf die Nase. Wie viele meiner Leser schon bemerkt haben, diese Rolle der Hände ist völlig überholt Aber es bleiben alternative und außerordentlich wichtige Aufgaben für die Hände, um Hunde zu kontrollieren. Hände sind wichtige Werkzeuge, um erwünschtes Verhalten von Hunden zu verstärken. Direkt angewandt führt die Berührung zur Stimulans (zum Beispiel Massage) - indirekt transportieren die Hände so angenehme Dinge wie Leckerbissen. Vom Augenblick ihrer Geburt an erfahren Hunde die meisten unserer Berührungen durch unsere Hände. In der freien Natur erfolgt die Kommunikation der Wölfe oder Wild hunde über ihre Köpfe, insbesondere durch Lecken rings um den Fang. Wir können unsere hohlen Hände zum Spaß in kleine Gefäße umwandeln, indem wir auf die Handflächen spucken, die Hunde sie beim liebevollen Herankommen ablecken lassen. Die meisten Hunde haben geradezu den leidenschaftlichen Wunsch, unser Gesicht lekken. Durch diese Methode ist es einfach, diesen Trieb auf die Hände umzuleiten. Wichtig ist, daß die Hände vorrangig Instrumente des Unterrichtens, der Freundlichkeit sind. Ernsthafte Konflikte, ja schwierige Verhaltensstörungen können entstehen, wenn für den Hund von Händen Schmerzen ausgehen.

Brustgeschirr

Ein Brustgeschirr verteilt die Last von dem Punkt, an dem die Leine festgemacht wird, über die Schultern und auf die Unterseite des Brustkorbs. Beim Zugpferd wird ein solches Geschirr gebraucht, um den örtlichen Druck vom Hals über den ganzen Körper zu verteilen. Bei Hunden können aber Brustgeschirre das aktive Vorwärtsziehen stimulieren. Dieses Problem ist jedoch leicht zu lösen, wenn man die verschiedenen Erziehungsmethoden »bei Fuß« anwendet, wie sie in Kapitel sechs niedergelegt sind. Ich denke an das Klick der Ausziehleine, die Klapperbüchse, Beschleunigung der eigenen Gangart, Verstärkung der unmittelbaren Nähe zum Hund. Brustgeschirre sind für Hunde, die kurze, dicke Hälse haben - beispielsweise Möpse - besonders gut; sie alle sind für ihre Geschicklichkeit beim Herausschlüpfen aus konventionellen Halsbändern bekannt. Es gibt auch orthopädische Gesichtspunkte, beispielsweise daß starker Druck oder Bewegung Schmerzen am Hals auslösen, Halsbänder möglicherweise langfristig zusätzlichen Schaden bewirken.

Die Erkenntnis der Gefahren für Hunde im Auto führte zur Entwicklung einer Art Sicherheitsgurtbrustgeschirrs für Hunde, Foto Nr. 42 zeigt ein solches Geschirr. Hat sich der Hund auf dem Rücksitz des Autos erst einmal an eine solche Einschränkung gewöhnt, bieten diese Geschirre bei Unfällen Sicherheit für Hund wie Menschen. Wichtig ist auch, daß ein angegurteter Hund kaum auf die Straße geschleudert und möglicherweise getötet wird. Straßensicherheitsexperten haben vielfach auf die Gefahren hingewiesen, die unangeschnallte Hunde in Autos auslösen können. Plötzliches Bremsen kann den Familienhund leicht zu einem durch die Luft fliegenden Geschoß machen.

Kopfhalfter

Möglicherweise habe ich in den 1980er Jahren selbst die Kopfhalfterrevolution in der Hundeausrüstung ausgelöst, in Wirklichkeit geht dieses System jedoch zeitlich viel weiter zurück. Einer meiner Onkel brachte aus dem Ersten Weltkrieg von Belgien ein Foto von Zughunden, die Kopfhalfter trugen, mit nach Hause (siehe Foto 28). Selbst auf Gemälden aus dem siebzehnten Jahrhundert sieht man Hunde, die Riemenwerk tragen, das einem Kopfhalfter ähnelt. Es gibt wenig auf unserer Welt, das völlig neu ist!

Es gibt zwei Grundkonstruktionen von Kopfhalftern. Als erstes das patentierte Halti-System. Es verfügt über ein Nasenstück, das unabhängig von dem Halsstück arbeitet, zu einem Ring unter dem Kinn führt. Die zweite allgemeine Kategorie von Kopfhalftern basiert auf einer Konstruktion entsprechend der Zahl acht, dabei verbindet ein Einzelring die zwei Schlaufen miteinander. Dieses Grundkonzept wurde von vielen Herstellern und Hundeenthusiasten weiterentwickelt und kopiert, heute gibt es zumindest fünf verschieden Ausführungen solcher Zahl-acht-Kopfhalfter. Unglücklicherweise haben sie alle den gleichen Nachteil. Sie müssen dem Hund eng angelegt werden, der Sammelpunkt ist mehr unterhalb der Kehle des Tieres plaziert, anstatt nach vorne und näher seiner Nase. Dementsprechend liegt auf dem Kopfzentrum des Hundes stärkerer Zug im Gegensatz zu der leichten, den Kopf bewegenden Steuerungsaktion, wie sie für das Halti charakteristisch ist. Das Halti bietet den zusätzlichen Vorteil, völlig ungestörtes Öffnen des Fangs zu ermöglichen (zum Beispiel zum Hecheln, um Kühlung zu erzeugen). Ist andererseits der Hund aggressiv, kläfft er oder benimmt sich in anderer Weise unerwünscht, wird der Fang weich geschlossen. Dies geschieht einfach durch Anheben der Leine, wodurch sich das Nasenstück, indem es durch den Ring gleitet, um den Hundekiefer verengt. Dieser präzise Kontrollmechanismus, auf und zu über den Hundefang, macht Halti zum Idealinstrument zur Modifikation unerwünschten Verhaltens.

Es gibt kein Minimum- oder Maximalalter, zu dem ein Hund mit Kopfhalfter ausgestattet werden sollte, aber in der Praxis erweist es sich bei Welpen bis zu einem Alter von etwa sechzehn Wochen als überflüssig. Es gibt so viele Alternativen, Grundkontrolle über Welpen zu gewinnen, die Einzelheiten habe ich in meinem Erziehungssystem über zwanzig Wochen ausgeführt. Von allen ausgewachsenen Hunden würden nach meiner Schätzung etwa 25 % Vorteile haben, wenn sie mit Halti ausgestattet wären - alle übrigen Hunde können mit dem traditionellen Hundehalsband problemlos erzogen und kontrolliert werden. Anfänglich wurden die Haltis häufig mit Maulkörben verwechselt - das sind sie mit Sicherheit nicht. Heute haben sie eine recht breite Akzeptanz gewonnen, werden beispielsweise von den Ausbildern der »Guide Dogs for the Blind Association«, der »Hearing Dogs for the Deaf« und anderen professionellen Ausbildern eingesetzt. In unserer eigenen Verhaltenstherapie stoßen wir laufend auf neue Anwendungsmöglichkeiten für Kopfhalfter. Der größte Einzelvorteil jedoch ist, daß Halti kleinen, gebrechlichen und unsicheren Hundehaltern eine feste Kontrolle ihrer Hunde ermöglicht, ganz gleich, wie groß und stark diese sind. In England, wo heute die Gesetzgebung für Hunde viel strenger ist als zuvor, müssen Hundebesitzer wirklich volle Kontrolle über ihre Hunde haben. Das Urteil »dangerously out of control« - gefährlich außer Kontrolle - kann heute für den Hund zum Todesurteil werden.

Identifikation

In vielen Ländern ist es rechtlich vorgeschrieben, daß Hunde stets irgendein Identifikationsmerkmal mit sich führen müssen, das praktische Minimum sind Name des Besitzers und Telefonnummer. Eine Vielzahl verschiedenartiger Identifikationssysteme wurden vorgeschlagen - Tätowieren mit verschiedenartigen örtlichen und nationalen Registraturen, das Tragen der traditionellen Hundemarke am Halsband oder Einpflanzen eines elektronisch lesbaren Chips unter dem Kinn. Alle diese Systeme haben ihre Vor- und Nachteile, nach meiner Auffassung jedoch ist ein leicht lesbares und dauerndes Namensschild aus Metall oder Plastik die Mindestanforderung. Für wenig Geld und Vorausdenken schützt ein solches kleines Schild den Hundebesitzer vor vielen Aufregungen und Risiken - viele Kosten lassen sich vermeiden, sollte der Hund einmal verlorengehen.

Der Nachteil des Tätowierens liegt darin, daß man hierfür einen Fachmann braucht, was kostspielig sein kann. Hinzu kommt das Problem des richtigen Lesens der Tätowiernummer - in der Regel Nummern beziehungsweise Buchstaben an der Innenseite des Hinterlaufs oder im Hundeohr. Einige Hundebesitzer empfinden besonders das Letztere als unschön, auch sind nicht alle Hunde bereit, Fremde unter ihre Hinterläufe schauen zu lassen. Aus Erfahrung kenne ich auch all die Schwierigkeiten, verschmierte blaue Flecken einer schlechten Tätowierung zu entziffern. Es gibt aber eine große englische Agentur - die National Dog Registry - sie hat diese Probleme dadurch gelöst, daß sie ihre Tätowierer richtig ausbildet, um die Hunde im Ohr zu tätowieren. Die Zahlen werden in einem Computer gespeichert. Dieser Service ist ausprobiert und erprobt, man kann ruhig schlafen (in Deutschland werden Rassehunde in der Regel durch die Zuchtvereine mit entsprechenden Tätowiernummern versehen).

Das Identifikationssystem der neunziger Jahre ist zweifellos der elektronische Chip, in England wird er als »Identichip« angeboten, von Tierärzten eingepflanzt - aber alles hat seinen Preis. Viele Tierärzte und die meisten Tierheime besitzen Lesegeräte, sie entschlüsseln die spezialcodierten Chips, welche direkt im Halsschulterbereich unter der Haut eingepflanzt sind. Jeder Chip enthält ein unverwechselbares Signal, woraus über einen Zentralcomputer der Name des Besitzers und seine Adresse besorgt werden können. Ich habe allen Grund, dem »Identichip-System« dankbar zu sein. Es hat mir einmal meinen unternehmungslustigen Setter Sam aus unserem örtlichen Tierheimzwinger zurückgebracht, als er durch eine heiße Hündin auf Abwege geraten war. Der einzige Nachteil dieser elektronischen Chips besteht darin, daß man immer darauf hoffen muß, daß der Finder des Hundes Zugang zu einem der spezialisierten Lesegeräte hat. Denn diese Geräte sind nicht billig, bis zur Stunde jedenfalls auch noch nicht in den Händen aller Tierärzte oder Tierschutzvereine.

Leinen

Normalerweise laufen Hunde besser ohne Leine, da sie keine Einschränkungen mögen. Dementsprechend ist für den Spaziergang eine längere Leine der kürzeren vorzuziehen. Man kann mit dem Hund entspannt gehen und dennoch Kontrolle über ihn haben. Unabhängig von den bereits beschriebenen Ausziehleinen lautet die Regel, daß Leinen immer besser länger als kürzer sind. Eine recht praktische Länge liegt bei 1 bis 1,3 Metern, am besten sind Leinen, die man in der Länge verstellen kann. Am schlimmsten sind ganz kurze Leinen, einige sind nicht mehr als ein Handgriff.

Das Material, aus dem Leinen hergestellt sind, sollte man sorgfältig prüfen. Ketten sind für die Hände unbequem, schlüpfrig und kalt, können auch durch ihr Klirren ablenken. Leder ist immer am angenehmsten, bei jeder Witterung bequem, braucht aber Pflege, muß gefettet werden, andernfalls nutzt es sich schnell ab. Für alle Wetterlagen erweisen sich Leinen aus Nylon oder Baumwolle als praktisch, sind im Gegensatz zur übrigen Hundeausstattung pflegeleicht.

Maulkörbe

Der einfachste Weg, mögliches Beißen eines Hundes zu unterbinden, ist der Maulkorb. In einigen Ländern müssen Hunde in der Öffentlichkeit stets Maulkörbe tragen. Nach meiner Überzeugung ist eine solche Einschränkung exzessiv, völlig unangemessen. Es gibt aber sicherlich Gelegenheiten, bei denen man sinnvollerweise Hunden einen Beißkorb anlegen sollte, zum Beispiel, während einer bedrohlichen Notlage, bei der Untersuchung durch den Tierarzt, bei Erster Hilfe nach Unfall, zuweilen bei der Fellpflege durch Fremde. Maulkörbe sind auch das wirksamste Mittel, um nach Operationen Hunde davon abzuhalten, sich zu lecken und um Selbstverstümmelungen zu unterbinden. Beim Korrigieren von hundlichen Verhaltensstörungen spielen Maulkörbe eine ganz besonders wichtige Rolle.

In unserer Therapiepraxis im Animal Behaviour Centre erweisen sich volle 60 % unserer hundlichen Patienten als aggressiv. Etwa bei der Hälfte von ihnen führte die Behandlung dazu, daß zeitweilig Maulkörbe angelegt werden mußten. In vielen Fällen bedarf es nur im Anfangsstadium der Therapie eines Maulkorbs, solange wir noch nicht sicher sind, daß unsere Behandlung Erfolg bringt. Dies gilt für alle die Fälle, wenn Hunde andere Hunde oder Katzen angreifen, Kinder beißen, bei Kotfressen (Koprophagie), kurzum immer dann, wenn einfach das Risiko körperlicher Schäden zu hoch ist.

Mehrere Faktoren müssen bei der Auswahl eines Maulkorbs berücksichtigt werden. Die wichtigste Voraussetzung lautet, der Hund muß frei atmen und hecheln können, um seine Körpertemperatur zu regeln. Etwa 90 % der Körpertemperatur eines Hundes werden durch den natürlichen Mechanismus des Hechelns (resonant panting) reguliert. Durch flache Vibrationen des Zwerchfells (Diaphragma) wird eine kleine Luftmenge über die Nase eingezogen, durch die Schleimhäute der Nase geführt, über den Fang ausgeatmet. Dieser clevere Mechanismus braucht nur wenig Körperenergie, ganz anders als das tiefe Atmungssystem, bei dem sich der ganze Brustkorb ausdehnt und wieder zusammenzieht. Der Hund gehört einer Tiergattung an, bei welcher der Austausch der Körperwärme im Gegensatz zu den Schweißdrüsen, die uns Menschen kühl halten, weitgehendst über die Nase erfolgt.

Maulkörbe müssen Hunden unbedingt erlauben, den Fang zu öffnen, denn aus vorstehenden Darlegungen ist leicht zu verstehen, daß Einschränkungen der Fangöffnung für Hunde möglicherweise gefährlich sind. Es gibt im Handel eine Reihe von Maulkörben aus Gurten oder Manschetten, die den Fang des Hundes verschlossen halten. Derartige Maulkörbe sind ausschließlich für ganz kurze Zeitabschnitte - etwa bei tierärztlicher Behandlung - zulässig.

Für alle die Zeiten, in denen Hunde die Freiheit haben, umherzulaufen, sich zu bewegen, ist eine korbartige Gestaltung des Maulkorbs die beste. Diese Korbform muß dem Hund jederzeit erlauben, frei zu atmen, zu trinken, selbst zu bellen, sonst ist sie tierquälerisch. Es ist absolut notwendig, die zu Hundenase und Kopfproportionen passende Maulkorbgröße sorgfältig auszuwählen - unsichere Hundebesitzer sollten ihren Tierarzt oder einen Fachmann im Hundefachgeschäft befragen. In unserem Animal Behaviour Centre benutzen wir im allgemeinen die Form des Baskerville Maulkorbs, hergestellt aus leichtem und abwaschbarem Plastik - er läßt sich leicht befestigen und wieder abnehmen. Hunde gewöhnen sich schnell daran, einen solchen Baskerville Maulkorb zu tragen, aber Hunde mit Maulkörben müssen immer unter Kontrolle sein, für den Fall, daß sie sich irgendwo verfangen oder der Korb beschädigt wird.

Technische Hilfsmittel

Der Erfindungsgeist menschlicher Wesen beschäftigte sich mit einigen besonderen Schwierigkeiten der Hundeausbildung, nicht zuletzt mit der Frage, wie man über größere Entfernungen Signale, gegebenenfalls auch Strafen auf Hunde übertragen kann. In diesem Abschnitt betrachten wir einige gewerblich angebotene Hilfsmittel sowohl vom Standpunkt des Tierschutzes wie von ihrer praktischen Wirksamkeit.

Elektroschock über Hundehalsband

Die technischen Voraussetzungen, ferngesteuert Elektroschock auf Hunde zu übertragen, gibt es bereits seit vierzig bis fünfzig Jahren - in den meisten Ländern werden heute derartige Hilfsmittel gewerblich angeboten. Historisch gesehen haben die Tierschutzvereine - in England der RSPCA - gegen derartige Ausbildungshilfen massive Bedenken angemeldet. Ich teile diese Auffassung, die Einwände sind sowohl ethisch wie praktisch begründet.

Erster Einwand: mit solchen Geräten wird es dem Hundebesitzer viel zu einfach gemacht, sie werden häufig als Ersatz für intelligente Ausbildung mißbraucht. Zum zweiten sind viele Elektroschockgeräte sicherheitstechnisch zweifelhaft, möglicherweise erhält das Tier durch eine Sendestörung, ausgelöst durch ein vorbeifliegendes Flugzeug, CB-Funker oder ganz einfach Wellenstörungen einen schmerzhaften Schock. Manchmal wird der Elektroschock zu stark variiert, insbesondere wenn die Ausrüstung naß wird. Vom Gesichtspunkt der Tiererziehung kann ein Schockhalsband verheerende Konsequenzen haben, wenn das Tier gegenüber dem Ort oder dem Zusammenhang, in dem es bestraft wird, übertriebene Angst entwickelt. Früher von dem Hund als »sicher« angesehene Umgebungen werden plötzlich gefährlich - das Tier wird in ein sehr zweifelhaftes Detektiv-Puzzle gestürzt, wenn es versuchen sollte, Ursache und Grund der Strafe richtig zu verbinden.

Im Augenblick erlauben das englische Gesetz und viele Gesetze in anderen Ländern den freien Verkauf von Elektroschockhalsbändern, solange diese den Anforderungen der technischen drahtlosen Telegraphie und der jeweiligen Handelsgesetzgebung entsprechen. In England besteht verbreitet die Auffassung, die Benutzung könnte im Widerspruch zu den 1911 erlassenen »Cruelty to Animals Acts« und der weiter hierauf aufbauenden Gesetzgebung stehen. Auch in anderen Ländern ist die Übereinstimmung mit den jeweiligen Tierschutzgesetzen umstritten. In England hat die maßgebende Tierschutzorganisation ihren Willen zum Ausdruck gebracht, alle jene vor Gericht zu bringen, welche Elektroschockhalsbänder auf eine Art anwenden, die den Tieren unnötige Leiden bereitet. Nach meiner Auffassung gibt es nur eine einzige ethisch gerechtfertigte Anwendung von Elektroschockgeräten, nämlich bei der Erziehung eines Hundes, der wildert oder andere Tiere, wie zum Beispiel Schafe, reißt. Aber selbst in derartigen Fällen gibt es verschiedene angenehmere Alternativen, die unbedingt zunächst erprobt werden sollten, ehe man zum letzten Hilfsmittel - dem Elektroschockgerät - greift.

Eine der abstoßendsten Anwendungen der Elektroschockhalsbänder ist das in den USA entwickelte »unsichtbarer Zaun-Ausbildungssystem« (invisible fence). Hier werden Hunden, die einen im Boden eingelassenen Draht überqueren, schmerzhafte Elektroschocks zugefügt. Ein derartiges »Zaunsystem« erlaubt Hundebesitzern, ihre Hunde frei im Garten laufen zu lassen, ohne daß dieser Garten wie üblich umzäunt wäre - aber unter geradezu furchterregendem Verstoß gegen das Wohlergehen des eigenen

Hundes. Anstatt daß sich ein Hund innerhalb seines eigenen Territoriums völlig sicher fühlen kann, erlaubt dieses System Streunern ungestraft das Überqueren - sie können den Haushund angreifen und noch schlimmer, aus seinem eigenen Garten verjagen - danach ist der eigene Hund von seinem Grund und Boden ausgeschlossen. Die für das Wohlergehen des Hundes unabdingbare Sicherheit des eigenen Territoriums wird durch ein unsichtbares, furchteinflößendes Schocksystem ersetzt.

Anti-Kläff-Halsbänder

Als Mittel gegen unerwünschtes Hundekläffen wurde auch mit Elektroschock gearbeitet. Der Schock wird entweder durch ein Mikrophon oder einen Sensor, der unter der Hundekehle befestigt ist, ausgelöst. In Ländern außerhalb Englands werden solche Anti-Kläff-Schockhalsbänder verbreitet genutzt - besser gesagt mißbraucht. Sie variieren in ihrer elektrischen Ausstattung zwischen Halsbändern, die nach jedem Beller einen einzelnen, schmerzhaften, elektrischen Schlag auslösen, bis zu Halsbändern, in denen zeitliche Verzögerungen, Variationen hinsichtlich der Schockfrequenzen programmiert werden. Mein Standpunkt, der vorwiegend auf den Erfahrungen von Hundeexperten anderer Länder beruht, lautet, daß es sich hierbei um ganz abscheuliche Geräte handelt, die extreme Furcht auszulösen vermögen. Häufig werden sie angewandt, um alleinegelassenen Hunden das Bellen abzugewöhnen - obwohl natürlich gerade dieses Bellen das Symptom einer durch Trennung ausgelösten Angst ist (siehe Seite 173). Es ist immer völlig verkehrt, einen Hund deshalb zu bestrafen, weil er innere Panik zum Ausdruck bringt - insbesondere noch in seiner eigenen Wohnung, die normalerweise für ihn verläßliche Sicherheit bietet.

Ein völlig anderer Weg zum Unterdrücken von Kläffen bietet das Gerät Aboistop; beim Bellen eines Hundes stößt dieses Gerät eine Duftwolke von Zitronenöl aus. Umfassende Versuche in Frankreich haben ergeben, daß 90 % aller Hunde, die ein solches Aboistop-Gerät laufend tragen, dauerhaft mit dem Kläffen aufhören. Versuche in England im Animal Behaviour Centre zeigten, daß dieses Gerät dazu beitragen kann, eine ganze Vielfalt von Verhaltensproblemen zu lösen. Das Aboistop unterbricht nicht nur Kläffen, es stoppt auch Aktivitäten, die normalerweise dem Bellen auf dem Fuße folgen. Stark territorial ausgerichtete Hunde, die bellen, ehe sie einen Besucher beißen, können mit Aboistop wirksam umerzogen werden. Aber auch Hunde, die anderen Hunden gegenüber aggressiv sind, Hunde, die beim Autofahren hysterisch ausflippen, und Hunde mit verschiedenen anderen Zwangsneurosen bieten sich zur Behandlung an. Der Geruch von Zitronenöl scheint den normalen Ablauf der Verhaltenskette zu unterbrechen, erweckt im Hund Neugier. Nie erschienen die Hunde wirklich erschrocken, vielmehr löste Aboistop eine Art »Schnüffel- und Suchhandung« aus. Natürlich darf man Aboistop nicht als magisches Heilmittel gegenüber jeder Art von Kläffen ansehen, vielmehr ist es Teil überlegten und ausbalancierten Umziehens bei fehlerhaften Verhaltensweisen.

Lärmauslöser

Die Merkmale des Klangs sind durch ihre Frequenz (von tieffrequentischem Infraklang bis zum hochfrequentischen Ultraschall), Intensität oder Volumen bestimmt. Der Klang ist ein wichtiges Medium der Nachrichtenübermittlung, für Hunde wie auch andere Tiere. Für die Hundeausbildung können wir ungewöhnlichen und lauten Klang nutzen, um Neugier - Aufmerksamkeit auszulösen. Zwei Hilfsmittel stehen zur Verfügung: der Dog Stop-Aerosol Alarm und Ultraschallgeräte wie beispielsweise der Shoo-Alarm.

Der Dog Stop stößt über ein breites Frequenzband einen sehr lauten Pfiff etwa im Bereich 110 bis 120 Decibel aus. Ursprünglich wurde das Gerät für Menschen zur Abwehr von Überfall und drohender Vergewaltigung entwickelt, dann wurde es aber in einen höherfrequentierten Klang als bei der Abwehr gegen Menschen modifiziert. Jahrelange Versuche im Animal Behaviour Centre zeigen, daß neun von zehn Hunden auf Dog Stop sofort reagieren, etwa acht Hunde von zehn reagieren auch bei immer wiederholter Anwendung. Natürlich verbleibt eine kleine Minderheit entweder tauber Tiere oder von Hunden, die einfach geräuschgleichgültig sind! Die Anwendung des Dog Stops zielt primär darauf, eine außer Kontrolle geratene oder gar extreme Notsituation zu unterbrechen, etwa wenn zwei oder mehr Hunde böse miteinander kämpfen oder Gefahr besteht, daß ein Mensch angegriffen wird. Bei weitem am intensivsten von allen Hunderassen reagieren Collies und ihre Verwandten auf solchen Alarm. Am wenigsten empfindlich zeigten sich nach unseren Erfahrungen Jagdhunderassen wie der Labrador.

Seit ich überhaupt mit der Tierverhaltenstherapie begonnen habe, hat mich stets elektronisch erzeugter Ultraschall interessiert. Die meisten Hunde sind gegenüber Hochfrequenzlärm empfindlicher als Menschen, deshalb sollten solche Hochfrequenzgeräte für das Trainieren von Hunden nützlich sein. Leider entwickeln die meisten industriell erzeugten Geräte einen wenig intensiven, nur auf kurze Entfernung wahrnehmbaren Klang. Bei unseren Versuchen im Animal Behaviour Centre verzeichneten wir auf derartige Ultraschallgeräte nur etwa bei 30 % der Hunde eine laufende Reaktion - und nur wenige Hunde fürchteten sich tatsächlich vor dem Ultraschall. Hieraus schlossen wir, daß eine Vermarktung solcher Ultraschallgeräte zur Ablenkung von Hunden ethisch nicht zu vertreten wäre - sie bieten nur in bescheidenem Rahmen Schutz für Menschen vor einem möglichen Angriff durch Hunde. Andererseits sind sie für eine kleine Hundeminorität ein nützliches Erziehungsmittel, um Spezialsignale zu übermitteln.

In dem Bühnenstück »Annie« ist ein kleiner Mischling der Star, der unter sehr viel Lärm verschiedene, für das Stück wichtige Schlüsselaktionen unternehmen muß. Für die West End-Produktion war ich über kurze Zeit als Berater tätig. Wir wählten für Sandy als Auslösekommando ein Ultraschallsignal - das bei dem Hund gegenüber einem der Schauspieler ein aufgeregtes und angriffslustiges Bellen auslöste - Symbolhandlung »schlechter Kerl«! Wir wählten Ultraschallübertragung, weil sie sich von allen anderen Lärmquellen auf der Bühne klar unterschied, von der Zuhörerschaft aber nicht wahrgenommen werden konnte. Ultraschallpiper leisten auch beim Filmen oder Fotografieren von Tieren gute Dienste, machen das Tier aufmerksam. Mit recht guten Ergebnissen habe ich diese Technik nicht nur für Haustiere, sondern auch bei Tieren in der Wildnis und in Zoos angewandt.

Heute gibt es auch ein Anti-Kläff-Halsband, das auf demselben Prinzip arbeitet wie Aboistop, aber beim Kläffen des Hundes in einem am Hals getragenen Gerät Ultraschall auslöst. Wie zu erwarten war - die meisten Hunde reagieren sofort, gewöhnen sich aber nach einiger Zeit an diesen Klang. Einige Hunde bleiben dagegen empfindsam, und bei Ihnen unterbricht das Gerät verläßlich das Kläffen.

Vom Gesichtspunkt des Tierschutzes ist unglücklicherweise festzustellen, daß insgesamt gesehen die Technik sich mehr zum Nachteil der Tiere auswirkt als zu ihrem Vorteil. Mich persönlich reizt unverändert weitere Forschung, aus der Wissenschaft und Tierschutz Nutzen ziehen sollten.- Immer halte ich meine Augen offen, diese zwei Anforderungen zusammenzubringen. Ich bin ganz sicher, für die bessere Hundeerziehung werden sich für die Mikroelektronik weitere Anwendungsgebiete erschließen. Beispielsweise können stimmliche Kommandos über Radiowellen auf einen Empfänger am Körper der Hunde übertragen werden. Umgekehrt wieder können Hunde ein Mikrophon - ja auch eine winzige Fernsehkamera am Körper tragen, mit drahtloser Übermittlung zum Menschen, der damit das Hundeverhalten beobachtet. Herzschlag, Blutdruck und dergleichen können heute bereits telemetrisch übertragen werden, um sicherzustellen, daß das Tier nicht unter zu starkem Streß leidet, während es auf Abstand vom Hundeausbilder arbeitet. Dies erlaubt manchmal wichtige Rückschlüsse, beispielsweise über Blindenführhunde in Städten, wenn sie mit geräuschvollem, umweltfeindlichem Verkehr konfrontiert werden.

Zahnbürste

Zahnpflege gehört in den Verantwortungsbereich von Hundebesitzern, seit wir ihre Fütterung übernommen haben und unnatürliche Futterzusammenstellungen auf ihre Mundgesundheit schlimme Auswirkungen haben können. Eine außerordentlich nützliche Aufgabe für Hundebesitzer liegt darin, die Hundezähne täglich zu reinigen, zweitägige Zahnpflege ist akzeptabel. Eine eigens entwickelte weiche Zahnbürste ist bei der Beseitigung von Zahnbelag außerordentlich wirksam. Die organische Zusammensetzung von Zahnbelag besteht aus Bakterien und kleinen Futterpartikeln, welche an der Zahnoberfläche haften. Bürstet man diesen Zahnstein nicht ab, ist es wahrscheinlich, daß er mineralisiert, sich zu einem recht unansehnlichen und übel riechenden Zahnbelag entwickelt. Deshalb sollte man das Gebiß des eigenen Hundes regelmäßig kontrollieren, insbesondere dabei auf Fangzähne und hintere Molaren achten (vergleiche Seite 95). Leiden sie unter gelblicher Verfärbung? Wenn ja ist dies ein Warnzeichen, am besten gehst Du mit Deinem Hund zu einem Tierarzt, der diesen Belag mit einem speziellen Schaber entfernen kann.

Das Zähnebürsten kann dazu beitragen, zwischen Dir und Deinem Hund eine positive und respektvolle Bindung aufzubauen, dies sollte zum festen Tagesplan gehören, ebenso wichtig wie die Mahlzeiten und die Massage. Um noch effektiver zu reinigen, kann man eine eigens für Hunde und Katzen entwickelte antibakterielle Zahnpasta verwenden, die man bei Tierärzten und in Fachgeschäften kauft. Für Menschen entwickelte Zahnpasten enthalten schäumende Zusätze und Geschmacksstoffe, die Hunde nicht mögen; Hunden ist Fleisch lieber als Minze!

Lichtsignale

Viele von uns sind über die Wintermonate gezwungen, mit ihren Hunden auch in der Dunkelheit spazieren zu gehen. Dabei kann es sehr nützlich sein, Hunde von früher Jugend an so zu erziehen, daß sie auf einfache Lichtsignale einer Taschenlampe reagieren. Damit kann man auch bei schwärzester Finsternis den eigenen Hund aus dem Nachbargarten »rufen«. Meine Empfehlung lautet, bereits vom Welpenalter an das gesprochene oder mit der Hand gegebene Signal (vergleiche Seite 62) mit den Leuchtsignalen einer Taschenlampe zu verbinden, die in Ein-Sekunden-Intervallen aufleuchtet.

Besonders Irish Setter-Besitzer kennen das Problem, einen Hund in dunkler Nacht zu lokalisieren, denn ihre Hunde können mit unglaublicher Schnelligkeit über das Land auf große Entfernungen revieren. Nützlich ist nach meiner Erfahrung ein mit Batterie versehenes, Leuchthalsband, das uns ab und zu sehen läßt, wo unser Hund gerade herumstromert. Möglicherweise wirkt dies auch als nützliches, frühzeitiges Warnsignal für Kaninchen und andere Nachttiere, die hierdurch wenig willkommene Hundegesellschaft meiden können.

Spielzeug

Das verbreitetste Leiden unserer heutigen Hunde ist die Frustration des allein Einge-sperrtseins in einem Zwinger oder kleinen Haus. Fast ebenso schlimm ist ein Leben immer an der Leine. Dabei spielt es im Prinzip keine Rolle, ob der Hundezwinger oder das Gartengelände einen Quadratmeter, zwanzig Quadratmeter oder zwanzig Hektar groß ist. Hat man den Auslauf nicht mit interessanten, beweglichen Gegenständen ausgestattet, welche die Neugier des Hundes anregen, ihn veranlassen, sich damit zu befassen, hat die Phantasie des Hundes ganz einfach keine Nahrung und erlischt. Es gibt sehr viele praktische Möglichkeiten, wie man der Frustration und Langeweile ent-gegenwirken kann - dazu gehört vor allem der Kauf des richtigen Spielzeugs. Was bietet sich an?

Bälle

Die meisten Hunde lieben das Ballspiel. Sie jagen hinterher und apportieren, wenn der Ball von Herrchen oder Frauchen geworfen wird. Läßt man jedoch Hunde allein mit dem Ball spielen, werden die meisten es schnell leid. Bälle sind ein Gegenstand des gemeinsamen Spiels, nicht des alleine Spielens. Das gemeinsame Spiel weckt das In-teresse. Stark springende Gummibälle bedeuten eine ernsthafte Gefährdung, weil sie im Schlund des Hundes zum dicht abschließenden Stopfen werden können, Hunde in Minutenschnelle zum Ersticken bringen. Eine meiner Kolleginnen verlor ihren ausge-wachsenen Deutschen Schäferhund, als er an einem Tennisball erstickte, den ein An-derer für ihn geworfen hatte. Innerhalb von Minuten war, trotz ihrer vergeblichen Ver-suche, den Ball aus der Kehle herauszubekommen, der Hund tot! Und die Moral der Geschichte? Kaufe immer nur Bälle, die für den Hund zu groß sind, um sie leicht auf-zuheben und umher zu tragen. Kleine Bälle müssen für Hunde als gefährlich ganz ein-fach verbannt werden. Auch das Material, aus dem Bälle hergestellt werden, ist von Bedeutung. Natürliches Gummi ist viel schwieriger zu zerkleinern als all die anderen zusammengesetzten Materialien, die bei Hundespielzeug in großem Umfange verarbei-tet werden. Besonders gefährlich sind mit Schaumstoff gefüllte Spielsachen, ihr Inhalt könnte verschluckt werden, beim Sichausdehnen im Magen Blockaden auslösen.

Viele Hunde lieben es, Bällen nachzujagen und sie »zu töten« - das gilt ganz be-sonders für Fußbälle im Park. Es sind häufig Hunde der energiegeladenen Rassen wie Bull Terrier, Staffords und Boxer - denen es einfach Freude macht »Bälle zu erobern«. Eine Amerikanerin namens Joan Schultz hat für solche »Eroberungshunde« einen eigenen unzerstörbaren und sicheren Spielball entwickelt, hergestellt aus nicht-toxischem Polyaethylen. Diese Bälle sind so groß, daß der Hund sie nie mit dem Fang aufnehmen kann, vielmehr mit dem Ball dribbelt, ihn vor sich hertreibt. Meine Erfah-rungen mit diesen »Boomer Bällen« gehen dahin, sie ballverrückten Hunden zeitlich begrenzt und überwacht zum freien Spiel zu geben, etwa jeweils auf fünf bis zehn Minuten. Die gleichen Bälle werden heute verbreitet eingesetzt, um das Leben unterstimulierter Zoo-, Laboratoriums- und Farmtiere zu bereichern.

Höhlengraben

Vor kurzem war ich auf einer Vortragsreise durch den Westen Kanadas - es überraschte mich, daß bei meinen Radio- und Fernsehauftritten die meisten Anrufer darüber klagten, daß ihre Hunde den ganzen Garten durchwühlten, ihre Höhlen bis unter die Fundamente der Häuser gruben. Rassen, die solches Verhalten am häufigsten zeigten, waren Malamuten und Huskies. Spitzartige Rassen - nordische Hunde - stehen verwandtschaftlich dem Sozialwesen Wolf wohl am nächsten; aller Wahrscheinlichkeit nach waren sie durch die Einzelhaft in den Gärten ihrer Besitzer am stärksten unter Streß. Vielleicht versuchten sie nur, die Flucht zu suchen oder ein Versteck zu finden.

Meine Empfehlung für solche frustrierten Gärtner stammt wiederum aus meiner Erfahrung bei der Behandlung von Zootieren - ihnen nämlich eine Kiste zum Graben einzurichten. In der Welt der Hunde ist ein solches Konzept völlig neuartig, aber eine Reihe unserer Klienten im Animal Behaviour Centre haben inzwischen eine solche Kiste eingerichtet, und alle schwören auf dieses Konzept.

Am besten legt man oberhalb der Erdoberfläche eine einfache Grabkiste an (siehe Foto Nr. 30) oder verwendet eine mit Drainage ausgestattete Grube, beide können mit Holzabfällen angefüllt werden. Solche Abfälle bekommt man meist bei Schreinern und Zimmerleuten, auch in Gartencentern. Eine solche Füllung ist ideal, weil sie leicht und sauber ist. Die notwendigen Maße hängen von der Größe des Hundes ab. Als groben Anhalt empfehle ich ein Quadrat mit Seitenlängen entsprechend der Länge des Hundes von Nasenspitze bis Rutenspitze, das gleiche Maß gilt auch für die Höhe der Kiste. Die Seitenwände lassen sich aus kräftigen Holzbohlen anfertigen, man bekommt sie vorgefertigt in Baumärkten.

Seinem grabelustigen Hund muß man beibringen, daß genau dies die Stelle ist, wo er immer einen Futterbrocken oder andere Schätze findet, am besten verteilt man täglich einige große Hundekuchen in den Holzabfällen. Natürlich wird er die Einstreu ringsum herauswerfen. Aber es ist ganz leicht, sie wieder zusammenzukehren und zurückzuschaufeln. Erst wenn man seinem Hund eine solche positive Möglichkeit zum Abreagieren seiner Grabelust geschaffen hat, kann man ihm das Graben an anderen Stellen im Garten mit Erfolg verbieten. Dieses Verbot wird notfalls mit der Klapperbüchse oder - falls der Hund Wasser nicht mag - durch Auffüllen seiner übrigen Grabestellen mit dem Gartenschlauch unterstützt.

Dumbbells (Apportiergeräte)

Für die Ausbildung zum Apportieren wird eine Vielfalt an Apportiergerät (Apportierholz, Dummies) verschiedener Größen angeboten; sie erlauben dem Hund, sie leicht aufzunehmen. Ideal sind vorgefertigte Apportierstücke aus weichem Material wie Vollgummi, Holz oder Leinen.

Frisbee-Scheiben

Schon über mehr als ein Jahrzehnt ist das Frisbee-Spiel eine der Lieblingsbeschäftigungen von Hundebesitzern und lebhaften, temperamentvollen Hunden. Es kann von den in Wettbewerb stehenden hundlichen Scheibenfängern erstaunliche Luftakrobatik abverlangen. Frisbee läßt sich auch zu einem attraktiven Bestandteil des gemeinsamen Spiels zwischen zwei Menschen und einem Hund gestalten. Bei der Entscheidung für

Frisbee ist sehr wichtig, daß die Scheibe aus Plastik oder anderem weichen und leichten Material geformt ist. Denn schwergewichtige Frisbees können an den Hundezähnen Zahnschmelzabsplitterungen verursachen, wenn sie aus hoher Geschwindigkeit gepackt werden.

Kong

Jagen heißt geschicktes Verfolgen unvorhersehbarer Bewegungen - und gerade die Ungewißheit, wohin die Beute flieht, macht die Jagd für unser Hunde zu einem solch interessanten Erlebnis. Dieses Merkmal der Unvorhersehbarkeit wurde in ein eigens entwickeltes Hundespielzeug eingebaut - in den Kong. Der Erfinder ist der amerikanische Hundefreund und Ingenieur Joe Markham. Er bastelte gerade an seinem Volkswagen, als er beobachtete, daß sein Deutscher Schäferhund plötzlich wie wild einem Stoßdämpfer nachjagte. Dieses Ausrüstungsstück war aus Naturgummi, federte in völlig exzentrischer unvoraussehbarer Art vom Boden ab. Joe Markham ergänzt die Stoßdämpfereigenschaft durch eine Reihe verschiedener Formen. Ziel war eine dynamische Bewegung. Perfekte Materialtechnologie, um Naturgummi richtig zu formen und vulkanisieren, in ein kauresistentes Material zu verwandeln, ist die Grundlage. Für Joe Markham erwies sich die Auswahl des richtigen Gummis als besonders wichtig, denn sein eigener Hund hatte die schlechte Angewohnheit, immer an Steinen zu nagen - wie viele andere Hunde, die sich vernachlässigt fühlen, denen es an Spielgelegenheit fehlt. Der Kong hat einen inneren Hohlraum, der unter dem Druck der Kiefer zusammengedrückt wird - die elastische Gummimischung erlaubt es, daß die Hundezähne in den Kong eindringen, ohne Löcher zu verursachen.

In den Arbeiten unseres Animal Behaviour Centre zeigte sich, daß das Kong-Spielzeug das beste bisher für das Spiel von Hunden entwickelte Gerät ist, sei es zu Hause oder im Zwinger, mit oder ohne menschliche Gesellschaft. Die Stimulans zum Nachlaufen hinter einem aufregenden Gegenstand spielt für in Zwingern gehaltene Hunde eine besonders wichtige Rolle. Das Alleinsein, der Streß einer reizlosen Umgebung führen mit Sicherheit zu anormalen Zwangshandlungen, zum Bewegungsstau.

Bei Gummibällen besteht immer die Gefahr, daß sie sich im Fang verklemmen, den Hund ersticken - die Konstruktion des Kong schließt eine solche Gefahr aus. Es liegt im Wesen des Spiels, daß der Instinkt für den Selbstschutz stark herabgesetzt ist - deshalb hat bei allem Spielzeug die Sicherheit erste Priorität. Die Hersteller von Kong garantieren, daß dieses Spielzeug für Hunde unzerstörbar ist, nach unserer Erfahrung im Animal Behaviour Centre aber werden einige Hunde im Spiel mit dem Kong überstimuliert, flippen aus. Gerade bei solchen Hunden muß das Spiel mit dem besten Hundespielzeug der Welt überwacht und zeitlich begrenzt werden.

Nylon-Kauknochen

Im Hinblick auf die zerstörerische Kraft des Hundegebisses haben Hersteller von Hundespielzeug sich laufend darum bemüht, immer widerstandsfähigeres Material zu verwenden. Synthetisches Nylon wurde in eine Vielzahl von Gestalten gegossen, als Knochen, Bälle oder Frisbees. Eine Reihe von Hunden lieben es sehr, solches Nylon-Spielzeug zu kauen, insbesondere wenn sie auch sonst ihr Gebiß an anderen harten Gegenständen bis zu Steinen erproben. Wichtig ist aber, Nylon fehlt innere Elastizität, es springt nicht, die meisten Hunde langweilen sich damit. Nylon-Spielzeuge sollten nie geworfen werden, denn wenn der Hund sie in voller Geschwindigkeit faßt, kann es zu Absplitterungen des Zahnschmelzes führen.

Ein Alternativkonzept basiert auf in Formen gegossenem Kasein (Milcheiweiß). Es wird durch Erhitzen und Luftzufuhr unter der Mikrowelle hergestellt. Nach meiner Erfahrung lieben Hunde solche Kaustücke sehr, sie sind dazu noch für die Ernährung wie das Gebiß nützlich.

Seile

Mit grob geflochtenen Seilen aus Naturfasern wie Flachs oder Wolle läßt sich vorzügliches Hundespielzeug herstellen. Im Gegensatz zu Nylon können solche Naturprodukte, bei versehentlichem Verschlucken vom Verdauungsapparat des Hundes verdaut werden und auf natürliche Art abgehen; die Hundezähne können ruhig in das Material eindringen, wodurch die Gaumen massiert werden. Die losen, fasrigen Enden industriell hergestellter Seilspielzeuge stimulieren eine »Schüttel- und Tötungsaktion«, vergleichbar Wölfen, die an ihrer Beute reißen. Sie erinnern an einen Terrier, der durch kurzes Schütteln das Rückgrat einer gefangenen Ratte bricht. In Welpenspielgruppen, die wir im Animal Behaviour Centre durchführen, sind Seilspielzeuge bei weitem für soziales Spiel die Lieblingsgegenstände. Unter den Junghunden lösen sie Nachjagen, »Töten« und Seilziehspiele aus.

Es gibt Hinweise, daß solche Seilziehspiele auch die Zahnpflege erleichtern, Zahnoberflächen polieren, organischen Zahnstein ablösen, Futterreste aus den Zähnen entfernen.

Quietschspielzeug

Beim Betreten eines Zoofachgeschäfts stößt man auf überquellende Verkaufsregale mit Quietschspielzeug aus Plastik und Latexgummi; die Formen variieren von Torsos von Politikern bis zu federlosen Hühnern, hinzu kommen Gemüse und alle klassischen Knochenformen. Viele dieser Spielzeuge sind absolut gefährlich, einige sind zerbrechlich, werden leicht durchstoßen oder hinuntergeschluckt. Der Quietschmechanismus ist natürlich das Ziel aller Forschungen neugieriger Hunde, die darauf aus sind, die verzweifelten Schreie ihrer »Beute« zu »töten«. Das einzige sichere Material für solches Spielzeug ist natürlicher Gummilatex, aber selbst dann sollte man diese Spielsachen Hunden nur bei ständiger Überwachung geben, sie bei irgendwelchen Zeichen von Abnutzung oder Beschädigung wegwerfen.

Selbstgebasteltes Spielzeug

Um Hunden eine interessante, abwechslungsreiche Umwelt zu schaffen, braucht man nicht viel Geld. Im Hausmüll findet man immer Materialien, die man für die Unterhaltung des eigenen Hundes sinnvoll verwenden kann. Am allereinfachsten - aus Plastik oder PVC hergestellte Trinkflaschen werden zu idealem Spielzeug, das Knirschen beim Griff des Hundegebisses erweckt bestimmt Spielfreude. Sehr sorgfältig muß man aber das Spiel mit derart zerbrechlichen Gegenständen überwachen, sie sofort wegwerfen, sowie sich lose Enden oder Bruchstücke des Materials zeigen.

Papier - insbesondere Kartons - stimulieren den Spieltrieb vieler Hunde - Papier ist ein vorzügliches Material, weich, faserhaltig und nicht giftig. Spiele mit Deinen Hunden mit solchem Material, beteilige Dich anfangs selbst am Spiel, danach wird Dein Hund bestimmt ganz alleine mit dem gleichen Gegenstand weiterspielen. Viele Hunde lieben herunterhängende Gegenstände, um hineinzubeißen, sich daranzuhängen, seien es Lederstreifen, ein Seil, das vom Baum herunterhängt, oder Bälle. Für den wirklich zerstörerischen Machokauer kann ein weggeworfener Auto- oder Fahrradreifen zu einem vorzüglichen, frei beweglichen, anstrengenden Zugspielzeug werden.

Zum Schluß: der Agility-Sport ist in England heute recht verbreitet, wurde in unserem Land entwickelt, hat inzwischen die Hundefreunde quer durch Europa und Nordamerika begeistert. Die einzelnen Elemente eines Agility-Parcours sind allgemein bekannt, lassen sich leicht aus weggeworfenen alten Materialien zusammenbauen. Ich denke an gut erhaltene Bretter zur Herstellung von Wippen, an alte Leitern für in einiger Höhe waagerecht angebrachte Hundeüberwege. Diese Art von Hindernissen sind einzig und allein durch die menschliche Vorstellungskraft beschränkt.

Holz

Viele Hunde lieben an Holz zu kauen, finden dabei große Befriedigung. Man hat auch Wölfe in der Wildnis beobachtet, sie kauen besonders gerne an jungen Schößlingen und langen Grashalmen. Solche Pflanzen haben oft einen hohen Zuckergehalt. Nach meiner Erfahrung werden besonders junge Weidenruten von Fleischfressern - Hunden, Bären oder Großkatzen - bevorzugt. Die Faserstruktur der Weide verhindert ein Aufsplittern, das bei den meisten anderen Nutzbäumen im Fang von Hunden zu Verletzungen führen kann.

Stöcke, die man auf einem Spaziergang aufliest, könnten zu einem besonders gefährlichen Spielzeug werden; nie sollte man Stöcke werfen, damit der Hund ihnen nachläuft. Bei einer Verkettung unglücklicher Umstände kann das Stockende in die Kehle eindringen, zu schrecklichen Verletzungen führen. Überwache immer sorgfältig, welches Holz Du Deinem Hund zu kauen erlaubst, prüfe etwaige Splittergefahren mit der eigener Hand. Denke daran - der Gaumen eines Hundes ist viel zarter als Deine Hände!

Schließlich sollte man immer wissen, daß jeder Gegenstand im Umfeld vom Hund selbst ausgewählt und als Spielzeug benutzt werden könnte. Du bist dafür verantwortlich, Deinen Hund vor allem zu schützen, was ihm gefährlich werden könnte. Manchmal ist eine Gefahr schwer zu erkennen. Zum Beispiel sind frische Kornspelzen eine besonders verbreitete Gefahr für Darmblockaden bei Hunden. Hinzu kommen viele weitere mögliche Risiken aus den Materialien Plastik, Nylon, Holz und Stein.

Hauskäfige

Käfige, Flugkiste oder Kleinausläufe - die Idee, Hunde während bestimmter Ausbildungsabschnitte in ihrer Bewegung einzuschränken, ist in Nordamerika weit verbreitet, wird allgemein akzeptiert. Aber in England und Europa sehen dies viele noch immer als eine besonders subtile Art von Tierquälerei. In dieser Frage stehe ich voll auf der Seite der Amerikaner! Hauskäfige sind die allernützlichste Einzelinvestition, die ein Welpenkäufer überhaupt tätigen kann, sie sind genauso wichtig wie die Klapperbüchse - und die Ausziehleine! Käfige vereinfachen die Erziehung zur Stubenreinheit außerordentlich, sie schützen Welpen - solange sie besonders klein sind - davor, daß man über sie stolpert, unterbinden das Kauen von Elektrokabeln, das Aufnehmen eventueller Giftstoffe. Und sie gewöhnen die Heranwachsenden daran, Trennungsperioden von ihren Menschen zu akzeptieren. Käfige begrenzen auch möglichen körperlichen Schaden, den ein in Panik geratener Hund anrichten kann. Sie sind eine Vorbereitung für unvermeidliche Perioden der Einschränkung im späteren Leben - etwa in einer Tierklinik, in einem Tierheim zur Ferienzeit. Käfige bieten für

Hunde auf Reisen eine sichere Umgebung, insbesondere beim Autofahren, wo im Falle eines Verkehrsunfalls gerade das Hundeleben immer gefährdet ist. Es gibt eine Vielzahl sinnvoller Einsatzmöglichkeiten für Käfige, sie lösen Probleme, verhindern bereits ihr Entstehen. Der richtige Zeitpunkt zum Käfigkauf ist exakt der Augenblick, da ein Hund ins Haus kommt.

In der freien Natur graben sich Wölfe Zufluchtstellen, Höhlen als Schutz gegen die Elemente, aber auch gegen andere Raubtiere. Das gilt insbesondere für die Zeit, da Welpen zu betreuen sind. Den Sommer über sind derartige Lager oft nicht mehr als grobe Ausgrabungen des Bodens, natürliche Höhlen in der Vegetation, im Winter aber bedarf es solide gebauter Unterschlüpfe, oft liegen sie unter dem Wurzelwerk eines großen Baumes. Nur bei heißem Wetter schlafen Wölfe zur Abkühlung außerhalb des Lagers. Den Winter über und bei kalter Witterung ist der Schlaf Bestandteil des sozialen Gruppenverhaltens, die Kälte führt dazu, daß die Tiere in Körperkontakt eng zusammenkriechen. Aus diesem Grunde ist das Schlafen in enger räumlicher Begrenzung für Hunde eine völlig natürliche Angelegenheit. Deshalb wäre es völlig falsch, Schlafkäfige der Art, wie sie unser Foto 29 zeigt, als Gefängnisse anzusehen - sie sind vielmehr für Hunde angenehme Höhlen.

Es gibt viele verschiedene Arten und Materialien, aus denen Hundekäfige hergestellt werden. Die Auswahl sollte entsprechend der Hunderasse erfolgen. Entscheidend ist, wieviel Platz verfügbar ist, mit welcher Toleranz das Tier voraussichtlich eine solche Einschränkung hinnimmt (ein kräftiger, ausgewachsener Hund kann sehr viel zerstören!). Ich persönlich bevorzuge den klassischen Käfig mit offenem Maschendraht. Darin kann man genau beobachten, was der Hund unternimmt, und der Hund hat bequemen Sicht- und Geruchskontakt zu den Menschen und Hunden außerhalb des Käfigs. Die mehr abgeschlossenen Plastikkisten sorgen möglicherweise für stärkere Abtrennung, mögen auch als Flugkisten brauchbarer sein. Für die Erziehung von Junghunden sind sie aber wesentlich weniger tauglich, denn sie bringen für das Tier eine stärkere Isolation für alle seine Sinnesorgane und haben zu wenig Luftzirkulation.

Die richtige Größe des Käfigs ist sehr wichtig. Leider gibt es zur Stunde noch keine einzige wissenschaftlich untermauerte Untersuchung zu dieser Frage, sie unterliegt dem Beurteilungsvermögen der »Experten«. Hier übernehme ich ganz bewußt die Rolle des Experten, gebe meine eigene persönliche Empfehlung für die Bestimmung der Käfiggröße, die für den Einzelhund angemessen ist. Grundforderung ist, die Käfighöhe sollte es dem Hund ermöglichen, aufrecht darin zu stehen, ohne den Kopf senken zu müssen. Besitzt man eine Deutsche Dogge, kann diese Forderung aufgrund der gigantischen Körpermaße eine Käfighöhe von bis zu einem Meter erfordern, in Frage stellen, ob man sich überhaupt für einen Käfig entscheidet. Die Käfiglänge muß im Minimum 150 % der Körperlänge des Hundes entsprechen, von der Nase bis zur Rutenwurzel. In der Breite sollte sich der Hund voll ausstrecken können, mit anderen Worten, sie müßte zumindest der Schulterhöhe des Hundes entsprechen.

Was tut man, wenn der Welpe im Verhältnis zu den Erwachsenenproportionen noch ganz winzig ist. Im Idealfall beschafft man sich zwei oder drei Käfiggrößen, nach und nach wächst der Junghund durch die verschiedenen Maße. Dies könnte für Dein Bankkonto negative Auswirkungen haben, es sei denn, Du wärest glücklicherweise Mitglied der Welpenspielgruppe im Animal Behaviour Centre. Hier leihen wir während der Wachstumsphase der Welpen auf Wochenbasis laufend Käfige aus. Die Mitglieder kaufen später die abschließend notwendige Größe zu dem Zeitpunkt, wenn sie diese tatsächlich kennen. Andernfalls sollte man gleich zu Anfang die Käfiggröße kaufen, von der man annimmt, daß der Welpe hineinwächst.

Die erste Bekanntschaft eines jungen oder erwachsenen Hundes mit dem Käfig ist von entscheidender Bedeutung; davon hängt ab, ob er dies als natürliche und positive Umwelt sieht - keinesfalls darf er sich wie im Gefängnis fühlen. Am besten läßt man den ersten Tag über die Tür offen, füttert den Hund innerhalb des Käfigs. Gibt es in der Familie noch ein Kleinkind, sollte man es mit in den Käfig krabbeln lassen, dadurch wird der Käfig zum gemeinsamen Spielplatz. Mache ihm den Käfig so bequem und angenehm wie möglich. Erst nach sorgfältiger Einführung sollte man die Käfigtür schließen, dabei noch immer dem Hund von außen eher mehr als weniger Aufmerksamkeit widmen. Bei unserem Junghund Pollo habe ich die Richtigkeit all dieser Ratschläge voll bestätigt gefunden. Von Anfang an akzeptierte er seinen Käfig, ging von selbst in seinen natürlichen und sicheren Schlafplatz, wo er vom Spiel mit unseren Katzen, Kindern, von dem er ganz erschöpft war, seine Ruhe fand. Nie brauchten wir uns Sorge zu machen, daß er unter Regale oder Schränke kroch, im Haus ein Kabel abriß; er löste auch nie Einbruchalarm aus! Am allerwichtigsten, unser guter alter Sam, der nun einmal seinen Frieden und gewisse Privilegien brauchte, konnte sich in Ruhe von den strapaziösen stetigen neuen Aufmerksamkeiten von Pollo erholen.

In Teil drei dieses Buches befasse ich mich mit verschiedenen Problemlösungen, werde dabei immer wieder auf Hundekäfige und ihren Einsatz hinweisen, etwa bei der Erziehung zur Stubenreinheit, bei ganz spezifischen Problemen von erwachsenen Hunden, zum Beispiel Zerstörungslust. Wem die Preise regulärer, industriell hergestellter Käfige zu hoch erscheinen, mag nach Alternativen Ausschau halten. Da gibt es für kleine Welpen beispielsweise Teekisten, es gibt auch Stangengitter mit quer gespannten Drähten, die durch Kordel miteinander verbunden werden. Man kann unter der Arbeitsplatte in der Küche einen Bereich für den Hund abtrennen oder einen Raum unter der Treppe; wichtig ist nur, daß man den Hund dabei beobachten, er sich aus dem Trubel zurückziehen kann, sein eigenes Hundelager findet. Alles, was Dein Hund wirklich braucht, ist Sicherheit, Kontakt und gute Erfahrungen mit den Menschen in unserer Welt.

Menschliche Stimme

Laufend sprechen wir mit unseren Tieren, täten wir dies nicht, ich glaube wir wären keine Menschen, behandelten unsere Hunde unmenschlich. Hunde reagieren auf den Tonfall unserer Stimme, vielleicht auch auf den Inhalt unserer Rede. Besondere Klänge und Worte können ganz bestimmte Bedeutungen übertragen. Starke Erregung beim Menschen ist in der Sprache von Wissenschaftlern mit »angestrengter, betonter Stimmführung« (»strained intensity vocalisation«) verbunden; hierbei ziehen sich gleichzeitig Luftröhre und Kehlkopf zusammen, der Klang scheint herausgepreßt zu werden. In der früheren deutschen Hundeausbildungsschule glaubte man, es sei hilfreich, Kommandos Hunden gegenüber »zu bellen«, anstatt sie mit normaler Stimme zu erteilen. Einige Hunde sind sicherlich je nach Tonfall sehr empfindlich, werden bei erhobener Stimme sowohl erschrocken wie aufmerksam. Man sollte aber auch wissen, daß Hunde menschliche Stimmungen durchaus auch über ihren Geruchssinn (vergleiche Seite 16) wie durch das Auge (in Erregung machen wir nervöse, kleine Bewegungen) wahrnehmen - ebenso gut wie über den Tonfall.

Wie steht es beim Umgang mit unseren Hunden mit der Lautstärke? Sollen wir schreien oder normal sprechen? Ich habe keinerlei Zweifel, wenn wir unsere Kommandos schreien, nimmt die Empfindlichkeit des Hundes ab. Dies führt dazu, daß wir in einer Lärmspirale immer weiter nach oben gehen, wenn wir uns gegenüber der Dickköpfigkeit unseres Hundes durchsetzen wollen. Viel besser wäre es, das Aufmerksamkeitsverhalten unserer Hunde zu verstärken, stimmliche Kommandos nur in solcher Lautstärke zu erteilen, daß sie sich gerade noch genügend deutlich gegenüber Umweltgeräuschen abheben.

Sehr schnell kann man Welpen darauf programmieren, auf die Sprache des Menschen zu reagieren. Aber wir müssen unsere Kommandos so einfach und gleichmäßig erteilen wie irgend möglich. Dies ist der Grund, warum man unbedingt innerhalb einer Familie über das dem Hund gegenüber angewandte Vokabular volle Übereinstimmung schaffen muß. Wenn man die Erziehung richtig anlegt, bedarf es nie unserer Stimme, um einen Hund zu strafen oder ihn zu warnen. Wie schon ausgeführt, sollte man diese Funktionen auf die Klapperbüchse übertragen, die Stimme übermittelt dann nur Lob, Liebe und alle notwendigen Informationen.

Überflüssiges

Bei meiner Aufreihung habe ich für Hunde angebotene Schuhe, Regenmäntel, Kleider, Parfüms oder Schmuckwaren unerwähnt gelassen. Ich habe mir erzählen lassen, daß bei dem englischen Kaufhaus Harrods man durchaus einen Gentleman zufriedenstellen konnte, der für seinen Hund ein goldenes Halsband für 7.000,-- Englische Pfund zu kaufen wünschte. Hierbei handelt es sich um Extravaganzen, die Hunde nicht verstehen können, die möglicherweise sogar Angst auslösen.

Hunde sind im Vergleich zu Pferden keine Haustiere, für die man ein großes Budget braucht. Draußen auf dem Land genügt es, ein gutes Stück Nylonkordel zu haben, aus dem man ein Halsband macht, dazu eine einfache Lederleine. Unsere Umwelt ist mit Blechbüchsen überzogen. Wenn Du einige davon für die Erziehung Deines Hundes verwendest, wird man Dir allgemein dankbar dafür sein.

11

Erziehungslehrgänge:

zum Wohle des Hundes

Hundebesitzer sind ziemlich gesellige Typen, und es ist immer gut, mit gleichgesinnten Mitmenschen zusammenzukommen. Von Grund aus sind wir Menschen eine Art sozial ausgerichteter Tiere. Was wäre also vernünftiger als einem Club beizutreten, der sich um beide - Hund wie Besitzer - kümmert? Hundevereine und Ausbildungsschulen sind heute recht populär, immerhin etwa 40 % der Hundebesitzer in England waren zu irgendeiner Zeit solchen Vereinen angeschlossen, möglicherweise aber nicht mit ihrem heutigen Hund. Man fragt sich, welche Ziele diese 40 % Hundebesitzer verfolgten - im Vergleich zu den 60 % - die nie Ausbildungsschulen besuchten - und ob solche Ausbildungslehrgänge sich für sie als nützlich erwiesen.

Eine Analyse unserer Patienten im Animal Behaviour Centre ergab, daß 63 % der Hunde, die uns besuchten, zuvor bereits an Ausbildungskursen teilnahmen. Die meisten Hundebesitzer aber unterstrichen, daß es für sie weder eine erfolgreiches noch erfreuliches Erlebnis war. Das häufigste Versagen derartiger Ausbildungsschulen scheint mir der viel zu starke Nachdruck zu sein, der auf Wettbewerbe in Unterordnung gelegt wird, und ungenügendes Interesse an all dem, was ein völlig normaler Haushund tatsächlich braucht. Immer sind es der Hochgeschwindigkeits-Border-Collie und der unterordnungsfreudige Deutsche Schäferhund, welche die Lorbeeren erringen, während man die Pudel, die Möpse und die Mischlinge weitgehend sich selbst überläßt.

Sind solche Ausbildungskurse für Hunde wirklich ein Vorteil oder arbeiten die Clubs in erster Linie dafür, um den persönlichen Bedürfnissen egoistischer und ehrgeiziger Hundeausbilder zu dienen, anstatt sich um die verhaltensbedingten Anforderungen an alle Hunde zu kümmern? Ich bin gewiß, daß bei vielen Clubs, die ich persönlich besucht, bei denen ich Vorlesungen gehalten habe, Kritik berechtigt ist, Reformen überfällig wären. Gleichermaßen weiß ich, daß es zahlreiche Aufgaben für Hundevereine gibt, die sich für alle Hunde ebenso wie für ihre Menschenfamilien als segensreich erweisen. Am allerwichtigsten, sie dienen damit unserer ganzen Gesellschaft. Meine Vorstellungen über gute Ausbildungsclubs unterscheiden sich in vielen Punkten von denen, die man heute verbreitet antrifft, seien sie groß, klein, überregionalen Hundeverbänden angeschlossen oder ganz einfach Privatunternehmen. Dieses Kapitel ist vorwiegend für alle geschrieben, die heute Ausbildungsschulen unterhalten oder aufbauen möchten. Sein Inhalt könnte natürlich auch zu einer Art Führer für Hundebesitzer werden, denen es ganz einfach darauf ankommt, gemeinsam mit anderen ihre Haushunde richtig zu erziehen.

Die Aufgabe von Ausbildungsschulen

Das erste wichtigste Ziel jedes Clubs sollte sein, sich den Problemen seiner Mitglieder anzunehmen. Dabei gibt es bestimmte Aufgaben, die absoluten Vorrang haben, nämlich:

Gemeinsam Spaß zu haben, (für Hunde wie ihre Besitzer)
Das Verhalten zu verbessern (in erster Linie das der Hunde)
Etwas über Haltung und Verhalten der Hunde zu lernen
Das Ansehen der Hunde in der Öffentlichkeit zu verbessern
Wettbewerbe zu veranstalten, die den Hunden dienen
Ein ausgeglichenes Vereinsergebnis (sogar kleine Gewinne) zu erzielen

Die Rangordnung der oben aufgereihten Ziele erfolgte entsprechend meinen eigenen Vorstellungen und Erfahrungen mit Hundevereinen - für mich haben die Interessen der Hunde Vorrang gegenüber allen anderen Zielen. Viel zu häufig ist das Ziel der Ausbildungsvereine, daß ihre Mitglieder mit ihren Hunden bei Wettbewerben ein hohes Maß an Präzision und Schnelligkeit zeigen. Wenn unsere Aufgabe für die Hunde aber in erster Linie beim gemeinsamen Spaß liegt, zum zweiten im Verbessern hundlichen Verhaltens, ist für die große Mehrheit der Mitgliedschaft der Wettbewerbserfolg von geringerem Interesse.

Gelände für Hundeerziehung

Meine Leser haben bereits erkannt, »Erziehung« findet nie ein Ende. Innerhalb eines Zeitraums, der mit der Geburt beginnt, mit dem letzten Atemzug endet, erhält ein Hund laufend neue Informationen, erwirbt neue Geschicklichkeiten.

Ein Hundeverein muß sich irgendwo treffen. In England ist dies nach meiner Erfahrung viel zu oft ein der örtlichen Kirche oder Stadt gehörender Raum, der für den jeweiligen Abend angemietet wird, in dem alle die Ausrüstungsgegenstände einer Laienspielgruppe, eines Kindergartens, eines Dichterzirkels und vieles andere irgendwo herumstehen. Insbesondere polierte Böden erweisen sich als völlig ungeeignet - die Hunde rutschen, stolpern, müssen sich viel zu sehr auf die Körperbalance konzentrieren. Dann trifft man hier auf einen Geräuschpegel, der gerade in nicht möblierten Räumen ohne geräuschabsorbierende Tapeten Echos auslöst, die außerordentlich störend wirken. Bellende Hunde veranlassen natürlich die Menschen, selbst ihre Stimmen anzuheben, so entsteht eine immer weiter anwachsende Kakophonie an Lärm. Untersuchungen haben ergeben, daß selbst bei einem bescheidenen Geräuschpegel zwischen 85 und 90 Decibel, typisch für den Verkehrslärm einer stark befahrenen Straße, Hunde seelisch und in ihrem Verhalten ernsthaft Schaden nehmen. Die Geräuschpegel in vielen Ausbildungsschulen, die ich besucht habe, liegen noch bedeutend über diesen Werten.

Ein weiteres Handicap der meisten englischen Ausbildungsräume liegt darin, daß Hunde in erster Linie über die Nase kommunizieren - wichtige Informationen erhalten. Gehört eine Ausbildungshalle nicht dem Hundeclub, besteht verständlicherweise immer ein Zwang, Urinmarkieren zu unterdrücken, gelegentliche Fido-Markierungen mit übelriechenden Desinfektionsmitteln zu überdecken. Hinzu kommen die chemischen Gerüche von Bodenpolitur. Damit werden die Ausbildungsstunden für viele Hunde zu geruchlichen Negativerlebnissen - sie fühlen sich wie in einem großen, übel riechenden Abfalleimer.

Solche Kriterien lassen sich leicht vermeiden, wenn man sich im Freien auf Gras, Schlacke oder Asphalt trifft. Aber nur eine Minorität der englischen Hundeausbildungsvereine arbeitet auf solchem Freigelände, die Entschuldigung ist dabei immer das Klima. In Australien, USA und Südafrika, wo ich viele im Freien arbeitende Clubs besucht und beobachtet habe, stellte ich bei den Hunden viel weniger Streß, bei den Besitzern mehr Spaß fest. Die Engländer sollten sich nicht länger hinter ihrem Wetter als Ausrede verstecken. Bei einem Besuch vor kurzem in Island war ich auf einem Ausbildungsplatz direkt auf einer Klippe - ohne irgendwelchen Schutz gegen die vorwiegend von der Arktis wehenden Winde. Als ich als komfortverwöhnter Autor mein Erstaunen äußerte, erklärten mir die Isländer, daß sie sich eben immer dem Wetter entsprechend kleiden, im Winter mehr in Bewegung bleiben. Dies ist eine bewundernswerte Haltung, weil auch die Hunde offensichtlich die Kälte nicht scheuen.

Das Ganze ist einfach eine Frage genügenden Raums. Die Räume innerhalb von Gebäuden sind meistens in ihren Abmessungen optimal für Liliputaner geeignet, Hunde lieben es aber, im Freien zu spielen. Finanzielle Erwägungen führen meist zu der Erkenntnis, daß nur im Außengelände genügend Raum gefunden werden kann - es gibt allerdings auch einige Reitanlagen mit gedeckten Reithallen, eingestreut mit Holzabfällen oder Torf, diese eignen sich für die Hundeausbildung recht gut. Aber wo findet man in einer unserer großen Städte ein freies Feld oder ein zur Verfügung stehendes Reitzentrum? Die Lösung besteht häufig darin, mit einem Unternehmen zu verhandeln, möglicherweise einem Bauunternehmen mit genügend Vorratsgrundstücken, das nur zu erfreut wäre, seinen Besitz eingezäunt zu sehen und zusätzliche Einkünfte zu erzielen. Ein Hundeausbilder in Notting Hill, London, hat einen Verein aufgebaut, der sich unter den Trägern einer Hochstraße - der M 40 - zum Üben trifft. Vicki Carr's Ausbildungsklassen sind sehr populär - der Club hat einen Sinn für Bürgerstolz entwickelt, arbeitet auf diesem außergewöhnlichen Gelände, das auf der einen Seite durch eine Eisenbahnlinie begrenzt ist, auf der anderen von den graffitibesprühten Trägern der darüberliegenden Straße. Da dieser Club mit seinen Mitgliedern Abfall und Hundehinterlassenschaften selbst beseitigt, gibt er den anwohnenden Kindern und potentiellen anderen Umweltverschmutzern ein gutes Vorbild.

Die Probleme von Grasflächen liegen darin, daß sie nach Regen schlüpfrig und schmutzig sein können. Andererseits lassen sich große Asphalt- oder Betonflächen nicht leicht finden, sind auch unschön, können sogar für Hunde beim Laufen, Springen und gelegentlichem Hinfallen recht gefährlich sein. Für unsere menschlichen Sportarten wurden verschiedenartige künstliche Bodenbeläge geschaffen, möglicherweise wäre es ganz vernünftig, einen für Hunde geeigneten Allwetterbodenbelag zu erfinden und auszuprobieren.

Als praktisch erweisen sich lose verlegte Pflastersteine mit Erde und Gras dazwischen. Solche Flächen findet man häufig auf Autoparkplätzen. Diese könnten für die Hundeausbildung ideale Voraussetzungen bieten, insbesondere wenn man sie noch beleuchten kann. Allerdings gibt es bei solchen Flächen auch Nachbarn, auf die man bei der Auswahl Rücksicht nehmen muß.

Richtige Ausbildungszeiten

Es ist allgemein bekannt, daß unsere Hunde weitgehend in ihrem Schlaf- und Aktivitätsrhythmus Gewohnheiten ihres Besitzers spiegeln. Mit ihren Spitzenaktivitäten können sie auf die Tageszeit oder auf den Rhythmus eines Dämmerungstieres mit sehr aktiven Morgen- und Abendzeiten ausgerichtet sein. Hunde sind Gewohnheitstiere, deshalb sollte man nach Möglichkeit Unterrichtsstunden zu solchen Zeiten besuchen, da man selbst am aktivsten ist. Abendveranstaltungen eignen sich für einen Hund, der sonst in aller Regel zu dieser Zeit nach seinem Abendessen ein Schläfchen abhält, weniger. Ich habe Ausbildungsstunden sowohl tagsüber wie am Abend abgehalten und kann daher bestätigen, daß Tagesveranstaltungen klare Vorteile haben. Natürliches Tageslicht erlaubt, die Bewegungen der Hunde klarer zu sehen, man kann auch mögliche Gefahren früher erkennen. Erforderlichenfalls sollte man die Übungsstunden am Wochenende abhalten. Das kommt den Bedürfnissen der Hunde wie auch ihren die Woche über arbeitenden Besitzern am meisten entgegen.

Die Menschen: Auswahlkriterien für Hundeausbilder

Weit verbreitet ist die Vorstellung, wonach ein Hundeausbilder ein großer, naßforscher Typ, möglichst männlichen Geschlechts sein soll, mehr Kommandeur als Lehrer. In Wirklichkeit treten bei der Hundeerziehung Frauen in immer größerer Zahl auf, und viele, die ich getroffen habe, verstehen gut mit ihren Mitmenschen umzugehen. Die allerwichtigste Voraussetzung für einen guten Lehrer ist, daß er oder sie aufmerksam zuzuhören vermag, die Probleme seiner Schüler versteht, ihre Zeichen zu deuten weiß. Er oder sie muß seine Botschaften an seine Schüler auf das richtige Maß zuschneiden, sie aktivieren, allen das Gefühl der Wichtigkeit geben. Konzentration auf alle jene, die im Befolgen der Ratschläge Schwierigkeiten haben, ist ebenso wichtig wie auf jene, denen alles leicht fällt, die herausragen.

Wo kann man aber solche Fähigkeiten finden und gewinnen? Der ideale Lehrer für Hundeausbilder wäre ein qualifizierter Lehrer - die pädagogischen Prinzipien sind für Kinder als Schüler völlig die gleichen wie für eine Gruppe von Hundebesitzern. Hier gibt es von einer Reihe von Institutionen organisierte Kurse, etwa vom Kennel Club, von mir selbst im Animal Behaviour Centre und auch andere. Voraussetzung für den Erfolg und durch nichts zu ersetzen ist ein natürliches Interesse, man sollte ein warmherziger, aufgeschlossener Mensch sein. Einige haben die für einen guten Lehrer erforderlichen Qualitäten, andere aber nicht.

In den Ausbildungsgruppen, mit denen ich zusammenarbeite, verlangen wir, daß in der Erregung die Stimmen niemals lauter werden, daß immer ein normaler Unterhaltungston herrscht. Keinesfalls darf ein Ausbilder die persönlichen Empfindsamkeiten seiner Zuhörer außer acht lassen, seien es die ihrer Rasse, ihres Geschlechtes oder ihrer Persönlichkeit. Viel zu leicht fällt es, durch sexistische Scherze billiges Gelächter auszulösen oder einen Hundebesitzer aufgrund seiner Schwierigkeiten mit seinem Hund durch dumme Worte zu beleidigen.

Das schlimmste Vergehen ist, einen Hundebesitzer in der Öffentlichkeit lächerlich zu machen. Ich kannte eine Hundehalterin, die aufgrund von harten Worten des Ausbildungswarts in Tränen aufgelöst zu mir kam, dabei ging es nur um ständiges Kläffen ihres Jack Russells. Bei einem früheren Geschehnis im gleichen Unterricht war der arme Hund durch einen anderen angegriffen worden, sein Bellen war Teil seines abwehrbereiten, nervösen Defensivverhaltens. Schließlich bat man meine Klientin, den Ausbildungslehrgang zu verlassen - eine viel zu häufige Erfahrung von Hundebesitzern in Ausbildungsvereinen, wenn ihr Hund vom Schema abweicht. Stets halte man sich vor Augen, das erste Ziel der Ausbildungsstunde ist, daß alle Freude daran haben. Einzelne Hundebesitzer mit Schwierigkeiten mit ihren Hunden kann man zur Seite bitten, Auge in Auge Ratschläge erteilen. Man muß sie aber immer mit vollem Respekt behandeln.

Vereinsvorstände und Satzungen

Die meisten Hundeausbildungsvereine werden in Form eingetragener Liebhabervereine geführt, Vereinszweck ist nicht das Erzielen von finanziellem Profit. Dies kann sich durchaus bewähren, solange die Verantwortlichen gute Führungsqualitäten haben, durch einen hart arbeitenden Vorstand und begeisterte Mitglieder unterstützt werden. Gerade nicht auf Gewinn ausgerichtete Vereine brauchen eine gute Verwaltung, entsprechend verfügen diese Vereine über eine Satzung, einen Vorstand und werden nach demokratischen Prinzipien geleitet. Es ist wichtig und richtig, daß die Ziele eines Clubs eindeutig in seiner Satzung manifestiert werden, kurz und knapp, um sich einzuprägen, aber sicherlich nicht mehr als einige wenige klare Sätze. Ein gutes Beispiel dafür: »Der East Hythe Hundeausbildungsverein hat das Ziel, das Verhalten der Hunde zu verbessern, in der East Hythe Gemeinde die Wertschätzung der Hunde zu fördern, für notwendige Einrichtungen für Hundehalter einzutreten und für Hunde und ihre Besitzer angenehme Freizeiten zu organisieren.«

Aktivitäten

Die Hundeausbildung steht eindeutig im Zentrum aller Clubaktivitäten; meine Leser werden aber sicherlich bereits erkannt haben, daß die Hundeerziehung nach meiner Überzeugung in erster Linie auf das Einzeltier ausgerichtet sein muß. Ist die Methode so angelegt, um den Anforderungen des einzelnen Hundes wirklich zu entsprechen, ist echte Arbeit immer nur auf wenige Minuten konzentriert. Die meisten Erziehungsaufgaben werden am besten durch den Hundebesitzer und seinen Hund alleine erreicht. Einige Ziele gibt es, für die man die Gruppe braucht. Das allerwichtigste ist das gemeinsame Spiel. Nachfolgend die Liste einer Reihe wichtiger Aktivitäten, die je nach Anzahl und Ehrgeiz der Clubmitglieder und nach dem vorhandenen Umfeld vernünftig gestaltet werden müssen.

Soziales Spiel

Das wichtige Konzept, Hunde häufig zusammenzubringen, sie miteinander spielen zu lassen, wird oft als »Sozialisation« bezeichnet, ein recht verschwommener und zu häufig gebrauchter Ausdruck. Hauptziel ist, daß die Hunde untereinander sich frei und ungehemmt bewegen, durch die Hundebesitzer nur leicht überwacht werden. Man achte darauf, für einige Hunde erscheint wildes Spiel mit einem anderen Hund furchterregend, sie empfinden es als bedrohlich. Für eine kleine Minderheit unter den Hunden wirkt freies Spiel ganz einfach allzu stimulierend. Während der ersten Spielzeiten müssen deshalb die Hundebesitzer sich bereithalten, um notfalls einzugreifen. Ich empfehle, daß die Neulinge, während sie mit als verläßlich bekannten Hunden erstmals zusammenkommen, durch eine Ausziehleine zunächst unter Kontrolle gehalten werden. Die Möglichkeit eines Kampfes ist immer gegeben, Sicherheitsausrüstung sollte daher zur Hand sein - ein Dog Stop Alarm, Wasser, Tücher, ein Holzbrett, um es zwischen drohende Hunde zu schieben und ähnliches. Während des gemeinsamen Spiels sind Hunde an anderen Gegenständen oder Menschen in der Regel wenig interessiert. Spielzeiten sollten vor und nach jeder Ausbildungsphase durchgeführt werden, sie brauchen nicht länger als fünf Minuten zu dauern.

Gruppenarbeit

Ich halte es für wenig nützlich, mit den Hunden rund um den Ausbildungsleiter Aufstellung zu nehmen. Richtig ist aber, die Hunde zu lehren, in Gesellschaft fremder Hunde und Menschen die Anordnungen ihrer Besitzer zu befolgen. Wie bereits das Wort »Gruppenarbeit« andeutet, sollte die erste Übung sein, gemeinsam in der Gruppe in gerader Linie hintereinander zu gehen, Hunde »bei Fuß«, sie dabei weder nach vorne, zurück, noch nach der Seite abweichen zu lassen. Diese Übung beendet man am besten mit dem Kommando »Sitz« bei einem Abstand von Hund zu Hund von etwa einem Meter. Die Übungen werden entweder paarweise oder in kleinen Gruppen von sechs bis acht Hunden durchgeführt. Diese Übung ist wichtig, um die in der Natur der Hunde liegende Neigung, frei loszupreschen, und ihre Mithunde zu untersuchen, zu zügeln.

Auswechseln der Hundeführer

Für viele Hundeausbilder ist die Vorstellung, die Hunde untereinander zu wechseln, völlig abwegig. Es gibt in England sogar Clubvorschriften, wonach immer nur derselbe den Familienhund in den Unterrichtsstunden führen darf. Nichts ist für den Hund schädlicher als eine solche Einschränkung. Der Hund sollte vielmehr hier lernen, Weisungen von verschiedenen Personen zu befolgen, solange diese hierfür zuständig und körperlich in der Lage sind, ihn zu führen. Die Hundeführer einer Ausbildungsklasse sollten sich auch deshalb mit anderen Hunden befassen, damit sie die anderen Hunde wie ihre Besitzer kennenlernen. So könnten Ausbildungsstunden Basis neuer Freundschaften zwischen Menschen wie Hunden werden. Aus Unterordnung erwächst Respekt. Insbesondere Hunde, die für ihre Besitzer übertriebene Beschützerinstinkte entwickeln, profitieren von einem laufenden Vertrautwerden mit Fremden.

Gutes Benehmen

Die normalen gesellschaftlichen Regeln sehen vor, daß es Gelegenheiten gibt, bei denen man weder in der Nase bohrt noch sich am Allerwertesten kratzt. Für alles gibt es die richtige Zeit und den richtigen Platz! Das Gleiche gilt für unsere Hunde. Eine Aufgabe der Ausbildungskurse besteht im Entwickeln richtigen sozialen Benehmens. Beispielsweise kann man seinem Hund beibringen, Fremde nicht anzuspringen, die Unterbrechungstechnik der Klapperbüchse (siehe Seite 128) tut dabei gute Dienste. Vielleicht möchtest Du auch Deinem Hund beibringen, auf Kommando mit dem Bellen aufzuhören (vergleiche Seite 139). Bei solchen Übungen kann man Hunde auch dazu erziehen, sich niederzulegen - nicht nach der harten, aggressiven Methode, sondern in entspannter Stellung, ohne das Gespräch der Menschen untereinander zu stören.

Nachjagen

Viel zu viele Hunde lieben es, vorbeifahrenden Radfahrern oder Joggern nachzulaufen; Ausbildungskurse können die idealen Voraussetzungen schaffen, dieses Problem zu lösen. Man übt mit dem Hund in der Gruppe über das gesamte Ausbildungsgelände mehrfach die Position »Sitz« oder »Platz«, ein oder zwei Jogger laufen dabei durch die Gruppe. Steht ein Hund auf, versucht nachzulaufen, sollte der Jogger anhalten, bis der Hund von seinem Besitzer wieder in die Position »Sitz« gebracht wurde, notfalls mit Hilfe der Klapperbüchse. Im schlimmsten Fall kann das Nachjagen oder gar ein Angriff auf einen Jogger durch einen Wurf der Büchse in Richtung des hundlichen Übeltäters bestraft werden.

Überprüfungen

Nein - natürlich denke ich hier nicht an offizielle Gebrauchshundeprüfungen für

Hunde. Vielmehr möchte ich den Einzelhund einer freundlichen Körpervisitation unterziehen, wie sie auch allgemein in der Tierarztpraxis erfolgt. Dies läßt sich - wenn gewünscht - auf die die formelle »Ausstellungspose« erweitern mit Prüfung von Gebiß, der Hoden, der einzelnen Glieder und dergleichen. Man achte immer darauf, daß die Hunde, wenn sie sich geduldig dieser Prüfung gestellt haben, ihre Belohnung erhalten.

Agility

Von kleinen, aus Freude an der Arbeit entstandenen Anfängen in den frühen 1970er Jahren, wuchs sich Agility zu einem echten Wettbewerbsport aus, bei dem zuweilen die Teilnehmer dazu neigen, sich selbst zu ernst zu nehmen.

Nicht alle Hunde lieben das Springen, andere fühlen sich auf hohen Brettern unwohl oder zeigen wenig Veranlagung, mit großer Schnelligkeit zu arbeiten. Ist auf dem Übungsplatz die entsprechende Ausstattung vorhanden, sollten die einzelnen Clubmitglieder selbst entscheiden, ob sie bestimmte Hindernisse und Übungen nutzen wollen oder nicht. Natürlich haben kleine und dicke Hunde immer Nachteile gegenüber schlanken, großen und athletischen Typen. Obgleich dies durch ein Handicap-System etwas ausgeglichen werden könnte, scheinen heutzutage fast immer Border Collies unter den Siegern bei diesen Wettbewerben zu sein!

Nasenarbeit

Die Methode, um Hunden beizubringen, durch ihren Geruchssinn Gegenstände aufzufinden und zu apportieren, wurde in Kapitel sechs (Seite 70) beschrieben. Dies sollte immer eine Übung sein, die Spaß macht, läßt sich im Umfeld eines Ausbildungsclubs Hunden aber nicht so einfach beibringen. Nach den Regeln des englischen Kennel Clubs wurde eine standardisierte Prüfung ausgearbeitet, bei der unser Hund bestimmte markierte Gegenstände identifiziert, die entweder den Geruch ihres Besitzers oder eines Richters aufweisen.

Ich schlage für die Nasenarbeit komplexere und interessantere Aufgaben vor, wobei Gegenstände versteckt und über ihren Geruch aufgefunden werden. Aus einer Reihe von Gründen läßt sich dies in einer Gruppe von Hunden durch einen anderen gut ausgebildeten Hund viel leichter erlernen als vom Hundeführer (Einzelheiten Seite 57).

Gemeinsamer Gesang

Heulen ist das übliche Signal für Wiedervereinigung wie Abschied, dies gilt für Wildhunde wie Haushunde. Ein Kontaktruf vermag starke Emotionen zu wecken. Zum Ende einer Trainingsstunde kann gemeinsames »Heulen« für die Hunde zum Höhepunkt des Tages werden, gleichzeitig eine weit in der Nachbarschaft hörbare Einladung zur Teilnahme an weiteren Veranstaltungen. Man braucht dafür einen »ausgebildeten hundlichen Solosänger«, der mit dem Singen beginnt. Die übrigen Gruppenmitglieder werden schnell mit einstimmen. Natürlich gibt es immer Hunde, die sich hieran nicht beteiligen mögen.

Vorträge

Hundebesitzern, die sich an Ausbildungslehrgängen beteiligen, sollte immer weiteres Wissen angeboten werden. Eine Serie von Vorlesungen oder Aussprachen über allgemein interessierende Themen bietet sich an - hierzu einige Vorschläge:

Richtige Hundefütterung
Geburtenkontrolle

Richtige Ausrüstung
Der Hund und das Gesetz
Ethik und Rechte von Tieren
Erste Hilfe
Wurmbefall und auf Menschen übertragbare Tierkrankheiten
Wildhunde und Domestikationsgeschichte
Die Arbeit der Tierschutzvereine
Mißbrauch von Hunden
Der Hund in der Öffentlichkeit

Derartige Unterrichtsstunden sind eine sehr wirksame Hilfe, Hundebesitzern auch einen besseren Weg zur Ausbildung ihrer Hunde zu weisen. Viel wichtiger als die Erziehung der Hunde für bestimmte Aufgaben ist die Übermittlung von Grundwissen, richtiger Ausbildungsphilosophie. Die Ausbildungstheorie, wie sie in den früheren Kapiteln dieses Buches erläutert wurde, kann vertieft werden. Ich denke an die Notwendigkeit, vorhandene Reizreflexe zu erforschen, über das hundliche Verhalten instrumentale Kontrolle zu gewinnen, anstelle den Hunden unnatürliche Kunststücke beizubringen. Für jede Vorlesung würde ich etwa zwanzig bis dreißig Minuten einplanen, gefolgt von weiteren dreißig Minuten praktischer Übungen unter Einbeziehung der Hunde. Danach kann der soziale Teil des Abends beginnen - die Bar eröffnet werden!

Welpenspielgruppen
Leider bestehen viele Vereine darauf, daß die Hunde ein Minimumalter - etwa sechs bis neun Monate - erreicht haben müssen, ehe sie zum Ausbildungsgelände zugelassen werden. Glücklicherweise haben andere erkannt, daß dies eine völlig lächerliche Einschränkung bedeutet, daß gerade der Aufbau von Welpenspielgruppen eine besonders wichtige Aufgabe ist. Nach meiner Erfahrung im Animal Behaviour Centre ist es zum Aufbau von Spielgruppen nützlich, in einer Gruppe mehrere Altersstufen zu integrieren. Neben den Welpen sollten eigentlich immer auch einige ausgewachsene Hunde dabei sein, denn die Erwachsenen üben einen stabilisierenden Einfluß aus. Dies trifft 'mit Sicherheit für unsere zwei gerade den Welpen als Helfer zugewiesenen Hunde Sam und Jasper zu, Sam als abgeklärter kluger Hund, Jasper als spielversessener Hooligan. Um eine wirklich gute Spielgruppe aufzubauen, braucht man auch eine abwechslungsreiche Umgebung wie etwa einen Bauernhof, wo das Vertrautwerden mit anderen Haustieren erleichtert wird. Selbstverständlich sollten ausgewachsene Hunde, die bei Welpen durch aggressives Verhalten oder einfach dadurch, daß sie zu wild für die Junghunde sind, Furcht auslösen, aus solchen Spielgruppen herausgehalten werden.
    Um mit einer Welpenspielgruppe erfolgreich zu arbeiten, bedarf es eines Minimums und wahrscheinlich auch einer idealen Zahl von etwa zehn Junghunden. Hat man weniger, ist die Auswahl an hundlichen Spielkameraden zu klein, hat man mehr als fünfzehn in der Gruppe, kann dies zum Chaos führen. Im Grundsatz gelten für Welpengruppen wie für Erwachsene die gleichen Spielregeln. Man achte betont darauf, daß die Hunde mit vielen Menschen in Kontakt kommen und angefaßt werden, daß ihnen auch Fremde bei richtigem Verhalten Belohnungen geben, daß die richtigen Ausbildungsschritte für das Nachfolgen (zum Beispiel »Hier«) und auch die anderen, wie in den Kapiteln sechs und sieben aufgeführt, spielend eingeführt werden.

Ausrüstung

Eine Reihe von Vereinen arbeitet mit einem nahegelegenen Hundefachgeschäft zusammen, das die notwendige Ausrüstung für die Hunde ihrer Mitglieder bereit hält. Die Hunde brauchen richtige Halsbänder und Leinen, Spielzeug, Apportel, Leckerbissen und ähnliches. Alles Notwendige wurde in Kapitel acht einzeln beschrieben. Es bedarf wohl keiner Wiederholung, daß die Mitglieder eines gut geleiteten Ausbildungsvereins keine Würgehalsbänder benutzen dürfen, Tierschutz hat immer Vorrang. Wahrscheinlich wäre es vernünftig, einen Verantwortlichen Halsbänder und Leinen auf Sicherheit kontrollieren zu lassen, weil schwache, abgetragene oder extrem enge Halsbänder gefährlich werden könnten.

Alternativ zur Zusammenarbeit mit einem Fachhändler kann der Verein selbst von ihm ausgewählte Ausrüstung die das Verhalten der Hunde erzieherisch verbessert, den Mitgliedern anbieten. Der Ertrag solcher eigenen Verkäufe ließe sich entweder zur Erweiterung der Clubausstattung verwenden oder man könnte ihn einem guten Tierheim spenden. Solche Erträge im Clubetat ergeben sich aus dem beträchtlichem Nachlaß, den man beim Einkauf für den Club mit den entsprechenden Lieferanten aushandeln kann.

Zum Abschluß noch eine Warnung von einem selbst bekehrten Raucher! Der Nachweis der Gefahren passiven Rauchens ist heute so überzeugend, daß jedes Rauchen auf öffentlichen Plätzen nicht nur Menschen gegenüber, sondern auch für die Hunde als asozial angesehen werden muß. Neben den eingeatmeten Schadstoffen des Tabakrauchs könnten Hunde beim Herumhantieren ihrer Führer auch durch Zigaretten Brandwunden bekommen. Man sollte Rauchen rücksichtslos verbieten! Die Schadstoffe im Zigarettenrauch beeinträchtigen nicht nur die Gesundheit des Hundes, sondern auch sein Verhalten, weil sie seinen Geruchssinn schädigen. Denken Sie an die einschlägigen Forschungsergebnisse mit Beagles!

Ausbildungsklassen wie hier dargestellt gibt es leider heute noch fast nirgends, eine Ausnahme bietet unser Animal Behaviour Centre. Ich wünschte sehr, es gäbe viele mehr! In unserem Centre wurden schon zahlreiche echte Freundschaften unter den Mitgliedern geknüpft, ebenso zu mir und meinen Kollegen. Natürlich haben wir den großen Vorzug, uns auf einer großen Farm ausgiebig bewegen zu können. Aber ähnliche Möglichkeiten sollten auch für andere Clubs geschaffen werden, die sich beispielsweise auf einem Feld neben einer Scheune oder in einem aufgegebenen Bauerngehöft ansiedeln. Nach der Arbeit braucht man bequeme Sessel, zuverlässige Heizung und eine wohlausgerüstete Bar, um sicherzustellen, daß Hundeausbildung wirklich Spaß macht.

Achten Sie bitte darauf, daß ich keinerlei Vorschläge gemacht habe, den Teilnehmern von Ausbildungsklassen irgendwelche Urkunden oder Rosetten zu verleihen. Es bedarf keinerlei oberer oder unterer Klassen, Urkunden oder Fehlerlisten, keinerlei anderer Anreize, als daß man sich ganz einfach in der richtigen Gesellschaft fühlt. Einige werden diesen Mangel an Wettbewerben in meinem idealen Ausbildungsverein als frustrierende Unterlassung empfinden. Solchen Menschen versuche ich immer, andere Wege aufzuzeigen, um ihre Freude am Wettbewerb auszuleben, Aufgaben, für die man möglichst keine Hunde braucht.

TEIL III

VERHALTENSTHERAPIE BEI PROBLEMHUNDEN

Nur wenige von uns werden zugeben, einen Problemhund zu besitzen, auch sehr wenige Eltern reagieren einem Lehrer gegenüber freundlich, der ihr Kind als einen Problemschüler bezeichnet. Unsere Hunde sind in erster Linie Familienmitglieder, wir lieben sie, mit ihren Fehlern und Schwächen. Von Zeit zu Zeit jedoch kann hundliches Verhalten wirklich außer Kontrolle geraten, kommt es zu Beschwerden, flattern behördliche Verfügungen ins Haus. Bei wem kann man Hilfe finden? In den folgenden Kapiteln werde ich Ratschläge geben, um die verbreitetsten Verhaltensstörungen von Hunden zu überwinden.

Hunde ähneln nicht den sprichwörtlichen Erbsen in einer Schote. Eine Therapie, die bei einem Tier Erfolg bringt, kann bei einem anderen mit äußerlich völlig gleichen Symptomen möglicherweise versagen. Es liegt nicht am Hund, vielmehr ist immer die Methode zu wechseln, wenn sie zu keinem Erfolg führt. Kommen Dir Zweifel über das Verhalten Deines Hundes, bist Du durch einen Wirrwarr sich widersprechender Ratschläge vom Tom, Dick, Harry und Roger verunsichert, solltest Du stets Deinen Tierarzt fragen. Die meisten Tierärzte haben im Rahmen ihrer Universitätsausbildung einiges Wissen über tierisches Verhalten, eine ganze Reihe interessieren sich ganz besonders dafür. Viele haben an Spezialvorlesungen teilgenommen, die Fachleute wie auch ich abhalten, und es wird sie reizen, die Probleme, die Dein Hund zeigt, zu behandeln. Ein Tierarzt verfügt über Fachwissen und Logik, man sollte von ihm auch Hilfe bei Verhaltensstörungen erwarten können. Viele solcher Störungen haben auch eine klinische Ursache. Immerhin sechs von zehn Hundepatienten, die unser Animal Behaviour Centre aufsuchten, zeigten seltsame und unverwünschte Verhaltensweisen als Symptom einer darunter verborgenen medizinischen Veränderung oder brauchten unsere Behandlung, um dieses Verhalten zu ändern. Sicher ist, die meisten der Fälle, die an unser Centre überwiesen werden, liegen weit jenseits der diagnostischen Möglichkeiten normaler Hundeausbildungsvereine.

Der erste Schritt, um sich mit unerwünschtem Verhalten Deines Hundes zu befassen, ist die Suche nach der zugrunde liegenden Ursache. War es zum Beispiel ursprünglich ein Normalverhalten von Wildhunden? Wodurch kommt dies in Deinem Haushund zum Ausbruch? Welche Behandlungsmöglichkeiten gibt es?

Nachstehende Liste zeigt mögliche Alternativen auf, die sich dem Hundebesitzer bieten:

Nichts tun - sich damit abfinden.

Umwandlung des Verhaltens.

Problemvermeidung: veränderter Lebensstil, möglicherweise Umzug!

Suche nach einem neuen Zuhause für den Hund beim Nachbarn, einem Freund der im Extremfall Tierheim.

Einschläfern des Hundes.

Mit anderen Worten geht es darum, wieweit Du als Hundebesitzer zu gehen bereit bist. Vor allem sollte man die Schwere des Problems mit all den positiven Erlebnissen vergleichen, die das Zusammenleben mit dem Hund mit sich bringt. Diese überwiegen fast immer das Negative, insbesondere wenn Du Dir vor Augen hälst, in wie wenigen Fällen das Problem auftritt, wenn Du es prozentual auf die Gesamtzeit umrechnest, die Du mit dem Hund verbringst. Eine ganz wichtige Voraussetzung zur erfolgreichen Behandlung von Verhaltensstörungen ist eigener Optimismus, die Gewißheit, daß Du damit fertig wirst, Dich das hundliche Verhalten nicht ständig in schlechte Laune versetzt. Glaube mir, nie gibt es eine Zeit, zu der ein Hund nichts Neues zu lernen vermag. Viele der Therapien, die wir anwenden, bringen schon innerhalb von Minuten geradezu dramatische Änderungen. Bestehen Zweifel, lies **HUNDE AUF DER COUCH - Verhaltenstherapie von Dr. Mugford**!

In diesem Buchteil konzentriere ich mich auf die am häufigsten auftretenden Probleme. Beginnen wir mit der Aggression, der wichtigsten und dringendsten Verhaltensstörung, die zu lösen ist.

12

Hundliche Aggression

Wenn Dein Hund beißt, kann sein Opfer ernsthaften gesundheitlichen Schaden erleiden. Es gibt hier eine strenge rechtliche Verantwortung, handelt sich bestimmt nicht um kleinliche Aufregungen, um unbegründete Furcht. Halte Dir stets vor Augen, daß die Aggression vielschichtige Ursachen hat. Wir kennen verschiedene Aggressionstypen mit unterschiedlichen Ursachen und Symptomen. Keine allgemein gültige Therapie bietet sich an. Es bedarf eigenen Geschicks, persönlicher Erfahrung und profunden Wissens, das man sich durch umfangreiche Literaturstudien beschafft, um zu verstehen, warum eine Aggression auftritt. Möglicherweise hast Du selbst beobachtet, daß Dein Hund nur unter ziemlich genau bestimmten Voraussetzungen Aggressivität zeigt - möglicherweise beißt er den Postboten an der Tür, aber keine anderen Besucher - auch den Postboten nicht, wenn er ihn unterwegs trifft. Vielleicht regt sich Dein Hund beim Anblick von Menschen auf, die sich dem Auto nähern, verhält sich aber völlig tolerant, wenn die Passagiere erst im Auto sitzen. Ganz im Gegensatz zur weit verbreiteten Vorstellung - Aggressionsprobleme haben in aller Regel ihren Ursprung nicht im Dominanzverhalten von Hund oder Hundebesitzer. Viele Menschen werden gebissen, weil ihr Hund sie zu sehr liebt, sich fürchtet oder Schmerzen hat.

Aggression gegenüber dem eigenen Besitzer und der Familie

Besonders erschreckend ist für uns, wenn vom Hund die Hand, die ihn füttert, gebissen wird. Es entsteht ein Gefühl des Betrogenseins, eine Enttäuschung, daß Dein bester Freund Dir so etwas antun konnte, ein großer Vertrauensverlust. Vielleicht hat der Hund zuvor klare Warnsignale gegeben, aber Du konntest Dir überhaupt nicht vorstellen, daß er tatsächlich zubeißen werde. Absoluten Vorrang hat jetzt, dafür zu sorgen, daß niemand erneut gebissen wird. Deshalb solltest Du darauf verzichten, die körperliche Herausforderung anzunehmen, Deinen Hund zu bestrafen. Suche keine direkte Konfrontation, bis eine klare Strategie, mit allen Familienmitgliedern des Haushaltes abgestimmt, erarbeitet ist. Erst dann wird sie angewandt. Wenn Du aus frischem Zorn heraus Deinen Hund prügelst, wirst Du aller Wahrscheinlichkeit nach keine echte Besserung erzielen, es könnte aber durchaus zur Folge haben, daß Du erneut schlimm gebissen wirst. Je nach der zugrunde liegenden Problemstellung gibt es eine Reihe von Empfehlungen, die Du sorgfältig prüfen solltest.

Kampf um die Rangordnung

Es könnte eine Art Machtkampf zwischen Dir und Deinem Hund geben, insbesondere wenn in der Familie eine Politik des Teilens und Herrschens herrscht, wobei der Hund einigen Familienmitgliedern gehorcht, andere anknurrt oder einfach negiert. Glücklicherweise sind die Grundregeln, die Hunde und ihr Sozialgefüge beeinflussen, recht gut erforscht und lassen sich durch einige oder alle nachfolgend aufgeführten Maßnahmen beeinflussen. Dabei handelt es sich um ganz spezifische, in der Regel kurzfristig wirksame Maßnahmen für um die Rangordnung kämpfende, möglicherweise gefährlich werdende Hunde. Für die überwiegende Mehrzahl aller Hunde sind solche Maßnahmen völlig überflüssig.

Wahrung des Größenvorteils. Man darf dem widerspenstigen Hund nicht erlauben, auf Sessel oder Betten zu springen, da ihn dies auf die eigene menschliche Körperhöhe bringt - und Körpergröße bestimmt über die soziale Rangordnung. Ist etwa die Frage des Schlafplatzes Ausgangspunkt des Streits, wird der Hund aus dem Schlafzimmer ausgeschlossen, er darf ab sofort nicht mehr in die Schlafzimmer, besonders wenn sie im oberen Stockwerk liegen.

Laß Dich nicht anrempeln. Wenn Dein Hund beginnt, Dich mit seinem Körper zu stoßen oder zu schieben - selbst aus Freundschaft - solltest Du es ignorieren. Später rufst Du ihn zu Dir, er muß sich setzen. Jetzt wird er zu dem Zeitpunkt, den Du bestimmt hast, gestreichelt, nicht aber dann, wann er es bestimmt.

Erzwinge Gehorsam auf jedes Kommando. Aus Erfahrung wirst Du wissen, ob Dein Hund ein Kommando gehört und richtig verstanden hat. Er muß sofort gehorchen. Ignoriert er das erste Kommando, erhält er über die Klapperbüchse eine letzte Verwarnung, dann wird das Kommando mit Nachdruck wiederholt.

Fasse den Hund an. Benutze die auf Seite 48 erklärte Massagetechnik, untersuche den Hund täglich sorgfältig auf Flöhe, Ohrenschmalz oder verletzte Pfoten und beende das Ganze mit gründlichem Zähneputzen.

Vorsicht beim Spielen. Laß einen aggressiven Hund keinesfalls ein Seilziehspiel gewinnen, ja gar nicht erst beginnen. Wildes Spiel, das dem Hund erlaubt, sich über Dich zu stellen, übermittelt die falsche Botschaft, wer wen kontrolliert. Viel besser spielt man mit ihm kontrollierte Spiele, zum Beispiel sitzen, Gegenstände werfen und dem Hund erlauben, sie zu apportieren. Nachlaufspiele sind gut, solange sie immer zu der Zeit und an der Stelle unterbrochen werden können, die Du bestimmst, keinesfalls der Hund.

Unterordnung. Für Hunde, die ab und zu versuchen, die Rangordnung zu verändern, sind regelmäßige Unterordnungsübungen wichtig. Wähle hierfür Aufgaben, bei denen Du volle Kontrolle hast, abseits von Ablenkungen, möglicherweise im eingezäunten Garten. Gruppenunterordnungsübungen auf schlüpfrigem Boden mit ringsum kläffenden Hunden sind mit Sicherheit erst dann wieder die richtige Umgebung, wenn der Gehorsam eindeutig gefestigt ist. Unter gar keinen Umständen sollte man seinen Hund weggeben, um jetzt von einem »Profi« ausgebildet zu werden. Vielmehr mußt Du gerade jetzt selbst die notwendig Zeit und die eigene Leistung für Deinen Hund aufbringen.

Vorangehen. Ein Hund, der zieht, ist nicht unter Kontrolle. Wichtig ist, daß er Dir, dem Führer, folgt. Kommt es zu Schwierigkeiten, solltest Du ihm ein Halti anlegen, eine Ausziehleine benutzen, wie auf Seite 132 im einzelnen beschrieben.

Ernährung. Schmackhafte für den Menschen bestimmte Ernährung kann die Bindung des Menschen zu seinem Lebensgefährten Tier verstärken, für Deinen Hund wirst Du dadurch aber auch zum möglichen Wettbewerber. Du solltest seinen Verdacht, daß Du ihm seine Futterrationen »stiehlst«, gar nicht erst aufkommenlassen, indem Du ihm zu den gleichen Zeiten und am gleichen Ort, wo die menschliche Familie speist, langweiliges Trockenfutter anbietest. Achte sorgfältig darauf, daß er auf Betteln keinesfalls Tischabfälle oder andere Belohnungen erhält.

Hormone. Nach allgemeiner Erfahrung kommt es mit einem Rüden eher zu Rangordnungsaggressionen als mit einer Hündin. Je nach Verhaltensprofil des Hundes vermindert Kastration diese Art von Aggression zuverlässig. Handelt es sich um einen Hund einer Rasse, die als besonders selbstbewußt gilt, manchmal zu Aggressionen neigt, ist es besser, diesen Hund vor der Pubertät kastrieren zu lassen, etwa in einem Alter von vier bis fünf Monaten. Für einige Macho-Hunde können synthetische Hormone der Progestogen-Familie eine nützliche Ergänzungsbehandlung ermöglichen. Sie werden durch den Tierarzt injiziert oder als Tabletten gegeben.

Vorsicht. Vermeide überflüssige Konfrontation. Hat man an seinem Hund etwas zu tun, das für ihn besonders unangenehm ist, legt man ihm am besten zuvor einen Maulkorb an (siehe Seite 136).

Krisenbewältigung. Wenn auch die besten Vorsichtsmaßnahmen versagen, solltest Du immer in der Lage sein, Dich selbst zu schützen, in der Regel mit der Klapperbüchse, bei besonderen Gefahren mit dem Dog Stop Alarm.

Rollenspiel. Wenn Dein Hund sich ein oder zwei Mitglieder der Familie unterzuordnen versucht, anderen gegenüber sich aber freundlich verhält, sollten Letztere ihn bewußt ignorieren. Dadurch wird beim Hund die Motivation verstärkt, Freundschaft und Führung bei den anderen zu finden, die er zuvor sich unterzuordnen versuchte.

Zähne. Schaden bei Hundebissen entsteht immer in erster Linie durch die vier großen Fangzähne; dies hat amerikanische Tierärzte und uns im Animal Behaviour Centre veranlaßt, für Extremfälle eine neue kieferorthopädische Maßnahme zu entwickeln. Kurz gesagt wird die Länge der Fangzähne auf die Ebene der umliegenden Schneidezähne und Prämolaren verkürzt - auf dieser Ebene können sie nicht mehr viel Schaden anrichten. Seltsamerweise scheinen Hunde, die einer solchen »Entwaffnungsprozedur« unterworfen wurden, danach weniger die Konfrontation zu suchen, möglicherweise weil ihre möglichen Opfer sich wesentlich selbstbewußter zeigen. Dies ist, selbst für Tierärzte mit Spezialausbildung, auf dem Sektor Zahnbehandlung eine noch relativ junge Technik.

Ihren Besitz verteidigende Hunde

Einige Hunde beißen ihre Besitzer zuweilen dann, wenn Futter oder irgendein anderer besonders geliebter Gegenstand im Spiel ist - sie verteidigen ihren Besitz. Hierbei handelt es sich um einen für sie besonders attraktiven Gegenstand, etwa um einen Knochen oder die Futterschüssel, häufig ist es aber auch ein völlig belangloser, logisch unverständlicher Gegenstand, zum Beispiel ein Stück Papier, ein Socken, manchmal sogar eine Person. Cocker Spaniel neigen besonders dazu, Besitzinstinkte zu entwickeln, zum Beispiel unter Sesseln, aber auch für bestimmte Gegenstände oder Menschen. Zeitlich falsche Bestrafung kann solches Verhalten geradezu dramatisch verschlimmern. Viel sinnvoller wäre es, nachstehende Alternativen zu erproben.

Abwertung des Gegenstandes. Die Gesetze des Marktes beeinflussen hundliches wie menschliches Verhalten. Ein Gegenstand, von dem man einen großen Vorrat besitzt, wird weniger geschätzt als ein sehr seltener. Wenn deshalb der Hund Papiertaschen-tücher verteidigt, sollte man ihm einfach viele geben. Verteidigt er Futter, gibt man ihm größere Futtermengen, bietet ihm bei mehreren Mahlzeiten täglich Futter in vie-len Schüsseln.

Vermeiden von Gefahren. Bestimmte Probleme lassen sich leichter vermeiden als be-herrschen. Es gibt keinen vernünftigen Grund, weshalb ein solcher Hund Knochen ha-ben sollte, man streicht Knochen einfach aus seinem Speiseplan. Wenn er zufällig trotzdem im Garten einen alten Knochen oder ein Gerippe im Wald findet, geht man einfach weg, ignoriert ihn. Er wird schon nachkommen.

Tauschgeschäfte. Eine erfolgverprechende Methode bei gegenstands- oder futter-gierigen Hunden besteht darin, ihnen einen Gegenstand anzubieten, der für sie von größerem »Wert« ist als der, den sie verteidigen. Wenn der Hund versucht, seine Schüssel mit mittelmäßig schmackhaftem Fleisch zu verteidigen, bietet man ihm ganz einfach ein Stückchen schmackhafteres Futter im Austausch. Dadurch wird der Hun-debesitzer für den Hund mehr mit dem Belohnungsprozeß für richtiges Handeln ver-bunden, denn als Konkurrent, der abgewehrt werden muß.

Ablenkung. Immer ist es am besten, die Umstände einer Konfrontation zu verändern, sich an einen Ort in eine neue Umgebung zu begeben, wo man die besten Chancen hat, den Gegenstand, den der Hund verteidigt, zurück zu bekommen. Flippt der Hund aus, verteidigt seinen Gegenstand, den er irgendwo im Hause gestohlen hat, klappert man, ehe man nach draußen geht, am besten mit der Leine, ruft ihn zum Spaziergang. Erwischt man den Hund auf frischer Tat, benutzt man die Klapperbüchse, notfalls auch den Dog Stop Alarm. Aber immer ganz genau zum Zeitpunkt des falschen Handelns.

Keine körperliche Strafen. Es ist klar erwiesen, daß wenn Du Deinen Hund bestrafst, weil er sich in den Besitz eines Gegenstandes gebracht hat, Furcht dann seine Aggres-sion eher verstärkt als abbaut. Die praktischen Konsequenzen solchen Wissens sind für jeden Vernünftigen klar.

Zum Schluß, aber besonders wichtig! In Gesellschaft von Kindern muß ein gegen-stand- oder futterverteidigender Hund besonders sorgfältig überwacht werden; akute Gefahr besteht, wenn ein Kind versuchen sollte, sich selbst sein Spielzeug oder Eßba-res wieder zu beschaffen.

Angstbeißer

Es gibt eine Reihe von Hunden, die vor ihren Besitzern Angst haben. Einige sind Op-fer altmodischer Hundeausbildungsmethoden, wobei Zwang jedes Aufmucken der Hunde unterdrückt. Manchmal aber ist Ursache unterschwelliger Angst einfach eine Verkettung ungünstiger Umstände. Beispielsweise hat man versehentlich den Hund getreten oder seine entzündeten Ohren berührt, dadurch eine Verteidigungsreaktion ausgelöst. Am häufigsten ist die Ursache in schlechter Welpenaufzucht, mangelnder Sozialisation mit Menschen zu suchen. Es ist sehr schwierig, für Probleme gute Rat-schläge zu erteilen, die in hohem Maße individuell ausgelöst sind. Aber nachstehende Empfehlungen sollte man ausprobieren.

Aufbau von Ersatzhandlungen. Auf Seite 57 wurde diese Erziehungstechnik beschrie-ben. Ziel ist es, ein neues Verhalten auszulösen, das keine Furcht oder Verteidigungsreaktionen erfordert. Beispielsweise ermuntert man seinem Hund mit seinem Lieblingsspielzeug zu wildem Spiel oder man veranlaßt ihn, sich vor Überprüfung eines empfindsamen Körperbereiches ruhig in die Position »Sitz« oder »Platz« zu begeben. Erst danach folgt das neue Kommando oder bringt man den Hund in eine Position, aus der er sich nicht mehr zurückziehen kann.

Desensibilisierung. Der furchtauslösende Reiz wird dem Hund in ganz niedriger Intensität präsentiert, solange er ihn toleriert auch wiederholt. Nach und nach wird die Intensität des Reizes, den er nach und nach akzeptierte, verbunden mit Belohnungen, unter Vermeidung jeglichen Stresses verstärkt. Mit dieser Methode arbeitet man immer in den Grenzen, die der Hund selbst zuläßt.

Ursachenermittlung. Möglicherweise beruhen die nervösen Reaktionen des Hundes auf einer Erkrankung, deshalb sollte man den Hund durch den Tierarzt untersuchen lassen.

Frisch, frei und fröhlich. Aufmuntern durch fröhliches Spiel! Bluff, Gutgelauntsein, helfen in aller Regel, den sich zurückziehenden, verteidigungsbereiten Hund aus seiner Fluchtburg wieder herauszuholen. Dabei muß man Maß halten, darf den furchtsamen Hund nicht durch übertriebene Sympathie erschrecken.

Sicherheit zuerst. Zu eigenen Sicherheit bedarf es bestimmter Vorsichtsmaßnahmen, etwa bei der Fellpflege, Schneiden der Nägel oder Behandeln einer Wunde. Für solche Aufgaben empfiehlt sich das Anlegen eines Maulkorbs, manchmal reicht es auch, den Hund mit dem Halti zu kontrollieren.

Problemvermeidung

Die meisten Aggressionen gegenüber Familienmitgliedern können durch Beachtung folgender einfacher Regeln vermieden werden:
1. Wähle die zu Deinen Lebensumständen passende Hunderasse.
2. Lege klar und eindeutig vom Einzug des Welpen an entsprechende Haltungs- und Erziehungsregeln fest.
3. Alle Familienmitglieder haben sich an Pflege und Erziehung des Hundes zu beteiligen.

Aggressionen gegenüber Besuchern und anderen Fremden

Die meisten Menschen finden es gut, wenn ihr Hund bellt, klar sein häusliches Territorium verteidigt. Dabei bleibt zu hoffen, daß dieses Verhalten dem Grundstück entspricht, das wir besitzen oder gepachtet haben, daß dieser Hund nicht über die Grenzen von Haus und Garten selbständig hinausstromert. Es ist bemerkenswert, daß die meisten unserer Haushunde derartiges Territorialverhalten haben, aber es gibt ein paar darunter, die im Verfolgen von Fremden ganz einfach zu weit gehen.

Die Ausdrucksformen des hundlichen Territorialverhaltens können in der Regel durch einen einfachen Lernprozeß verändert werden, etwa durch die Entdeckung, daß eine Invasion von Besuchern ihm interessantes Futter anstelle von unangenehmen Erfahrungen bietet. In der Praxis kann man nach nachstehendem Generalplan aggressives Verhalten am direktesten und verläßlichsten abwandeln:

Sicherheit zuerst. Keinesfalls darfst Du die Finger anderer Menschen - und ihre Gesundheit - gefährden; bestehen irgendwelche Risiken, hat Dein Hund bereits Menschen gebissen - mußt Du ihm einen Maulkorb anlegen (siehe Seite 136).

Positives Handicap. Wenn Dein Hund immer bellt und versucht, Menschen an der Eingangstür zu beißen, solltest Du versuchen, ihn mit diesen Menschen nicht gerade an dieser risikoreichen Stelle bekanntzumachen. Am besten bittest Du mutige Freunde, mit dem Hund entweder außerhalb des Territoriums oder im Haus selbst erste Bekanntschaft zu schließen. Bei vielen Deutschen Schäferhunden, die ich kenne, gibt es keinerlei Probleme, wenn sie den Besuchern erstmals begegnen, wenn diese bereits im Wohnzimmer sitzen oder ihnen unterwegs auf der Straße begegnen. An der Eingangstür sind sie aber immer gefährlich.

Zu enge Bindung zwischen Hundebesitzer und Vierbeiner. Möglicherweise hast Du noch gar nicht bemerkt, wie eng Deine Bindung zu Deinem Hund geworden ist. Wahr ist aber - je zurückweisender Du zu Deinem Hund bist, je weiter die körperliche Distanz, um so mehr ist der Hund motiviert, sich mit Fremden anzufreunden. Erwartest Du einen Besucher, solltest Du einfach einmal versuchen, Dich mit Deinem Hund fünfzehn bis dreißig Minuten vor dessen Ankunft nicht zu befassen.

Psyche des Opfers. Es gibt zahlreiche Hinweise, daß eine Reihe von Menschen, die häufig gebissen werden, auf irgendeine Art disponiert scheinen, das Schlimmste in anderer Leute Hunde zu wecken. Ursächlich können Geruchsstoffe sein, ruckartige Bewegungen von Händen und Armen oder auch die Neigung, aus Furcht die Hunde anzustarren. Tonfall und Stimme erlauben zweifellos Rückschlüsse über den eigenen Gemütszustand. Am besten sorgt man im Anfangsstadium der Therapie dafür, daß Menschen, die sich eindeutig vor Hunden fürchten, gar nicht zu Besuch kommen, konzentriert sich auf Besucher, die ruhig sind und Hunde lieben.

Bestechung erkauft Freundschaft. Die Belohnung von ein paar in tiefen Taschen verborgenen Leckerbissen führt bei Hunden in der Regel zu recht wirksamen positiven Erwartungen. Schmackhafte Leckerbissen kann man anfänglich über den Zaun oder durch den Briefschlitz werfen. Bald entdecken die Hunde, daß es tatsächlich angenehmer sein kann, Besucher als die regelmäßigen Familienmitglieder fröhlich zu begrüßen.

Bestrafung. Denke sorgfältig vor jeder Art von Strafe darüber nach. Ist eine Bestrafung unerläßlich, darf sie für den Hund niemals vom Besucher ausgehen. Eine vom Besitzer geworfene Büchse reicht völlig aus. Ich selbst habe in den Fällen einige bemerkenswerte Besserungen erzielt, bei denen starkes Bellen wichtiger Bestandteil des Territorialverteidigens war, indem ich das auf die Geruchsnerven zielende Aboi-Stop-System (siehe Seite 139) nutzte. Offensichtlich läßt sich in vielen Fällen durch Unterdrückung des Bellens aufgrund des überraschendsten Zitronendufts auch der Rest der territorialen Verteidigungshandlung unterdrücken.

Therapie durch Auslösung von Ersatzhandlungen. Es ist richtig, wenn Du Deinen Hund so erziehst, daß er sich auf Kommando an einer bestimmten Stelle auf den Boden legt. Er befindet sich dann innerhalb Sichtweite der Eingangstür oder wo er sonst aggressiv ist, kann sie aber nicht erreichen. Wenn er dort als Belohnung Leckerbissen,

Liebe und andere Freundlichkeiten erfährt, wird dies für den Hund zu einer angenehmen Ersatzhandlung.

Aggressionsprobleme Fremden gegenüber treten gar nicht erst auf, wenn Hundebesitzer meinem Rat folgen, bereits zur Welpenzeit ihren Hund daran zu gewöhnen, sich von vielen Menschen anfassen zu lassen. Wenn Du in der Jugendzeit des Tieres alle und jeden zu Besuch einlädst, diese Menschen den Hund freundlich behandeln, wirst Du später keine negativen Erfahrungen machen. Natürlich sind einige Hunderassen stärker territorial ausgerichtet als andere - insbesondere Deutsche Schäferhunde. Die Wurzel hierfür liegt in der Empfindlichkeit und Nervosität der Rasse, auch in ihrer Veranlagung, den Familienmitgliedern gegenüber sich sehr stark und innig verbunden zu fühlen. Gerade mit solch einem Hund sollte man häufig in der Öffentlichkeit Spaziergänge machen, dabei gelegentlich andere, von Hunden begleitete Spaziergänger bitten, den Hund an der Leine zu halten. Wer die Leine hält, nimmt damit symbolisch die Kontrolle des Hundes wahr, und aus der Kontrolle ergibt sich zunächst Respekt, später Zuneigung.

Raufereien

Ein guter Freund von mir, ein Biologe, drückte es poetisch so aus: »Fleischfresser haben nicht besonders große Zähne, um damit Pilze zu pflücken!« Diese Zähne haben zahlreiche Funktionen, einschließlich als Waffe für eventuelle Auseinandersetzungen mit Artgenossen. In Wirklichkeit sind Ritualkämpfe, mehr mit Drohungen als Beißen, für Hunde eine völlig normale Angelegenheit. Unglücklicherweise aber werden einige Hunde recht geschickte Kämpfer, erkennen dann weder befriedende, Aggression ableitende Signale anderer Hunde, noch reagieren sie darauf. Nichts entwickelt Freude und Geschicklichkeit am Kampf mehr als der Sieg. Einen rauflustigen Hund zu besitzen, macht seinen Besitzer zum Paria der innerhalb der örtlichen Gesellschaft ihre Hunde ausführenden Hundefreunde. Je mehr Dich andere mit ihren Hunden meiden, je mehr Du ihnen aus dem Weg gehst, um so weniger sozialisiert sich Dein Hund. In unserer Praxis erreichte die Behandlung von Hunden, die anderen gegenüber aggressiv waren, von allen behandelten Verhaltensstörungen die höchste Erfolgsrate - volle 92 %. Die Methode baut sich klar auf, erfordert keine besondere Geschicklichkeit und führt zu schnellen Ergebnissen.

Sicherheit zuerst. Du darfst Deinen Hund nie in der örtlichen Hundegesellschaft Unheil anrichten lassen. Deshalb lege ihm bei Spaziergängen die Ausziehleine, möglicherweise in Verbindung mit dem Halti-Kopfhalfter an. Ist er wirklich ein ernsthafter Raufer, solltest Du ihm auch einen Baskerville Maulkorb aufsetzen.

Lehre ihn Toleranz. Hunde verlieren ungern »ihr Gesicht«. Setzt man sie einem anderen Hund gegenüber in Verlegenheit, bedeutet dies für sie ebenso Schlimmes wie hart bestraft zu werden. Gehe mit Deinem nur durch die Flexi-Halti-Kombination kontrollierten Hund in der Nachbarschaft anderer Hunde spazieren. Ideal wäre es, Du hättest einen ausgebildeten »Stunt-Hund«, der selbst keine Aggressionen zeigt. Mein Setter Sam beispielsweise ist als Friedensstifter geradezu Experte, vermeidet gegenüber einem drohenden Patienten immer den direkten Augenkontakt. Jedesmal, wenn Dein Hund seine Nackenhaare sträubt, den anderen Hund anstarrt, nach ihm knurrt oder, noch schlimmer, einen Angriff nach vorne versucht, brauchst Du nur sanft seinen

Kopf seitlich zu bewegen, den Augenkontakt zu unterbrechen. Versuche diese Technik mit einem »Stunt«, am besten im eigenen Garten, ehe Du weitere Versuche im Stadtpark unternimmst, wo ein Fehler leicht zu Verletzungen eines anderen Hundes führen könnte.

Sammlung von Daten. Stelle eine Liste der Hunde auf, die Dein Hund mag, die er nicht mag. Haßt Dein Hund in erster Linie andere Rüden? Sind es nur große schwarze Hunde, Hunde seiner eigenen Rasse oder kleine Kläffer? Eine solche Aufstellung wird Dir helfen, die Motive Deines Hundes zu verstehen; in den meisten Fällen handelt es sich um Aggressionshandlungen gegenüber fremden Rüden.

Sex und Kastration. Stellt sich heraus, daß Dein Rüde nur andere Rüden angreift, spricht vieles für Kastration. Zusätzlich könnte Dein Tierarzt zu einer Hormontherapie raten, sinnvollerweise vor der Kastration, da man davon meist ableiten kann, wie sich der Hund nach der Operation verhalten wird. Hormontherapie ist auch nach der Operation angezeigt, um die Wirkungen zu verstärken. Wenn Du von vornherein die Möglichkeit ausschließen möchtest, daß Dein Rüde möglicherweise zum Raufer wird, könntest Du ihn schon in den ersten neun Monaten seines Lebens kastrieren lassen.

Belohnung guten Verhaltens. Deine lobende Stimme und Deine Körperhaltung sind die wichtigsten Faktoren, die Deinen Hund auch fremde Hunde tolerieren lassen. Dies gilt selbst für Hunde, die zuvor bereits von anderen gebissen wurden. Später zahlen sich fröhliches Spiel und die Annehmlichkeit, interessante private Körperteile anderer Hunde beschnüffeln zu können, aus, ersetzen frühere Raufgelüste.

Strafen für Raufer? Um die innerartliche Rüdenaggression einzuschränken, sind konventionelle Strafen wenig geeignet. Beispielsweise denke ich an das Zurückreißen mit dem Würgehalsband. Richtig gehandhabt kann sich bei ersten Drohungen zeitlich richtig abgestimmte Ablenkung etwa mit dem Dog Stop Alarm als nützlich erweisen. Gute Erfahrungen gibt es auch mit der Klapperbüchse, wenn Du Deinen Hund rechtzeitig darauf eingestellt hast (siehe Seite 128). Spielt in der Gesamtabfolge von Drohung bis zum Angriff Bellen eine wichtige Rolle, kann sich eine Unterbrechung mit Hilfe von Aboistop (siehe Seite 139) als hilfreich erweisen. Der überraschte Blick eines Hundes, dessen gebellte erste Drohung einen nebligen Duft von Zitronenöl auslöst, ist köstlich anzusehen.

Geduld führt zum Erfolg. Bilde Dir nicht ein, daß sich Erfolg schon dadurch einstellt, daß Du täglich einem oder zwei Hunden begegnest; geballte Erlebnisse mit zwanzig oder mehr Hunden täglich wären das richtige Ziel. Du mußt die relativ übermäßig geschützte, hundefreie Existenz Deines Hundes, in der er bisher gelebt hat, kompensieren - deshalb ist es viel besser, Deinen Hund von Anfang an mit einem Maximum an Begegnungen zu konfrontieren.

Lösung im Hundeclub? Vielleicht hast Du das Glück, daß in Deiner Nachbarschaft ein Ausbildungsverein arbeitet, der im Freigelände alle Raufgelüste unterdrückende Erziehungsmethoden übt. Dies kann eine vorzügliche therapeutische Umgebung sein, um hartnäckige Raufer zu kurieren. Wird aber der Unterricht im Saal auf glatten Böden durchgeführt und beschränkt sich die Hilfe der Ausbilder auf das Schreien des Kommandos »Aus!«, wärst Du sicher besser beraten, Deine Problemlösung zu Hause oder beim Spaziergang im Park zu suchen.

Macht der Stimme. Du kannst sehr viele Deiner Absichten und Erwartungen auf den Hund mit der Stimme übertragen. Bleibe deshalb ruhig, sprich mit Deinem Hund in besänftigendem, freundlichen Tonfall.

Probleme mit raufenden Hunden treten enttäuschend häufig auf und lassen sich so leicht vermeiden, wenn die unseren Hunden von Geburt an mitgegebenen Sozialinstinkte laufend geübt werden. Positive Früherfahrungen des Junghundes, tägliche Spaziergänge ermöglichen angenehmen Kontakt mit der gesamten örtlichen Hundegesellschaft.

Geschwisterliche Rivalität

Ein einzelner Hund kann ein einsamer Hund sein, deshalb empfehle ich in der gemischten Mensch-Hunde-Meute nach Möglichkeit mehrere Hunde zu halten. Es gibt aber auch aus der Haltung mehrerer Hunde Gefahren. Selbst in den allerharmonischsten Familien gibt es gelegentlich einen Störenfried, sogar einen Totalausfall. Je ähnlicher die Persönlichkeiten der zusammenlebenden Hunde, um so wahrscheinlicher kommt es zu Auseinandersetzungen. Bei weitem die schlimmste Kombination bietet ein Zusammenhalten gleichgeschlechtlicher Wurfgeschwister. Zwei Brüder oder Schwestern, von gleichem Charakter und Temperament, haben es schwer, ihre eigene Persönlichkeit zu entwickeln, zu einer natürlichen Rangordnung zu kommen.

Unsere menschlichen Instinkte veranlassen uns meist, unsere Haustiere nach demokratischen Regeln zu behandeln. Dies kann aber mit dem Aufbau einer klaren sozialen Rangordnung im Widerspruch stehen, vermehrt in der Regel die Konkurrenz unter den Hunden. Dies machen wir noch schlimmer, wenn wir den »underdog« favorisieren, eine Politik, die immer zum Auslöser von Konflikten und Eifersucht beim selbstbewußteren Einzelhund im Paar wird. Nach meiner Erfahrung kommt es zu den allerbösesten Beißereien, wenn zwei zur Familie gehörende Hunde zu Hause untereinander raufen.

Sehr häufig sind es gerade die besonders geliebten Menschen, die zum Auslöser eines solchen Kampfes werden, vielleicht gerade die geliebteste Person im Leben dieses Hundes. Frieden tritt wieder ein, sobald diese Person auszieht. In anderen Fällen raufen Hunde über irgendeinen scheinbar trivialen und bizarren Anlaß - einen Socken, ein totes Insekt oder beim Wettlauf, wer an der Eingangstür bellen darf. Derartige Rivalitäten sind nicht nur für die Hunde gefährlich, sie können für die Menschen zum extremen Risiko werden, wenn sie versuchen, die Hunde zu trennen. Allererste Priorität muß hier die Sicherheit haben.

Sicherheit zuerst. War die Rauferei ernsthaft, hat sie Wunden hinterlassen, müssen beide Hunde zumindest für die Dauer einer Woche Maulkörbe tragen. In dieser Zeit werden mögliche Gefahren und erforderliche Erziehungsmaßnahmen ernsthaft geprüft. Solche Sicherheitsmaßnahmen sind:

Ausziehleinen, in die Halsbänder eingearbeitet, so daß man die Hunde, mit geringerem Risiko gebissen zu werden, fassen und trennen kann.

Ein Wassereimer oder ein großer Wassertank draußen vor der Tür, in den man die raufenden Hunde einfach untertaucht. Nützlich erweist sich manchmal auch ein flaches Brett, durch das man einfach den Sichtkontakt zwischen den Kämpfern unterbrechen kann.

Ein Dog Stop Alarm, eventuell ein Tuch, das man über die Hunde werfen kann und andere derartige sofort wirkende Hilfsmittel, die notwendig sein könnten, um raufende Hunde zu trennen.

Sei aber immer sehr vorsichtig, wir alle werden unüberlegt und sehr leichtsinnig, wenn wir versuchen, unsere geliebten Hunde davor zu bewahren, sich gegenseitig zu verletzen.

Nicht über längere Zeiten trennen! Versuche die Hunde nicht länger als unbedingt notwendig voneinander zu trennen. Die ersten Sekunden der Wiedervereinigung sind in aller Regel die gefährlichsten. Versuche durch gemeinsames Spiel und Spaziergänge die Verbindung so intensiv wie möglich zu gestalten.

Die Keimdrüsenlösung. Sind zwei Rüden die Raufer, sollte mit absoluter Sicherheit ein Rüde kastriert werden. In einigen Fällen empfiehlt sich eine Hormontherapie, wodurch der Rüdenstatus des »underdog« verringert wird. Im allgemeinen ist es völlig verkehrt, den Initiator der Raufereien zu kastrieren, da er häufig seiner Veranlagung nach das Alpha-Tier, der Rudelführer ist. Das Langzeitziel ist vielmehr darauf gerichtet, den sozialen Abstand zwischen dem raufenden Paar zu vergrößern.

Bei Hündinnen liegt die Wahrscheinlichkeit, daß es zu Raufereien kommt, zu Beginn der Hitze (Oetrus) und später zu Beginn der Schwangerschaft (Scheinschwangerschaft) in aller Regel höher als zu anderen Zeiten. Erinnere Dich daran, daß bei Wolfsrudeln die Fortpflanzung Vorrecht der Alpha-Hündin ist. Man sollte sorgfältig Aufzeichnungen machen, um zu erkennen, ob die Wahrscheinlichkeit von Raufereien sich je nach dem Stand ihres Oestruszyklus verändert. Es kann dann gute Gründe geben, eine oder auch beide raufenden Hündinnen kastrieren zu lassen.

Dominanz-Unterdrückung. Nach Auftreten von Raufereien sollte man wesentlich strenger werden, von beiden Hunden strikten Gehorsam verlangen. Denn dadurch unterdrückt man Initiativen, gegenseitig nacheinander zu schnappen oder Drohungen auszutauschen.

Detektivarbeit. Aufzeichnungen über Ort und Zeit, da es zu Raufereien kommt, werden wahrscheinlich ergeben, daß diese Raufereien meist voraussehbar sind. Vielleicht ist dabei immer nur eine Person anwesend, oder ein Klopfen an der Tür, ein Läuten des Telefons, das den Vorgang auslöst. Offensichtlich ist es wichtig, derartige Situationen zu vermeiden oder zumindest auf den absolut notwendigen Umfang einzuschränken. Da Raufereien sich so oft auf die »Lieblingsperson« im Haushalt konzentrieren, könnte man scherzhaft in Erwägung ziehen, ihr mit einem taktischen Ausschluß zu drohen. Es sei denn, das Idol der Hunde verspricht, zurückhaltender und weniger liebevoll zu den Hunden zu sein.

Manchmal wird empfohlen, raufenden Hunden solle man einfach gestatten, es untereinander auszutragen, sie kämen dann ganz von alleine wieder zurecht. Unglücklicherweise ist dies eine sehr gefährliche Strategie, und ich habe tragische Fälle erlebt, wo Hunde sich buchstäblich zu Tode bissen. Ist das Risiko zweier großer raufender Hunde zu groß geworden, muß bedauerlicherweise das Umplazieren eines der Hunde in Erwägung gezogen werden - schon der Gesundheit der Menschen wegen. Hierbei sollte man auch klar sehen, daß diese Hunde, ausgelöst durch laufend wechselnde Situationen der Zuneigung und der Auseinandersetzung unter chronischem Streß leiden. Auch für die Hunde wäre es dann besser, getrennte Leben zu führen.

13

Probleme mit der Liebe

Die Gefahren übergroßer Zuwendung

Die meisten von uns halten Hunde, weil sie die einzigen Wesen sind, die uns Menschen kritiklos lieben. Es sind ihre Zuneigung, ihre Abhängigkeit und ihre blinde Loyalität, die uns Hundebesitzern so viel Freude schenken, Motiv für die Hundehaltung sind. Bei ein paar Hunden aber wird diese Bindung extrem. Läßt man einen solchen Hund alleine, wird er unsicher, gerät in Panik. Häufig mißverstehen Hundebesitzer diesen Aspekt des Verhaltens ihres Hundes, kommen zu der irrigen Vorstellung, daß ihr Hund das Haus aus Trotz zerstöre oder verunreinige, laufend herumlärme, weil er ihn alleine zu Hause gelassen habe, weil er seinen Besitzer »bestrafen« wolle. Ich habe immer wieder in diesem Buch unterstrichen, Zuneigung oder Liebe ist die Haupttriebfeder hundlichen Verhaltens. Kommt man mit dem Faktor Liebe zurecht, stehen die meisten anderen Aspekte der Beziehung Mensch und Hund in der richtigen Rangordnung.

Die allerverbreitetste Klage bei übertriebener Bindung lautet, daß der Hund - alleingelassen - Gegenstände zerstört. Es kann auch zu einem Zusammenbrechen der normalen Stubenreinheit kommen, zum Kläffen oder Heulen - alles Versuche, den Hundebesitzer daran zu hindern, das Haus zu verlassen. Hinzu kommt möglicherweise eine Fülle anderer neurotischer, Liebe suchender Handlungen, um die Aufmerksamkeit des Hundebesitzers auf sich zu ziehen. Etwa unaufhörliches Kläffen, wenn das Telefon läutet, oder der Hund versucht, Unterhaltungen mit Besuchern, Fernsehen, Lesen und andere Aktivitäten zu unterbrechen.

Es gibt hier bei bestimmten Hunderassen interessante Häufungen, auch in Altersgruppen und in der persönlichen Geschichte des einzelnen Hundes. In unserer Verhaltenstherapie stoßen wir häufig auf junge Mischlinge, insbesondere Hunde in zweiter Hand, die aus dem Tierheim adoptiert wurden. Solche Hunde neigen am meisten dazu, alleingelassen in Panik zu geraten. Unter den Rassehunden haben Labradors viel häufiger schwere Trennungsprobleme, gerade wenn man sie mit recht nahen Rassen wie dem Golden Retriever vergleicht, der sich nur sehr selten zerstörerisch verhält. Der gemeinsame Charakterzug von Mischlingen wie Labradors ist, daß sie ihren Besitzern gegenüber unerschütterlich loyal sind. Möglicherweise ist der Preis, welche die zweibeinigen Lebensgefährten zu bezahlen haben, ihre Veranlagung zur extremen Abhängigkeit.

Die meisten Trennungsprobleme treten bei Hunden unter einem Alter von zwei Jahren auf. Wahrscheinlich sind sie ein Symptom noch immer bestehender jugendbedingter Abhängigkeit. Genau wie der gestreßte Welpe Trost beim Nuckeln an der mütterlichen Zitze findet, im Zahnwechsel beim Kauen auf einem Stock, ebenso konzentrieren sich derartige Hunde auf Angst mindernde Ersatzaktivitäten wie Kauen und Gegenstände zerreißen. Zum Schluß - aber besonders wichtig - Rassehunde, die in Welpenfarmen geboren, durch Hundehändler verkauft werden, zeigen ausgeprägt die Neigung zu übersteigerter Anhänglichkeit; Trennungsprobleme treten nach unseren

Erfahrungen mit Patienten im Animal Behaviour Centre bei Hunden aus »Welpenfarmen«, verglichen mit Rassehunden, die direkt beim Züchter gekauft wurden, fünfmal häufiger auf.

Allgemeine Strategie

Therapie bei Hunden, die das Alleinsein nicht ertragen, hat hohe Erfolgsquoten, 76 % unserer Patienten zeigen innerhalb von etwa drei Monaten eindeutige Besserungen. Im nachhinein fanden es die meisten dieser Hundebesitzer selbst als grotesk, daß sie derartige Unannehmlichkeiten und Sachschäden laufend hingenommen hatten, obwohl die Problemlösung sich als so einfach erwies.

Lockerung der Mensch-Tier-Beziehung. Die Menschen mit einem solchen Hund müssen sich dringend selbst innerlich mehr von ihm lösen, weniger Liebe zeigen. Es besteht keinerlei Zweifel, wie schwer dies fallen kann. Für einige erscheint eine solche Therapie schlimmer als das Fehlverhalten des Hundes weiter zu ertragen. Auf die vielen kleinen Dinge kommt es an, etwa, daß man nicht auf jede Annäherung seines Hundes mit sprechen, streicheln oder abliebeln reagiert. Solche Annehmlichkeiten dürfen für den Hund nur noch gelegentlich, keinesfalls immer zu erreichen sein. Keinesfalls sollte man auf alle seine Forderungen eingehen, sei es auf Spiel, Auslauf in den Garten oder die Gelegenheit, den ganzen Abend über auf dem menschlichen Schoß zu schlafen.

Zeitliche Einschränkung des Kontakts. Als Ausdruck einer kühleren Beziehung bedarf es praktischer Schritte, der Hund muß häufig über kurze Zeiten von seinem Menschen getrennt sein. Dies kann einfach dadurch erfolgen, daß man beim Gehen von einem Raum in den anderen die Tür hinter sich schließt, den Hund hindert, zum menschlichen Schatten zu werden. Das erste Ziel liegt bei 30 % zeitlicher Trennung am Tag. Nach Möglichkeit sollte man den Hund auch nicht weiter im Schlafzimmer schlafen lassen, keinesfalls darf er mit im Bett liegen.

Der Abschied. Ehe man den Hund allein läßt, sollte man sich ihm gegenüber kühl, ja zurückweisend benehmen, sich keinesfalls liebevoll fürs Weggehen zu entschuldigen versuchen. Die meisten von uns (mich eingeschlossen) haben mit ihren Hunden einen recht bizarren Gesprächsablauf; beim Abschied erzählen wir ihnen wohlmeinende Phrasen wie »Sei ein lieber Junge«, »Paß schön auf« und »Ich komme schnell zurück!«. In diesem Fall ist es viel besser, auf einmal weg zu sein, auch das persönliche Verhalten, die Vorbereitungen zum Weggehen kurzfristig zu ändern. Man kann dem Hund einige Rätsel aufgeben, etwa indem man durchs Fenster das Haus verläßt, sich nicht zuvor umkleidet, keinen Mantel anzieht! Zuweilen sollte man das Auto in einigem Abstand vom Haus parken, denn das Geräusch des startenden Autos kann genau zum Auslöser problematischen Trennungsverhaltens werden.

Desensibilisierung. Anfänglich hilft es, den Hund nicht länger alleine zu lassen als er selbst es toleriert. Stattdessen sollte man immer kurzzeitig weggehen, wieder zurückkehren, als hätte man Schlüssel oder Handtasche vergessen. Am besten setzt man sich zu Beginn der Erziehung zum Ziel, vor jeder echten Trennung zunächst fünf »Scheinabgänge« vorzunehmen. Langfristig sollte man dann ein Verhältnis von eins zu zwei anstreben. Die Theorie klingt ganz einfach und gut, in der Praxis aber kommt es immer wieder zu Schwierigkeiten, da die Toleranz für das Alleinsein bei Hunden von Tag zu Tag oft recht unterschiedlich ist.

Aufzeichnungen. Mache sorgfältige Notizen über das Verhalten des Hundes. Notiert werden Tag, Zeit und Dauer tolerierter gegenüber nicht tolerierter Trennung. Überprüfe diese Angaben sorgfältig wie ein Detektiv, baue auf kleinen Erfolgen immer weiter auf.

Bequemlichkeit für den Hund. Vergewissere Dich, daß Dein Hund vor dem Verlassen genügend Auslauf hatte, gefüttert und getränkt wurde, sich, während Du abwesend bist, frei im Haus bewegen kann. Häufig ist es eine Hilfe, wenn ein Radio leise spielt. Für den Hund kann man es oft erträglicher machen, wenn er auf Deinem Bett oder auf duftenden, getragenen Kleidern liegen darf - dies sollte man gezielt ausnutzen. Je normaler und bequemer die Vorkehrungen für Deinen Hund im Haus während Deiner Abwesenheit sind, desto besser.

Keine Strafen! Viel zu viele Hundebesitzer schimpfen oder bestrafen ihre Hunde, wenn sie den angerichteten Schaden im Haus entdecken oder einen Beschwerdebrief ihres Nachbarn erhalten. Dies ist gerade zum Zeitpunkt der Wiedervereinigung eine abstoßende Handlung. Das Wiedersehen muß immer für beide Seiten ein ganz freudiges Erlebnis bleiben. Niemals darfst Du einen Hund wegen der angerichteten Zerstörungen bestrafen. Reagiere Dich meinetwegen ab, indem Du gegen einen Mauerstein trittst oder einen Hundeberatungsdienst anrufst. Take it easy! (Nimm es leicht!)

Alternativmaßnahmen. Erinnere Dich, Hunde sind intelligent, beeinflußbar und - vor allem - soziale Geschöpfe, für die Isolation immer ein Trauma bedeutet. Zumindest solltest Du das Umfeld Deines Hundes, wie in Kapitel zehn ausgeführt, mit Spielzeug ausstatten. Die geeignetsten Ablenkungsspiele gegen das Ankauen Deiner Einrichtung sind wahrscheinlich der Kong und das Spielseil. Du solltest auch einmal darüber nachdenken, ob Du den Hund überhaupt alleine lassen mußt. Möglicherweise wäre es besser, er würde Dich zur Arbeit begleiten, selbst wenn er dann im Auto bleiben muß. Am allerbesten wäre natürlich, einen Hund mit übersteigerter Bindung in die Obhut eines Freundes zu geben, wenn Du Dich über längere Zeitabschnitte wirklich von ihm trennen mußt.

Medikamente. In Panik befindliche Hunde haben einen geradezu dramatisch beschleunigten Herzschlag, erhöhten Blutdruck, Störungen im Ernährungstrakt und anomale Atemtätigkeit. Und wie ängstliche Menschen haben ängstliche Hunde auch besonders hohen Sauerstoffbedarf. Die meisten psychischen Reaktionen werden durch den Adrenalinspiegel gesteuert, solche Hormonsteuerung aufgrund von Furcht gibt es bei allen Säugetieren. Über viele Jahre schon werden in der Humanmedizin Medikamente als »Beta-Blocker« eingesetzt, um die schlimmsten körperlichen Auswirkungen von Furcht zu mindern. In England ist das bekannteste Medikament Inderal. Wenn vorstehende Ratschläge zur Veränderung in der Betreuung das Problem des übermäßig auf seinen Besitzer ausgerichteten Hundes nicht gelöst haben, sollte man diese Frage mit dem Tierarzt besprechen. Möglicherweise können Beta-Blocker und andere die Angst mindernde Medikamente Erleichterung bringen. Natürlich sollte man Medikamente immer nur als kurzfristige Zwischenlösung während der Behandlung von Verhaltensstörungen ansehen, keinesfalls als eigene Problemlösung.

Der medizinische Hintergrund. Oft treffen wir auf Hunde, die alleingelassen plötzlich in Panik ausbrechen, obwohl sie zuvor längere Trennzeiten durchaus tolerierten. Die Ursache kann in Gesundheitsstörungen liegen. Ich habe dies vielfach bei älteren Hunde beobachtet. Zum Beispiel bei einem zehnjährigen Labrador, der plötzlich alleingelassen Panikanfälle bekam, gleichzeitig aber auch Symptome eines Leberversagens zeigte. In einem anderen Fall stand Taubheit hinter der Panik, wieder in anderen Arthritis, entzündete Ohren oder die Angst, durch einen anderen Hund angegriffen zu werden. Deshalb sollte man immer Ohren und Zähne des Hundes kontrollieren, prüfen, ob irgendeine Hautentzündung, Blindheit, Lahmheit oder andere körperliche Beschwerden vorliegen. Die Einzelsymptome bei übermäßig auf ihre Besitzer ausgerichteten Hunden variieren, deshalb möchte ich nachstehend noch einige zusätzliche Ratschläge und Therapien, abgestimmt auf ganz spezifische Merkmale, beschreiben.

Zerstörung der Wohnung

Ich bin Hunden begegnet, die buchstäblich ganze Wohnungseinrichtungen zerstört, das Autoinnere zerkaut haben, Schaden anrichteten, der sich auf mehrere Tausend Pfund erstreckte. Bald ist der Punkt erreicht, da die Hundebesitzer dies einfach nicht mehr länger ertragen können. In solchen Fällen ist eine kurzzeitige Strategie zur Vermeidung weiteren Schadens durchaus gerechtfertigt. Hierzu kann sich ganz einfach und außerordentlich preiswert ein Maulkorb eignen (siehe Seite 136). Da aber Hunde beim Tragen von Maulkörben stetig überwacht werden sollten, steht dies mit dem Wunsch nicht in Übereinstimmung, den Hund alleine zu lassen. Besser wäre ein solide gebauter Zwingerraum im Haus oder - falls es die Umstände erlauben - ein Außenauslauf oder Zwinger mit Auslauf. Beim Fachhandel erhält man Käfige in einer Vielfalt an Größen und Materialien (siehe Seite 146). Die widerstandsfähigsten sind Drahtkäfige aus galvanisiertem Stahldraht. Errichtest Du außerhalb des Hauses entsprechende Zwingereinrichtungen, könntest Du Dir den Zorn der Nachbarn einhandeln, wenn Dein Hund alleingelassen laufend kläfft.

Bellen des alleingelassenen Hundes

Bellen bedeutet für einen Hund wenig Kraftaufwand, kann deshalb zuweilen tagelang fortgesetzt werden. Hundegebell durchdringt das ganze Haus. Es ist unmöglich, diese Belästigung durch technische Maßnahmen wie etwa Schallisolierung eines Raumes wesentlich zu mindern. Wenn ich einmal annehme, daß alle Maßnahmen, wie für übermäßig mit ihren Besitzern verbundene Hunde dargestellt, vergeblich angewandt wurden, sollte man es mit dem Aboistop versuchen. Man halte sich dabei vor Augen, daß fremdartige Gerüche einen ohnehin sehr gestreßten Hund möglicherweise noch mehr aufregen. Die letzte Option, die Besitzern solcher ständig kläffenden Hunde offensteht, ist die Einstellung eines »petsitters« oder man gibt das Tier tagsüber in eine Tierpension.

Verunreinigung der Wohnung durch den alleingelassenen Hund

Gerade übertrieben auf ihre Besitzer ausgerichtete Hunde sind ein guter Beweis, wie nahe Streß und Blasen-/Darmkontrolle in der Regel miteinander verbunden sind. Eine normale Passage des Magen-Darm-Trakts erfolgt in Intervallen von 1,5 bis 2 Stunden, aber im Streß (und ein übermäßig auf seinen Herrn ausgerichteter, alleingelassener Hund steht unter schwerem Streß) wird diese Passage für einen, sogar zwei Zyklen blockiert. Setzt die Passage schließlich wieder ein, erfolgt sie mit bemerkenswerter Intensität, ist viel stärker als die Fähigkeit des Hundes, die Funktion der Analschließmuskeln zu kontrollieren. Stelle Dir vor, wie absolut falsch es wäre, bei der Heimkehr solch einen Hund zu bestrafen - aber viel zu viele Hundebesitzer tun dies immer und immer wieder.

Zur praxisnahen Lösung ist es vernünftig, einen Hund fasten zu lassen, wenn er alleingelassen regelmäßig die Wohnung mit Kot verunreinigt. Anstatt den Hund vor dem Weggehen zu füttern, erhält er seine Mahlzeiten bei der Rückkehr. Zusätzlich kann man auch die Wasserschüssel wegstellen, wenn man ihn nicht für länger als fünf Stunden allein läßt. Viele ängstliche Hunde trinken unter dem Streß der Trennung mehr als sie brauchen. Reinige alle Stellen gründlich, wo der Hund uriniert oder Kot abgesetzt hat. Man kann auch überlegen, seine Bewegungsmöglichkeiten einzuschränken, ihn beispielsweise in einen Einzelraum, in einen Zwinger oder Käfig zu stecken.

Übertriebener Schutztrieb

Es mag bizarr erscheinen, aber viele Arten der Aggression werden beim Hund dadurch ausgelöst, daß er versucht, seinen Herrn und seine Freunde bei sich zu Hause zu halten - er kämpft gegen die Aussicht, alleingelassen zu werden. Hier denke ich an Jamieson, einen außerordentlich gastfreundlichen Mischling, der ursprünglich im Battersea Dogs' Home (Tierheim) lebte; er erlaubte allen und jedem, die bescheidene Wohnung seines Besitzers zu betreten, hielt sie dann aber alle als seine Gefangene! Bei einer besonderen Gelegenheit wurde ein Einbrecher sein »Gefangener«, der bis zur Rückkehr von Jamieson's Herrin sicher in hundlichem Gewahrsam gehalten wurde.

Die Therapie derartiger zu große Besitzansprüche stellender Hunde wie Jamieson erfordert in der Regel das Erlernen von Ersatzhandlungen. Hierbei lehrt man den Hund, sich auf einem Sessel oder einer Matte in kurzem Abstand von der Tür zu setzen, die er anderenfalls bewacht. Man muß solche Ersatzhandlungen besonders lohnend für den Hund machen, etwa in Form von Spiel, Futterbrocken oder was ihn besonders interessiert. Man muß die Wohnung verlassen, zurückkehren, verlassen, zurückkehren - dies über mehrere Tage immer wieder - und jedesmal wird der Hund für sein Verbleiben »auf seiner Matte« belohnt. Immer ehe man tatsächlich die Wohnung verläßt, also beim letzten Hinausgehen, ruft man den Hund, wirft einige Futterbrocken als symbolisches Auf Wiedersehen durch den Briefkastenschlitz.

Noch eine Anmerkung! Hunde, die exzessiv ihr Grundstück oder an der Leine ihre Besitzer schützen, zeigen in der Regel noch andere Anzeichen übersteigerter Anhänglichkeit; sie lassen sich nicht durch aktives Strafen, sondern nur durch sorgfältiges und systematisches Verändern im Verhältnis Hund/Mensch kurieren. Wie Omar Sharif einst sagte - Liebe ist eine wunderbare Sache, solange man weiß, wie man damit umgehen muß!

14

Andere Verhaltensstörungen:

und wie man sie bewältigt

Bellen

Übertriebenes, andauerndes und unerwünschtes Bellen von Hunden ist eine der Hauptursachen von Nachbarnschaftsproblemen. Es löst auch die häufigsten mit Hunden in Verbindung stehenden Beschwerden bei den Behörden aus. Und dieses Problem wäre - natürlich - durchaus vermeidbar.

Als erstes müssen wir die Gründe aufzeigen, weshalb Hunde bellen: zur territorialen Verteidigung; in Zusammenhang mit Spiel und allgemeiner Erregung, aufgrund von Angst durch Trennung vom Besitzer (vergleiche Kapitel dreizehn), als eine Art Zwangshandlung, als Quelle angenehmer Selbstbestätigung (siehe Seite 195), zuweilen auch als ein Verhalten, das versehentlich aus falscher Erziehung entstand.

Hat man das zugrunde liegende Motiv erkannt, erwächst hieraus die angemessene Lösung des Problems. Nachstehend einige Tips, die sich in der Praxis bewährt haben.

Entzug falscher Belohnungen. Überprüfe nochmals die einzelnen Gründe, analysiere Ursache und Wirkung, organisiere das Leben Deines Hundes neu, so daß von ihm erwartete Belohnungen für das Bellen verschwinden. Beispielsweise könnte es Deine immer wiederholte Rückkehr sein, um Deinen kläffenden Hund zurechtzuweisen, die genau zum Faktor wurde, der dieses unerwünschte Kläffen unterstützte. Für einen territorial veranlagten Hund könnte es der Anblick weglaufender Menschen sein. Durch aufgeregtes Bellen mag der Hund früher Zweibeiner veranlaßt haben, mit ihm zu spielen. Alle derartigen Abläufe müssen abgeändert werden, dadurch wird der Reiz zum Bellen aufgehoben.

Strafe. Einmal besuchte ich eine Zwingeranlage, die von einem sehr selbstbewußten - einige würden sagen grimmigen - Hundeausbilder geleitet wurde. Fünfundvierzig Hunde blickten mit traurigen Augen durch die Gitter, kaum wedelten die Ruten zur Begrüßung - die Hunde waren nahezu stumm. Mein Gastgeber zeigte mir das Instrument, das diese stille Herrschaft erfolgreich aufrecht erhielt - eine leichte Peitsche, die er kaum den Hunden zu zeigen brauchte oder gegen die Zwingertüren schlug, um das erwünschte stumme Verhalten zu erzielen. Dies ist bestimmt keine Methode, die ich irgendjemanden empfehlen würde. Ich bin sehr besorgt um das Wohlergehen von Hunden, die unter solchen Verhältnissen gehalten werden. Trotzdem illustriert dieses Beispiel recht eindeutig, daß Hundebellen durchaus erzieherisch zu beeinflussen ist. In unserer Erziehung wählen wir anstelle von Peitschen notfalls den Wurf mit der Klapperbüchse, begleitet von einer einfachen Geste der Hand oder einem ruhig ausgesprochenen Kommando. Achte immer sorgfältig darauf, unerwünschtes Bellen nicht versehentlich dadurch zu verstärken, indem Du den bellenden Hund anschreist oder zu maßregeln versuchst.

Bereicherung der Umgebung. Sehr häufig sind bellende Hunde gelangweilte Hunde. Deshalb ist es außerordentlich wichtig, dem Hund ein abwechslungsreiches Leben mit vielen stimulierenden und körperlich anregenden Spielmöglichkeiten zu bieten. Als schwachen Ersatz für hundliche und menschliche Gesellschaft kann richtiges Spielzeug dienen.

Aboistop. Anwendung und Technologie dieses Hilfsmittels habe ich in Kapitel zehn beschrieben, ich glaube, in vielen Fällen ist es geradezu die Ideallösung. Die anderen »Notlösungen« wie Elektroschockhalsbänder oder gar Stimmbandoperationen (siehe unten) sind mit Sicherheit abzulehnen.

Operation. Jedes Land hat seinen eigenen ethischen Tiefpunkt. Neuseeländer sehen es als normal an, daß Tierärzte ihre Hunde chirurgisch zum Verstummen bringen - insbesondere im städtischen Bereich. In Australien, dem Vereinigten Königreich und den meisten Teilen Europas würde eine solche Prozedur unter Tierärzten und anderen, denen es um das Wohlergehen der Tiere geht, tiefste Mißbilligung auslösen. Abhängig von Stelle und Ausmaß der Operation erholt sich das Bellen eines operierten Hundes zu einem gurgelnden Husten, das ebenso störend sein kann wie das ursprüngliche Bellen.

Autofahren

Wie Autos den Menschen die Freiheit zum weiten Reisen gebracht haben, dienen sie auch den Hunden, denn das Auto erlaubt ihnen, relativ luxuriös mitzureisen. Mutter Natur konnte mit Sicherheit die außerordentlich großen Entfernungen, die Verbreitung des Menschen über ein Riesenterritorium, die sich aus der Erfindung des Autos ergaben, nicht voraussehen. Die meisten Hunde lieben das Reisen, genießen das Panorama von Ausblick und Gerüchen. Sie gleiten mühelos in Gesellschaft eines geliebten Menschen durch das Land, mehr könnten sie sich kaum wünschen.

Aber Autos werden zuweilen für Hunde auch zum Problem. Einige regen sich beim Autofahren zu sehr auf, ich bezeichne sie als unsere »autoverrückten« Hundepatienten. Es gibt eine Minderheit von Hunden, die sich durch das Autofahren gestreßt fühlt. Ursache hierfür sind entweder unangenehme Verbindungen und Erfahrungen, häufiger aber eine durch die Bewegung ausgelöste Übelkeit. Der körperliche Balancemechanismus wird in körperfremder Art stimuliert. In beiden Fällen ist ein solcher Hund im Auto kein besonders guter Begleiter, lieber bliebe er zu Hause oder im Zwinger. Alle Beteiligten leiden darunter, aber die Probleme unserer Hunde mit dem Autofahren lassen sich in aller Regel leicht lösen.

Autoverrückt

Aufgeregtes Kläffen und Kreischen von Hundepatienten beim Autofahren gehört zu den regelmäßigen Erziehungsaufgaben in unserem Animal Behaviour Centre. Wir überprüfen diese Hunde persönlich, unternehmen mit Hund und dem bereits lange leidenden Hundebesitzer eine kurze Autofahrt. Ich erinnere mich eines Jack Russell Terriers namens Bimbo. In dem Augenblick, da sein Besitzer den Autoschlüssel umdrehte, wurde er schlimmer als ein von Sinnen geratener Derwisch oder eine Fliege in der Flasche. Dann wieder denke ich an einen stimmgewaltigen Deutschen Schäferhund mit dem passenden Namen Great Whinge (großer Plärrer); bei Fahrten durch Parks oder Felder kreischte er laut, in Städten dagegen verhielt er sich ruhig. Nahezu immer sind solche Hunde bei der Fahrt vom Haus weg schlimmer, ihr Verhalten bessert sich in der Regel auf der Rückreise. Es bedarf keiner großer detektivischer Leistungen, um herauszufinden, daß sich die Hunde in erster Linie in Vorfreude auf freien Auslauf derartig erregen. Eine Bestätigung für dies Vermutung erreichten wir, als wir herausfanden, daß sieben von zehn autoverrückten Patienten in ihrer Jugend nahezu für alle ihre Spaziergänge zunächst im Auto ins freie Gelände gebracht wurden. Hunde, die nur gelegentlich im Auto mitfahren und weniger stimulierende Reisen erleben, etwa eine Fahrt zum Supermarktparkplatz oder Tierarzt, zeigen im Auto keinerlei Erregung.

Überspannte reisende Vierbeiner mögen für unbeteiligte Beobachter Anlaß zur großen Belustigung sein. Ich erinnere mich einer Fahrt über die M1-Autobahn in einer Autoschlange, neben mir eine völlig aufgelöste Lady, deren zwei Cavalier Spaniels im Fond ihres Caravans umhertobten, zwar von dem mitfahrenden Kleinkind getrennt, aber mit genügend Stimmgewalt, um es immer wieder aufzuwecken. Ich drehte mein Fenster herunter, erteilte einige Ratschläge, wie sie sich die Reise zwischen London und Liverpool einfacher machen konnte. Der Erfolg dieser Methoden ist so klar vorausschaubar, daß ich in den unten dargestellten Strategien sehr hohe Chancen sehe. Die Lady von der Autobahn schrieb mir eine Woche später einen Brief, bedankte sich und betonte, sie habe an der nächsten Raststätte Halt gemacht, um ihre Hunde im Auto neu zu plazieren, und diese Methode habe sich geradezu wie ein Wunder bewährt. Einige oder alle nachstehenden Ratschläge können dazu beitragen, einen autoverrückten Hund wieder normal zu machen:

Neue Reiseziele. Benutze das Autofahren nicht nur, um Deinem Hund besonders angenehme Ereignisse wie den Spaziergang im Park zu bieten. Fahre vielmehr zu relativ langweiligen Zielen, beispielsweise in ein vielgeschossiges Parkhaus zum Einkaufen, lasse den Hund im Auto zurück. Fahre häufig auch »nirgendwo hin«, kehre nach Hause um, ohne den Hund aus dem Auto zu lassen. Mußt Du den Hund für einen Spaziergang aus dem Auto nehmen, muß er zunächst ein paar Minuten ruhig warten, dadurch verringert sich seine Erregung bei der Ankunft.

Einschränkung von Gesichtsfeld und Freiraum. Wird Dein Hund im Fußraum des Autos so angebunden, daß er nicht mehr aus den Fenstern schauen kann, wird er aller Wahrscheinlichkeit nach viel ruhiger. Anders ausgedrückt, der hintere Fußraum als tiefster Punkt in der Mitte des Autos ist der ideale Platz. Aus dieser Perspektive wird sich der Hund mehr für Ereignisse innerhalb als außerhalb des Autos interessieren.

Anbinden besser als Abtrennung. Hundegitter und andere Vorrichtungen, den hinteren Autoteil abzutrennen, verhindern jeden Körperkontakt der Hunde mit ihren Besitzern - sie haben ihre eigene Welt, in der sie tun können, was sie wollen. Viel besser ist, aber nur, wenn gute Sicherheitsgurte dies erlauben, ein Anbinden des Hundes. Ich erwähnte schon auf Seite 134 die Vorteile eines Autogeschirrs, das auf einige Hunde eine bemerkenswert beruhigende Wirkung hat. (Foto 42). Für kräftiger gebaute Hunde ist Anbinden an kurzer Leine ratsam, noch besser wirkt das Haltikopfstück, das gleichfalls die Bewegungsmöglichkeiten einengt. Hat man den Hund erst vorsichtig an solche Einschränkungen gewöhnt, kann sich sein Verhalten geradezu dramatisch verbessern. Solche Maßnahmen wirken allerdings zunächst auf jeden Hund beunruhigend, ganz ähnlich wie wir Menschen selbst reagierten, als wir erstmals Sicherheitsgurte tragen mußten.

Ablenkung. Bei geräuschempfindlichen Hunden kann ein akustischer Alarm wie Dog Stop einen außerordentlich ablenkenden Effekt haben. Unglücklicherweise löst er bei anderen Hunden jedoch noch mehr Lärmen aus! Für Hunde, die geräuschempfindlich sind, ist bereits der Anblick des Dog Stop Alarms ausreichend, um unerwünschte Autohysterie abzubrechen. In ähnlicher Weise hat eine Wasserpistole auf eine Reihe von Hunden den gewünschten Effekt, aber auch dies ist leider kein Universalhilfsmittel.

Belohnung für Ruhe. Es ist wichtig, die Kommunikation zwischen Hundebesitzer und Hund im Auto klar darauf zu überprüfen, daß ruhiges Verhalten belohnt, lärmendes und nervöses Verhalten jedoch keinesfalls unbewußt ermutigt wird. Letzteres ist viel zu häufig der Fall. Die wirksamste Strafe für lärmendes Verhalten ist - einfach das Auto anzuhalten. Im Interesse der Verkehrssicherheit sollte man natürlich keine Notbremsung auf einer lebhaften Hauptverkehrsstraße durchführen, man kann aber auf einer ruhigen Nebenstraße oder auf einer Landstraße durchaus anhalten. Es muß immer der gleiche Maßstab angelegt werden, was annehmbare Ruhe gegenüber unakzeptablem Lärm ist - lobe den Hund für das Erstere, mache ihm das Letztere unangenehm. Natürlich läßt sich diese Strategie nicht leicht und lückenlos in der Praxis anwenden, denn Hunde können recht dickköpfig sein. Moderne Straßen sind für den Fahrer zu gefährlich, um Erziehungsübungen zu unternehmen, er muß sich zu hundert Prozent auf das Autofahren konzentrieren.

Ablenkungen. Die auf Seite 57 dargestellte Therapie durch Auslösung von Ersatzhandlungen läßt sich auch im Auto anwenden, aber nur, wenn ein Mitfahrer mit im Auto sitzt, sich voll auf den Hund einstellen kann. Die Ersatzhandlung bestände zum Beispiel in den Kommandos »Platz« oder »Sitz« oder auch »gib Pfötchen«.

Körperliche Bewegung. Vor Autoreisen sollte man mit Hunden stets einen ausgiebigen Spaziergang machen. Es ist ganz einfach reine Faulheit, wenn wir regelmäßig unsere Hunde ins offene Gelände fahren, sie dann direkt aus dem Fond des Autos im Freien umhertoben lassen. Zeitabschnitte ordentlichen und kontrollierten Gehens an der Leine schaffen positive und disziplinierte Verbindung unter Freunden.

Fehlschläge. Ja, ich gebe es frei zu, bei allen oben angeführten Methoden habe ich Fehlschläge erlitten, aber meine Fehlerquote hat sich geradezu drastisch verringt, seit ich in der Lage bin, das Zitronenduft auslösende Aboistop anzuwenden. In bestimmten Fällen erziele ich recht gute Ergebnisse, wenn der Hund in einen kleinen Transportkäfig gesteckt wird, den man mit Tüchern abdecken kann; die Methode erinnert an den sprichwörtlichen lärmenden Wellensittich, dessen Käfig man einfach abdeckt. Stehen Hundebesitzer durch einen willensstarken, autoverrückten Hund unter Druck, sollte man jede vernünftige »ad hoc Lösung« ausprobieren.

Ängstliche Reisende

Die erste Erfahrung eines Welpen mit dem Auto hinterläßt häufig schwerwiegende Folgen für sein künftiges Verhalten. Eine streßbeladene Autoreise, wobei der Welpe bei der Fahrt vom Züchter in die neue Wohnung laufend erbricht, ist ein schlechter Start für das ganze Leben. Bisher habe ich in unserer Praxis im Animal Behaviour Centre über dreizehn Jahre nur fünfzehn Hunde behandelt, die sich auch nach der Therapie vor dem Autofahren fürchteten. Aber ich bin ganz sicher, es gibt mehr Hunde - und es werden immer mehr - die von der Therapie geheilt werden, die wir für Cluedo, einen Cairn Terrier, der das Reisen in Autos haßte, mit Erfolg entwickelt haben. Der arme Cluedo war Opfer einer auseinandergebrochenen Ehe, die Wochenenden verbrachte er beim Ehemann, Montag bis Freitag bei der Ehefrau. Diese an sich bewundernswerte Regelung erforderte eine obligatorische 50-Meilen-Auto-Reise, während der Cluedo immer als keuchendes Wrack auf den Hintersitzen des Autos saß, stark speichelnd - bei der Ankunft für die folgenden vierundzwanzig Stunden völlig erschöpft. Konnte Cluedo mit dem Autoreisen nicht fertig werden, deutete alles darauf hin, daß sein Herr seinen besten Freund überhaupt nicht mehr zu sehen bekam. Zum Nutzen von Cluedo versuchten wir fast alle nachstehenden Einzelmaßnahmen:

Spielen im Auto: Das Auto wird fertig für die Abfahrt, aber noch abseits der Straße aufgestellt, so daß Ballspiele in und durch den Kombi gefahrlos stattfinden können. Am einfachsten - man öffnet alle Türen und wirft den Ball von einer Seite zur anderen. Außerdem erhält der Hund sein Futter im Auto, man läßt ihn darin schlafen (während des Sommers unbedingt nur im Schatten!), schafft für den Hund die Vorstellung, sein Leben in einem Zwinger auf Rädern zu führen.

Desensibilisierung. Der Vorgang systematischer Desensibilisierung ist auf Seite 189 geschildert. Im Grundsatz bedeutet dies über eine beschränkte Zeit immer ein wenig, wobei der Grad der Stimulierung gerade dicht unter der Angstschwelle gehalten wird. In Cluedo's Fall konnte man etwa einhundert Meter fahren, ehe sich die ersten Anzeichen seelischer Erregung und Speichelbildung zeigten. Für diesen Fall wurden die Fahrten auf einhundert Meter oder weniger ausgerichtet - zur allgemeinen Belustigung der Nachbarn. Bei der Rückkehr von einer solch kurzen Reise erhielt der Hund immer eine angemessene Belohnung, sei es Spiel, Umhertoben oder einen Leckerbissen. Nach und nach vergrößert man Dauer und Distanz, auch die Fahrtgeschwindigkeit, bleibt dabei aber immer innerhalb der persönlichen Toleranzgrenze des Hundes.

Medikamententherapie. In Cluedo's Fall - wie auch bei allen anderen - blockiert überhöhte Sauerstoffzufuhr und Erregung das sympathische Nervensystem, hierdurch vermag sich der Hund einer Situation nicht anzupassen. Man kann durch Beta-Blocker den Adrenalinausstoß, der durch die Furchtreaktion des Hundes ausgelöst wird, reduzieren. Der Einsatz von Beta-Blockern ist auf Seite 175 näher erläutert.

Plazierung im Auto. Du solltest den Hund dazu bringen, möglichst im Mittelpunkt des Autos zu reisen. Hier sind die Schwankungen am geringsten, der Balancemechanismus wird am wenigsten berührt. Viele Hunde reisen am liebsten auf dem vorderen Beifahrersitz. Man muß aber dafür sorgen, daß ein Hund in dieser Stellung den Fahrer weder ablenkt noch belästigt. Alternativ sollte man einen Mitfahrer bitten, den Hund zu halten und abzulenken.

Fasten. Ist Erbrechen das erste Symptom von Streß, kann es bei einem nervösen Autoreisenden sinnvoll sein, ihn zwischen zwölf und vierundzwanzig Stunden vor der Reise fasten zu lassen. Der große Vorteil dieser Methode ist die entstehende positive Erwartungshaltung für die Ankunft am Ende der Reise - hier gibt es eine gute Mahlzeit.

Annehmlichkeiten am Ende der Reise. Die allerstärkste Belohnung für das Tolerieren von Autoreisen ist in aller Regel ein freier Spaziergang am Ende der Reise. Hier wendet man die umgekehrte Strategie an, die ich für autoverrückte Patienten empfohlen habe, benutzt das Auto regelmäßig als Zwischenstation zwischen zu Hause und dem geliebten Spaziergang durch den Park.

Nicht übersehen werden sollte, daß Hunde zuweilen nur in einem ganz bestimmten Auto unter Furchtreaktionen leiden. Dies muß man ausprobieren, ihre Reaktionen in einem großen Kombi, einem Sportzweisitzer oder einem Kleinlaster prüfen. Ich behandelte einen Bearded Collie, der sich nur in einem ganz bestimmten Auto fürchtete, das Problem war erst kurzzeitig aufgetreten. Wir konnten seine Reaktion auf ein leises Rumpeln im Fahrwerk des Autos zurückführen. Die Radbolzen waren abgenutzt, wurden repariert - Furchtreaktionen des Hundes traten nicht mehr auf.

Kotfressen (Koprophagie)

In angenehmer Gesellschaft werden nur wenige von uns zugeben, daß ihre Hunde zuweilen Kot fressen. Dies ist aber ein überraschend häufig auftretendes Verhalten vieler Fleischfresser, die aus dem Kot anderer Tiere nützliche Nährstoffe erschließen können. In ihrer Jugend und während des schnellen Wachstums fressen Hunde manchmal selbst den eigenen Kot, sehr zum Abscheu der menschlichen Zuschauer. Erinnere Dich, eine der ersten Anziehungspunkte für den Wolf beim Zugang zu menschlichen Siedlungen war, menschlichen Abfall zu beseitigen. Deshalb darf man Koprophagie grundsätzlich nicht als ein Vergehen, mehr als funktionales Verhalten ansehen, das teilweise erlernt ist, modifiziert werden kann. Kotfressende Hunde haben es mit Sicherheit nicht verdient, daß ihre Menschen hysterisch reagieren.

Junge, heranwachsende Hunde haben einen hohen Energiebedarf, und es ist nachgewiesen, daß sie durch Fressen des eigenen und des Kots anderer Hunde über diese kritische Phase wichtige Ernährungsstoffe aufnehmen. Glücklicherweise endet das Kotfressen in der Regel ganz von selbst, wenn das Wachstum abgeschlossen ist, dem Hund attraktivere alternative Futterquellen zur Verfügung stehen. Ein futtergieriger Labrador oder Beagle wird aber auch danach immer noch die Neigung haben, Futter, wo immer er es findet, herunterzuschlingen - einschließlich Kot. Auch Krankheiten - etwa des Magen-Darm-Kanals - die das Aufschließen von Nährstoffen erschweren, können zu Koprophagie führen. Möglicherweise wird das Tier auch durch starken Wurmbefall belastet oder mit einer in den Aminosäuren unausgeglichenen Diät gefüttert. Bei derartigen Voraussetzungen ist völlig klar, daß man sich vor allen Dingen der zugrunde liegenden Krankheitsursache widmen muß. Beispielsweise ist bei der Behandlung eines koprophagischen Hundes eine Routineentwurmung in Abschnitten von sechs Monaten eine recht wirksame Methode.

Untersuchungen haben ergeben, daß Hunde, die ihren eigenen Kot fressen, nicht notwendigerweise für sich selbst oder Menschen, welche sie gelegentlich ablecken, Gesundheitsrisiken sind. Das Hauptproblem ist möglicherweise eine Übertragung der Toxocara-Rundwurmeier auch auf Menschen. Beruhigend in diesem Zusammenhang ist die Tatsache, daß ein Toxocara-Ei nach dem Ausscheiden im Hundekot zunächst austrocknet, sich über etwa drei Wochen außerhalb des Körpers befinden muß, ehe es Menschen gegenüber infektiös ist. Unabhängig von all dem - es gibt überhaupt keinen Zweifel, daß Koprophagie ein uns abstoßendes Verhalten des Hundes ist, das man nach Möglichkeit unterdrücken sollte. Hierzu gibt es folgende Möglichkeiten:

Häufiges Füttern. Da koprophagische Hunde in der Regel auch hungrige Hunde sind, ist es am besten, die tägliche Futtermenge über drei bis vier Mahlzeiten zu verteilen oder dem Hund zu gestatten, zu fressen, was und wann er will.

Fasrige Füllstoffe. Ein gefüllter Magen vermittelt Sattheitsgefühl, faserhaltige Mahlzeiten sind deshalb besser als konzentrierte Mahlzeiten. Die Futtermenge läßt sich dadurch ändern, daß man entweder ein Vollfutter mit hohem Faseranteil wählt, oder alternativ der Ernährung künstlich faserhaltige Füllstoffe zusetzt, beispielsweise angebrühte Weizenkleie, klein gemachte Papiertücher (zum Beispiel weißes Kleenex), Sägemehlbrei oder Luzerneschrot. Auch der Zusatz von faserreichem Gartengemüse wie Kohl oder Karotten kann dazu beitragen, daß sich der Hund zufrieden satt fühlt.

Erziehung. Wenn der Hund ausschließlich seinen eigenen Kot frißt, scheint es vernünftig, ihn so zu erziehen, daß er sich nur auf Kommando an einer Stelle, die später für ihn unzugänglich ist, löst. Am besten man spielt den guten Bürger, nimmt den Hundekot im eigenen Garten wie auch allen öffentlichen Straßen und Plätzen auf. Belohne den Hund immer nach dem Sichlösen mit Leckerbissen und gutem Zureden.

Veränderung des Lebensstils. Es gibt eine Fülle an Hinweisen, wonach in Zwingern gehaltene Hunde mehr zu Koprophagie neigen als andere. Zumindest sollte man die Lebensumstände solcher Hunde dadurch bereichern, daß man ihnen Spielzeug, Gesellschaft, häufige Spaziergänge etc. gewährt.

Futterzusätze. Eine ganze Anzahl von Zusätzen stehen zur Verfügung, um sie den Mahlzeiten koprophagischer Hunde beizumischen - sie sollen ihren eigenen Kot abstoßend machen. Einige basieren auf schwefelhaltiger Essigsäure, ein anderes, das ich nützlich fand, besteht aus einer einfachen Eisen-Schwefel-Mischung, die man ohne Rezept für Menschen als eisenhaltiges Medikament erhält. Mit einer solchen Eisenverbindung wird der Kot typisch schwarz und dadurch offensichtlich für Hunde weniger schmackhaft.

Strafen. Wieviel man den Hund auch ausschimpft, eine fundierte Koprophagie läßt sich dadurch nicht kurieren. Der Hund scheint nur darauf zu warten, bis sein Besitzer abwesend ist, ehe er kotet, sich dann sein privates Festmahl gönnt! Um Strafen wirksam zu machen, müssen sie gezielt erfolgen, für den Hund mehr mit dem Kot als mit der Anwesenheit des Besitzers verbunden sein. Recht wirksam könnte man eine Art Videoüberwachungssystem aufbauen, wobei der Hund bei jeder Gelegenheit, da er Kot aufnimmt, gestört wird. Für die meisten ist aber eine solche Lösung einfach zu teuer. Ich selbst habe eine Methode von durch Medikamente ausgelöster Aversion eingeführt, wobei das Kotfressen eng mit der Auslösung von Übelkeit beim Patienten verbunden ist. Man verabreicht dem Hund Sekunden, nachdem er Kot gefressen hat, freundlich ein völlig harmloses Lithiumsalz, das nachfolgende starke Unwohlsein führt der Hund mehr auf das Kotfressen als auf das Lithium zurück. Es handelt sich hierbei aber um ein recht kompliziertes Vorgehen, was bisher nur selten in der Praxis angewandt wurde - in der Regel durch den Autor bei koprophagen Hunden, die schon lange an diesem Verhalten litten, was für Ihren Besitzer so unerträglich geworden war, daß die Gefahr des Einschläferns drohte.

Koprophagie gehört zu den zahlreichen Problemen, die sich leichter vermeiden als behandeln lassen. Richtige Futterzusammensetzung für Junghund wie Erwachsenen, effektive und liebevolle Erziehung zur Stubenreinheit und Kotabsatz an bestimmten Stellen sollten verhindern, daß das unangenehme Problem der Koprophagie überhaupt je entsteht. Hat man es erreicht, kann das Lecken eines Hundes angenehm sein, wirkt nicht mehr so abstoßend.

Furcht und Phobien

In der Welt der Tiere ist die Flucht vor Gefahren die beste Verteidigung. Vorsicht gegenüber allen neuen, ungewohnten Situationen kann zur lebensrettenden Haltung werden. Als Folge der Domestikation hat sich das Mißtrauen des Hundes Neuem gegenüber stark vermindert, unsere Haushunde stehen laufend in Situationen, die bei ihren wilden Vorfahren große Furcht ausgelöst hätten.

Der Unterschied zwischen anpassungsfähiger Vorsicht und lebensunfähig machender Angst ist nicht groß, wir alle wünschen uns unsere Hunde voller Selbstvertrauen und Lebensfreude und sollten alles dafür tun.

Es gibt eine Reihe von Faktoren, die dazu beitragen, daß Hunde Furcht zeigen: Vererbung, Früherfahrungen, Unfälle, gesundheitliche Störungen und - zu enge Bindung zum Menschen.

Ererbtes furchtsames Verhalten wurde bei verschiedenen Hunderassen mehrfach nachgewiesen; bei Pointern, Dalmatinern, Briards, Deutschen Schäferhunden und Collies - um nur einige Rassen aufzuführen - lassen sich Zuchtlinien aufzeigen, bei denen nervöse Furcht ererbt ist. Ursachen und Ausdruck der Furcht können von Fall zu Fall verschieden sein, hier muß aber gesagt werden, daß es zwingende Aufgabe jeden Züchters ist, ausschließlich mit Hündinnen und Rüden zu züchten, die über Selbstvertrauen und Aufgeschlossenheit der Umwelt gegenüber verfügen. Unter gar keinen Umständen sollte eine nervöse Hündin einfach mit einem Rüden gepaart werden, in der Hoffnung, ihr Verhalten könnte durch »das Erlebnis der Mutterschaft« magisch verbessert werden.

Ganz gleich, was die Ursache der Nervosität eines bestimmten Hundes ist, in der Regel lautet mein Rat, nie aufzugeben. Man sollte eine allgemeine Nervosität klar von Furcht unterscheiden, die auf klarumrissene Ereignisse und Ursachen zurückgeht, etwa auf lauten Lärm, beunruhigende Handlungen von Menschen, Auftauchen von Heißluftballons - derartige Furcht nennt man Phobie, sie muß völlig getrennt von allgemeiner Nervosität gesehen werden.

Allgemeine Nervosität

Alles spricht dafür, mit einem nervösen Hund Mitleid zu haben. Für ihn lauert hinter jeder Ecke Gefahr, Freunden kann er nicht trauen, sein ganzer Körper ist stets auf Flucht und Selbsterhaltung ausgerichtet. Das Paradoxe liegt darin, daß bei Hunden sich unser natürlicher menschlicher Instinkt, die Furchtsamen zu trösten, schnell ins Gegenteil verwandeln kann. Viel zu oft verstärken oder vertiefen wir durch unser eigenes Verhalten unbeabsichtigt noch die Angst des Hundes. Es mag recht grob klingen, aber vergiß einmal alle Sentimentalität, mache Dich daran, freundlich und vernünftig die Ursachen der Nervosität zu beseitigen.

Immer nach vorn! Weglaufen ist ein innerer, sich steigernder Trieb - der Hund fühlt sich »besser«, wenn er von dem Anlaß seiner Furcht wegläuft. Deshalb ist es besonders wichtig, wenn der Mensch dabei ist, jedes Zurückweichen zu verhindern. Bei furchtsamem Verhalten unterwegs kann die Lösung einfach darin liegen, daß der

Hund ein Halti, verbunden mit Ausziehleine, trägt, das ihn, wenn beispielsweise ein Fremder sich nähert, am Weglaufen hindert.

Toleranzverstärkung. Nur ein Blick, eine Berührung oder ein freundliches Wort vom geliebten Menschen kann im Leben eines Hundes eine völlig andere Wirkung auslösen als die gleiche Handlung eines ihm furchterregend erscheinenden Fremden. Freundlichkeit eines Fremden sollte die Furcht mindern, Neugierde erwecken, möglicherweise zur Freundschaft führen. Die gleiche Behandlung durch ein geliebtes Familienmitglied vervollständigt den einfachen Lernprozeß, bei dem die körperlichen und seelischen Anzeichen von Furcht (Zittern, erweiterte Pupillen, erhöhter Herzschlag, unfreiwilliges Urinieren und natürlich Weglaufen) beseitigt werden oder sich durch freundliche Hilfen des Besitzers wenigstens abschwächen. Ohne den beruhigenden Einfluß des den verängstigten Hund unterstützenden Besitzers kann das Tier seine Furcht nicht bewältigen. Schon ein einfacher Wechsel in der menschlichen Haltung, nach außen aufgeschlossen sein, Fröhlichkeit ohne eigene Furcht, läßt die Gefahren einer Angstattacke schwinden.

Unter Ausstellungsexperten ist allgemein bekannt, daß im Ausstellungsring »professional handlers« (bezahlte Hundevorführer) mit einem nervösen Hund in der Regel eine wesentlich bessere Vorstellung des Hundes erreichen als sein liebender Besitzer. Die allgemeine Erklärung lautet, daß menschliche Angst auf irgendeine Weise »die Leine aufwärts läuft« - das Verhalten des Hundes beeinflußt. Ich habe wenig Zweifel, daß nervöse Hunde sich tatsächlich in der Regel bei einem Fremden besser verhalten. Meine Theorie ist, daß Fremde all die subtilen Anzeichen der Furcht eines Hundes nicht auf Anhieb erkennen, dadurch auch nicht darauf eingehen, die Hunde nicht noch unabsichtlich in ihrem Verhalten bestärken.

Optimale Stimulans. Man könnte eine Kurve zeichnen, um den Zusammenhang darzustellen, wie zunehmende Stimulans oder neue Eindrücke erst neugierig begrüßt werden, dann Furcht auslösen. Ganz einfach ausgedrückt - Veränderung ist gut, aber immer nur im richtigen Ausmaß. Wenn man sich vor Augen hält, was nervöse Hunde wirklich brauchen, liegt die Priorität für ihre Rehabilitation darin, sie immer genau im richtigen, gerade noch tolerierten Umfang zu stimulieren. Dabei fördern wir die körperlichen und seelischen Belastungsmechanismen des Hundes, stärken seine Fähigkeit, mit immer extremer werdenden Situationen zurechtzukommen.

Die lange Leine. Wenn man einen furchtsamen Hund auf dem Arm trägt oder an einer kurzen Leine führt, ihn dicht bei sich hält, verschlimmert dies in aller Regel noch seine Furcht. Diese Tatsache illustrierte Timmy, ein aprikotfarbener Pudel, der als Patient zu mir kam; vermutlich wurden seine Probleme durch einen Bandscheibendefekt in der Wirbelsäule ausgelöst. Bei seinem Frauchen benahm er sich immer ängstlich, tat alles, um von ihr getragen zu werden, gab sich den Anschein, als könne er keinen Schritt gehen. Mit mir und meinen Kollegen im Animal Behaviour Centre marschierte Timmy munter über die Felder. Die Ausziehleine macht ein Umkehrprogramm für derartige Neurosen wesentlich einfacher als die früher zur Verfügung stehende Ausrüstung. Ich zwang Timmy, im Ausziehbereich der Leine mitzugehen, reizte ihn, sich unabhängig von seiner Besitzerin den notwendigen Bewegungsspielraum selbst zu nehmen.

Partnerschaft. Schon früher habe ich erwähnt, wie Hunde sich gegenseitig wie auch ihre Besitzer nachahmen. Bei der Therapie ängstlicher Hunde kann Nachahmung sowohl helfen wie hinderlich sein. Man muß einfach einmal ausprobieren, ob die Gesellschaft eines anderen Hundes den Patienten mehr aus sich heraus gehen läßt oder zusätzliche Furcht erweckt - hier hilft einfach nur Probieren. Ein selbstbewußter Hund wird möglicherweise einen sonst ängstlichen Kollegen in Situationen bringen, die er nie aus eigenem Antrieb erkunden würde - ein nervöser Gefährte bewirkt in der Regel den entgegengesetzten Effekt. Es kann aber durchaus auch sein, daß ein Hund gegenüber einem anderen eine despotische, nahezu unterdrückende Beziehung hat, die Folge ist meist übersteigerte Angst. Wenn man den Despot separiert, blüht die Persönlichkeit des unterdrückten Hundes auf. Eine solche Lage entsteht häufig, wenn Hundebesitzer einen Welpen aus eigener Zucht behalten, Tochter oder Sohn gemeinsam mit der Mutter laufen lassen. Durch fortdauernde mütterliche Dominanz unterdrücken einige Hündinnen bei ihrer Nachkommenschaft die Entwicklung von Eigeninitiative. Natürlich gibt es aber auch andere Mutter-Kind-Gespanne, in denen sich der Junghund zu einem fröhlichen und selbstbewußten erwachsenen Hund entwickelt.

Phobien

Irrationale Ängste, welche die Lebensfreude eines Tieres fortlaufend unterminieren, nennt man Phobien. Phobie ist eine krankhafte Angst, besteht völlig unabhängig von tatsächlich drohenden Gefahren. Beim Menschen sind die häufigsten Phobien extreme, den Menschen nahezu bewegungsunfähig machende Ängste vor Spinnen, Schlangen, Höhen oder Dunkelheit. Einige Hunde zeigen auch starke Abneigung gegenüber bestimmten Tieren, ähnlich wie gegenüber Menschen, die Brillen oder eine Uniform tragen. Aber die überwältigende Mehrheit aller hundlichen Phobien besteht gegenüber Lärm. Dazu zählt besonders die Angst vor plötzlichen lauten Geräuschen, etwa Donner oder Gewehrschuß. Das gilt für etwa 80 % aller Hundepatienten mit Phobien im Animal Behaviour Centre.

Bei vielen unserer Patienten kann eine solche Geräuschphobie plötzlich ausbrechen, ist auf ein bestimmtes Ereignis zurückführbar, etwa eine Feuerwerksparty oder einen Gewehrschuß, der sich plötzlich nah beim Hund löst. Eine interessante Minderheit dieser Patienten scheint aber auch ganz zufällig Phobien zu entwickeln. Wir waren nicht immer in der Lage, eine einzelne, die Angst auslösende Episode zu identifizieren. Ihre Furcht entwickelt sich nach und nach, und wir vermuten, daß sie durch einen systematisch verlaufenden Prozeß langsam erlernt oder erworben wird. Aber genau wie man durch Lernen eine Furcht erwerben kann, kann man sie durch Lernen auch wieder verlieren. Für eine erfolgreiche Verhaltenstherapie bestehen gute Aussichten.

Das Gemütsleben eines Hundes ist mit seiner inneren Physiologe verbunden, insbesondere durch die Wechselwirkungen zwischen Zentralnervensystem und den Endokrinen im Drüsensystem. Wenn diese Wirkungen einmal ausgelöst sind, beherrscht Panik das Tier und macht es blind, unfähig, sich mit der ihm vertrauten Umwelt vernünftig auseinanderzusetzen. Erste Priorität bei der Behandlung solcher Hunde gilt dem Herausfinden einer medikamentösen Therapie, die den inneren, physiologischen Ablauf der Furcht mildert, dem Tier damit die befreiende Möglichkeit gibt, sich mit dem Umweltgeschehen wirklich zu befassen. Diese medikamentösen Therapien erfordern tierärztliche Erfahrung, müssen auf den Einzelhund maßgeschneidert werden.

Anti-Panik-Medikamente. Um überempfindliche und furchtsame menschliche Wesen zu behandeln, werden heute verbreitet Medikamente angewandt, manche davon haben suchtartige oder anderweitig unerwünschte Nebeneffekte. In ihren Reaktionen auf Medikamente sind Hunde und Menschen stark unterschiedlich. Hundebesitzer dürfen deshalb ihrem Haushund keinesfalls Valium oder Elavil eingeben, einfach nur deshalb, weil diese Medikamente ihrem Besitzer bei Depressionen oder Angst selbst geholfen haben. Es handelt sich um eine sehr komplizierte tierärztliche Spezialpharmakologie, noch immer wird nach sicheren und wirksameren angstregulierenden Medikamenten zur Behandlung furchtsamer Hunde geforscht.

In der Therapiepraxis des Autors haben wir festgestellt, daß für die Behandlung unter Phobien leidender Hunde Beta-Blocker der Art hilfreich sein können, die Patienten mit hohem Blutdruck oder Musikern, Schauspielern oder Studenten mit Lampenfieber verordnet werden. Der erwünschte Haupteffekt ist das Abstoppen der Hyperventilation, das schnelle, flache Atmen kann einen Hund nahezu bis zur Bewußtlosigkeit peinigen. Durch Verlangsamung des Herz- und Atmungssystems hat man gleichzeitig Kontrolle über die äußeren Erscheinungen, die als Folge psychischer Panik auftreten.

Zusätzlich zu derartigen Beta-Blockern verwenden Tierärzte manchmal andere Sedative oder Tranquilliser, darunter auch das häufig verschriebene Valium (diazepam) und Amitriptyline. Jede derartige medikamentöse Therapie bedarf sorgfältiger und erfahrener Überwachung, sowohl hinsichtlich positiver wie negativer Erscheinungen. In unserem Animal Behaviour Centre verschreiben wir in der Regel als Langzeittherapie (eher für Monate als Wochen) Beta-Blocker, über kurze Perioden (die ersten zwei oder drei Wochen) verbinden wir diese mit Medikamenten, die der Angst direkt entgegenwirken.

Homöopathische Medikamente.. Die Kunst der Homöopathie hat unter den Tierärzten eine kleine Anzahl loyaler Anhänger gefunden, die bei der Behandlung chronischer Phobien mit homöopathischen Medikamenten einige Male geradezu spektakuläre Erfolge behaupteten. Das Grundprinzip der Homöopathie ist die Behandlung von Folgesymptomen einer Erkrankung, bisher wurde aber niemals die wissenschaftliche Grundlage der Homöopathie befriedigend nachgewiesen. Homöopathische Behandlung ist eine individuelle Anwendung fundierten homöopathischen Wissens. Das unterscheidet sie deutlich von all den oft als homöopathisch (oder auf Kräuterbasis) angepriesenen Rezepten, wie sie in Läden oder von Versandfirmen angeboten werden. Ich habe eine Reihe solcher Firmen, die homöopathische Medikamente verkaufen, angeschrieben, um Nachweis der Wirksamkeit gebeten. Aber die Antworten haben mich nicht überzeugt.

Diät. Das Thema, wie weit die Ernährung das Verhalten beeinflußt, wurde an anderer Stelle dieses Buches gründlich behandelt. Es genügt, hier nochmals zu unterstreichen, daß es sich um ein außerordentlich komplexes Thema handelt. Routinemäßig setzen wir unsere unter Phobie leidenden Hundepatienten auf eine hochwertige Diät mit niedrigem Proteingehalt, in der Regel auf Mischungen von Reis mit Hammelfleisch (siehe Seite 126). In einigen, aber bestimmt nicht allen Fällen ist die Reaktion auf eine derartige Ernährungsumstellung spektakulär. Chloe war eine acht Monate alte Bull Terrier-Hündin, die sich vor hellem Licht und Reflektionen fürchtete, man konnte sie nur in dunklen oder schattigen Räumen ruhig halten. Innerhalb von achtundvierzig

Stunden nach Umstellung auf eine Reis/Hammel-Diät wurde diese Hündin zu einem völlig normalen, fröhlichen Bull Terrier.

Systematische Desensibilisierung. Dieser Ausdruck mag großsprecherisch klingen, die dahinter stehende Theorie ist aber einfach. Die Methode besteht darin, das Tier laufend Stimulanzen auszusetzen, vor denen es sich fürchtet, aber ausdrücklich nur auf sehr niedrigem Niveau, begleitet von Annehmlichkeiten für den Hund. Beispielsweise setzen sich Psychiater mit einem Menschen, der Spinnen gegenüber eine Phobie zeigt, in einen Raum, in dem es garantiert keine Spinnen gibt, bitten ihn dann, sich eine ganz kleine Spinne vorzustellen. Gelingt dies, bleibt der Patient dabei ruhig, wird er beglückwünscht, erhält möglicherweise ein Geschenk. Man läßt ihn beispielsweise einen seiner Lieblingscartoons lesen oder verabreicht ihm eine angenehme Massage. Aus solchen Anfängen geht die weitere Therapie zu realistischeren Präsentationen von Spinnen über, beispielsweise befindet sich jetzt eine Spinne im gleichen Raum, kommt dem Menschen näher, der Patient muß sie gar berühren. Eine solche Therapie klingt logisch und einleuchtend, aber glaube mir, bei Hunden, die an einer chronischen Lärmphobie leiden, erweist sich eine solche Behandlung als schwierig.

In der Therapie zielen wir darauf ab, den Reiz, vor dem der Hund sich fürchtet, auszulösen, aber auf sehr niedrigem Niveau oder nur auf ganz kurze Dauer, so daß noch keine Furcht entsteht. Bei einer Gewitterphobie zum Beispiel wäre dies ein Tonband, mit dem ersten, noch weit entfernten Donnergrollen; es wird am besten in niedriger Lautstärke mit einer Audioanlage überspielt. Fürchtet sich der Hund vor Gewehrschüssen, können wir andere Tonbandaufzeichnungen einsetzen. Alternativ ist es aber auch möglich, daß ein Helfer auf größere Entfernung vom Patienten eine Platzpatrone oder Starterpistole abfeuert.

Zurückweichen oder offensichtliche Anzeichen von Furcht signalisieren, daß der Therapeut für diesen Patienten eine zu intensive Klangstärke gewählt hat, die Lautstärkenregelung beim Hifi-Gerät muß heruntergedreht werden, oder der Helfer mit der Pistole muß größeren Abstand halten. Auf der anderen Seite muß das Aushalten der Reize, ohne Furcht zu zeigen, durch fröhliches Spiel belohnt werden, was immer dem Hund echt Freude macht.

Bei der Anwendung solcher Programme muß man systematisch vorgehen, einen klaren Therapieplan ausarbeiten und dabei versuchen, Fortschritte in der Behandlung über mehrere Wochen quantitativ aufzuzeichnen. Dies läßt sich beispielsweise durch die Entfernung zwischen Patient und Helfer mit der Pistole ausdrücken, mit der Stellung der Lautstärkenkontrolle am Hifi-Gerät. Nach drei bis vier Sitzungen mit vorgegebenem Geräuschvolumen kann man jeweils den Reiz etwas verstärken, muß aber dabei immer versuchen, sich noch innerhalb der Toleranzgrenze des Hundes zu bewegen. Löst der Reiz Furcht aus, kehrt man sofort zum niedrigeren Geräuschvolumen zurück.

Die Schwierigkeit beim Aufbau eines solches Lernprozesses ist die Tatsache, daß sich die Wiedergabe so komplexer Elemente wie das Phänomen eines Gewitters auf einem Tonband nie vollständig bewerkstelligen läßt. Es gibt hell zuckende Blitze, Veränderungen in Luftfeuchtigkeit und Luftdruck, Infraklang und Ultraklang - jedes einzelne dieser Stimuli kann das Verhalten des Hundes beeinflussen. Ein konventionelles Audio-Wiedergabegerät überspielt nur ein schmales Segment vom Klang des Donners. Im Alltag ist dazu der Besitzer häufig nicht beim Hund, der Hund sieht sich alleine, möglicherweise sogar außerhalb des Hauses dem Gewitter ausgesetzt. Die systematische Desenibilisierung erfolgte aber meist in einem Raum, in dem ein Hifi-Stereo-Gerät aufgebaut, der Hundebesitzer anwesend ist.

Minderung des Hörvermögens. Es besteht wenig Zweifel daran, daß einige Hunde unter Lärm geradezu körperliche Schmerzen empfinden. Furcht vor weiteren Schmerzen ist Grundlage ihrer Lärmphobie. Bei solchen Hunden habe ich eine Vielzahl an Methoden ausprobiert, um ihre Hörintensität zu mindern, zum Beispiel durch Einbringen einer Art Ohropax in den Gehörgang, äußere Ohrschützer oder durch Abspielen neutraler Klänge über einen »Walkman«, der dem Hund angelegt wurde.

Echte Erleichterung erfahren solche ihrer Konstitution nach besonders geräuschempfindlichen Hunde in der Regel erst in höherem Alter, mit dem Einsetzen der hierdurch bedingten Ertaubung. Es ist möglich, die Geräuschempfindlichkeit zu reduzieren, ja sogar ein Ertauben durch chirurgischen (risikoreichen) Eingriff oder durch Antibiotika auszulösen. Aber gegen diese zwei Optionen bestehen erhebliche ethische Bedenken, mit denen ich mich glücklicherweise persönlich bisher noch nicht direkt auseinandersetzen mußte. Gibt es für den Menschen das Recht, einem extrem geräuschempfindlichen Hund sein normales Hörvermögen zu rauben?

Verschmutzen des Hauses (Erziehung zur Stubenreinheit)

Es wäre nie möglich gewesen, den Hund erfolgreich zu domestizieren, wenn man ihn nicht so einfach zur Stubenreinheit erziehen könnte. Darunter verstehe ich, daß der Hund dazu angehalten wird, Urin und Kot abseits des zentralen Lebensbereiches des Menschen an einer Stelle abzusetzen, wo das Zusammenleben nicht gestört wird. Es gibt aber immer einige Hunde, bei denen eine solche Erziehung fehlschlägt. Ihre Besitzer sind darüber sehr unglücklich, meinen, daß ihr Hund »schmutzig« oder »ungezogen« sei, sich sogar ihnen gegenüber auf irgendeiner Weise zu rächen versuche. Es gibt natürlich keinerlei Nachweis, wonach solches Verhalten bei unseren Hunden irgendeinem intellektuellen Prozeß unterliegt. Wir beschränken uns hier zu untersuchen, was getan werden kann, um die Erziehung zur Stubenreinheit zu vereinfachen. In wesentlichem Umfang ist die Erziehungstechnik beim ausgewachsenen Hund eine Fortsetzung unserer Erziehung im Zwanzig-Wochen-System (vergleiche Kapitel sieben), hier müssen die Regeln wiederholt und vertieft werden.

Besteht das Problem darin, daß ein mit ständig erhobenem Bein urinierender Rüde seine Umwelt laufend mit Geruchsmarkierungen versieht, sollte man zunächst an eine hormonelle Behandlung zur Prüfung möglicher Kastrationsauswirkungen herangehen (vergleiche Seite 198). Nachstehend befassen wir uns ausschließlich mit unerwünschtem Toilettenverhalten - dem Absetzen von Urin und Kot an Stellen, die zwar für den Hund, nicht aber für uns Menschen akzeptabel erscheinen.

Fütterungszeiten. Man sollte Zeitpunkt und Zusammensetzung der Mahlzeiten so einplanen, daß der Hund möglichst nur zu Zeiten, wo Menschen um ihn sind, den Drang empfindet, sich zu lösen.

Erziehung außerhalb des Hauses. Begleite den Hund zu den Stellen, die Du ausgewählt hast, belohne ihn, wenn er sich auf Kommando löst.

Häusliche Hygiene. Säubere sorgfältig alle durch den Hund verunreinigten Stellen, wenn möglich mit einem Reinigungsmittel auf biologischer Grundlage. Im Fachhandel und bei Tierärzten gibt es eine Vielzahl industriell hergestellter Reinigungsmittel, im

Grundsatz ist ein Enzyme beseitigendes Reinigungsmittel so gut wie das andere, man wäscht die Stelle kalt ab. Zunächst wird mit dem Schwamm eine konzentrierte Reinigungsmischung aufgebracht. Fettablagerungen, die Flecken hinterlassen, kann man mit einem organischen Lösungsmittel, zum Beispiel Alkohol, beseitigen. Wichtig ist, daß man die traditionellen, auf Phenolbasis aufgebauten Desinfektionsmittel meidet, deren strenger Geruch das Problem zwar überdeckt, die aber wichtige biologische Botschaften von Urin und Kot für den Hund nicht beseitigen können.

Vergällen. Eine Vielzahl von Hunde angeblich abstoßenden Mitteln sind auf dem Markt, Aerosole, Puder, Elektroschockgeräte und dergleichen, aber nach meiner Erfahrung erweisen sich die meisten davon als wenig wirksam, einige sind ganz einfach Schwindel. Die beste Maßnahme gegen Kotabsetzen besteht darin, den Hund an der Stelle zu füttern, wo er sich nicht lösen soll. Nette Hunde fressen ungern mitten im eigenen Kot!

Timing. Einige Hunde vergessen ganz einfach sich zu melden, wenn sie das Haus um sich zu lösen verlassen müssen. In solchen Fällen sollte der Hundebesitzer einige Zeit selbst Verdauungstrakt und Blase überwachen. Am besten benutzt man einen Wecker, den man in Abständen von einer Stunde klingeln läßt. Recht bald erreicht man mit dieser Uhr eine gezielte Reaktion. Wenn sie klingelt, geht man mit dem Hund nach draußen zu der gewählten Stelle und - Bingo!

Einschränkung des Bewegungsraums. Auslauf und Aktivität stimulieren den Drang, Kot abzusetzen. Entsprechend könnte eine Einschränkung der Bewegung diesen Drang mindern. Im Alltag läßt es sich - besonders wenn das Problem vorwiegend nachts entsteht - durch Halten des Hundes auf eingeschränktem Raum lösen. Beispielsweise durch Anbinden des Hundes am Bett, wenn er sonst, während Du schläfst, durch die Wohnung wandert. Eine bessere Lösung bietet die Erziehung über den Hauskäfig (Näheres Seite 146).

Instrumentale Kontrolle. In Kapitel sechs habe ich eine recht simple Methode beschrieben, den Hund sich durch ein einfaches Wort wie »Busy« zum Sichlösen zu veranlassen. Jedes Tun an der gewünschten Stelle muß dickes Lob und fröhliches Spiel auslösen. Eine solche Erziehung zum Lösen auf Kommando erweist sich immer als nützlich, wenn man es selbst eilig hat, der Hund aber nicht!

Rücksicht auf Mitmenschen. In den meisten Stadtgebieten gelten Verordnungen, wonach Hundebesitzer die Hinterlassenschaften ihrer Hunde beseitigen müssen. Dies hat durchaus seinen Sinn, wenn die Hundebesitzer mit ihren Mitbürgern harmonisch auskommen möchten. Auf dem Markt wird eine Vielfalt an Gerätschaften angeboten, aber nur wenige davon sind ebenso wirksam wie ein ganz einfacher Plastikbeutel (ohne Löcher!). Am besten faßt man mit der Hand in den Beutel, benutzt ihn dann wie einen Handschuh, hebt den Kot auf, stülpt den Beutel um und bindet ihn zu. Die Beutel wirft man in hierfür vorgesehene Tonnen oder entsorgt sie zu Hause.

Jagen anderer Tiere

In neueren Untersuchungen amerikanischer Wissenschaftler wurde der Tyrosine-Spiegel im Gehirn von Hunden untersucht, Aminosäure, die das Verhalten der Hunde beeinflußt. Man verglich dabei Hunderassen, ursprünglich für Hüteaufgaben, andere als

Wachhunde gezüchtete. Zu den ersten zählen beispielsweise Border Collies, zu letzteren Herdenschutzhunde wie Pyrenäischer Berghund und Italienischer Maremma. Hierbei wurden bemerkenswerte Unterschiede festgestellt. Das bedeutet, daß es in der charakterlichen psychischen Veranlagung von Hunden ererbte, also genetische Differenzen gibt, die bestimmen, wer hütet, jagt oder ganz einfach ruhig herumliegt. Bei einer Anzahl von Hunderassen, die uns in unserer Praxis aufsuchen, sind die Jagdinstinkte besonders stark ausgeprägt, beispielsweise bei Boxern, Border Collies (mehr als beim Langhaar Collie), Greyhounds und ihrem Verwandten, dem Lurcher, und bei vielen Terriern. Für solche Hunde kann der Jagdtrieb zum alles andere auslöschenden Zwang werden. Ich könnte mir vorstellen, daß diese Hunde sogar im Traum Tiere wie Hühner, Eichhörnchen, Schafe oder Rotwild jagen.

Betrachtet man diese Frage aus der Perspektive des Wildbiologen, werden die Hundebesitzer erkennen, daß ihre Hunde irgendwie am Funktionieren des natürlichen »Darwin'schen Auslesefaktor« beteiligt sein könnten. Sie prüfen und verbessern die »Fitness« der Wildtiere, deren natürliche Verfolger schon vor langer Zeit ausgestorben sind. Ein solcher Blickwinkel ist allerdings weder human, noch rechtlich zulässig, ich persönlich bin über das Leiden, das hierbei den gejagten Tieren zugefügt wird, zutiefst beunruhigt. Dies ist der Grund, weshalb ich mich bemüht habe, eine verläßliche und humane Methode zu entwickeln, die Hunde daran hindert, zu jagen und zu töten.

In der freien Wildbahn erfordert die Jagd mannigfaltige Fähigkeiten. Sie geschieht meist nach der »Versuch-und Irrtum-Methode«, ihre Belohnung ist der Erfolg. Die Jagd enthält auch eigene Strafen für ein Versagen beim Beutegreifen, noch häufiger kommt es während der Jagd zu Verletzungen. In einer Langzeitstudie untersuchte in Nordamerika Dr. David Mech die Jagderfolge von Wölfen auf das Karibou (nordamerikanisches Ren) und andere leichtfüßige Huftiere. Er fand heraus, daß nur ein kleiner Prozentsatz der Angriffe auf diese Tiere erfolgreich verlief. Die übrigen wurden bereits im Frühstadium abgebrochen, in aller Regel, wenn die Wildtiere das Herannahen der Wölfe entdeckten und flüchteten. Weiterhin zeigen diese Untersuchungen, daß Wölfe schnell lernen, bestimmte Arten wie einen Elch oder einen Moschusochsen zu meiden, denn sie haben kraftvolle und gefährliche Hufe oder Geweihe. Ausnahmen gelten dann, wenn die Wölfe durch tiefen Schnee, sumpfigen Boden oder Verletzungen ihrer Beutetiere im Vorteil sind. Die Gefahr ist jedenfalls ein guter Lehrer. Zwar hat der Jagdtrieb viele erbliche Komponenten, hinzu treten aber auch wichtige Lernelemente. Genauso wie man bestimmte Tätigkeiten lernen kann, sind sie in aller Regel auch wieder abzugewöhnen. Dies habe ich im Animal Behaviour Centre immer und immer wieder beim Jagen von Hunden auf lebende Tiere unter Beweis gestellt. Nachfolgend einige Ratschläge:

Sicherheit zuerst. Denke immer daran, alle Tiere haben eigene Rechte, keinesfalls dürfen wir für einen Hund ihr Leben riskieren. Deshalb solltest Du dafür sorgen, daß Dein Hund, wenn er zum Ausbrechen und Tiereangreifen neigt, einen Maulkorb trägt. Außerdem ein gutes Halsband (Stärke prüfen!), daran befestigt eine lange Leine von etwa fünf Metern, zusätzlich noch ergänzt durch eine Ausziehleine. Dank solcher Vorsichtsmaßnahmen kannst Du immer noch hinterherlaufen, den Hund einfangen, wenn Du versehentlich einmal die Leine hast fallen lassen.

Richtige Auswahl von Gelände und »Opfer«. Auf der Farm, auf der wir unsere Therapie durchführen, gibt es eine Fülle von Lebewesen: Schafe, Kühe, Pferde, Schweine,

Hühner, Gänse, Ziegen, Esel und viele andere. Sie haben sich alle an unseren Spleen gewöhnt. Wir marschieren häufig mit aufgeregten Hunden durchs Gelände, die glauben, daß Pelz- und Federvieh nur zu ihrem Vergnügen da seien. Freier Zugang zu solchen Tieren bedeutet natürlich eine riesige Erleichterung für unsere Arbeit. Der Leser muß möglicherweise mit eigener Schafhaltung beginnen oder sich unter den ortsansässigen Bauern Freunde suchen, um das nachfolgende Ausbildungsprogramm durchzuführen.

Gehorsam. Völliges Vertrautsein mit den üblichen Kommandos ist gefordert, hinzu tritt gelegentlich ein gewisser Grad von Zwang im Sinne der alten Erziehungsmethoden. Es bedarf keiner Diskussion, hundertprozentiger Gehorsam auf die Kommandos »Hier«, »Sitz« und »Bleib« ist notwendig.

Strafe. Bei dieser Erziehung wird die Klapperbüchse zum wichtigsten und wirksamsten Erziehungsmittel; sie muß zur richtigen Zeit präzise mit dem Sprung des Hundes nach vorne dicht neben das als Opfer vorgesehene Tier geschleudert werden. Studiere nochmals richtige Klapperbüchsentechnik, dargestellt auf Seite 128, vergewissere Dich, daß Du sie beherrschst, ehe Du mit dem Hund irgendein Tier in Gefahr bringst.

Manches Opfer schlägt zurück. Ideal wäre es, wenn man mit dem Menschen vertraute, möglichst per Hand aufgezogene Tiere zur Verfügung hätte, die vor Hunden keinerlei Angst haben. Es gibt tatsächlich auf Gegenangriff bereit, Schafe oder aggressive Hähne, die ebenso tüchtig an den Hund austeilen wie er versucht, sie anzugreifen. Da gibt es eine Grunderziehung nach alter Schäferart, die einfach den unglücklichen Hund zwischen aggressive Schafböcke in einen Pferch steckten. Diese Böcke brachten ihm Furcht, zuweilen sogar Verletzungen bei. Eine solche Technik bewährt sich für eine Minorität unter den Hunden durchaus, erscheint aber tierschützerisch unakzeptabel. Nach unserer Erfahrung gibt es zu wenig Übungsmöglichkeiten in Scheunen oder Pferchen, in denen man mit dem Kopf stoßende Widder findet. Einfacher ist die Arbeit draußen in Wald und Feld, wo die Jagdlust der Hunde so leicht durchbricht. Das Ausbildungsumfeld muß den echten Gegebenheiten so eng wie möglich angepaßt sein.

Künstlicher Aufbau von Aversionen. Es gibt Ausbildungstechniken, die Hunde sich beispielsweise in Gesellschaft von Schafen extrem unwohl fühlen lassen, zu einer mächtigen Aversion schon gegenüber dem Geruch, möglicherweise auch dem Anblick von Schafen führen. Eine solche Technik wurde ursprünglich durch den US-Wildlife Service entwickelt, um Überfälle von Kojoten auf Schafe zu reduzieren. Ich habe festgestellt, daß Hunde und Kojoten ziemlich ähnlich empfinden. Aber diese Methoden, bei denen Lithiumsalze als Widerwillen erzeugender Stoff eingesetzt werden, können viel Zeit erfordern und sind in Ausschließlichkeit sorgfältig ausgebildeten Spezialisten vorbehalten.

Schockgeräte. Wir haben bereits den Einsatz von Elektroschockhalsbändern diskutiert. Dabei habe ich klargestellt, warum ich ihren Einsatz für die allgemeine Hundeerziehung ablehne. Solche Schockhalsbänder können aber zur Auslösung von Furcht vor Schafen und anderen Haustieren recht wirksam eingesetzt werden. Dies ist für mich die einzige Anwendung dieses sonst tierquälerischen Ausbildungsgeräts, die auch mit richtig verstandenem Tierschutz im Einklang steht. Hundebesitzer sollten aber solche

Erziehungsgeräte nicht selbst einfach kaufen und einsetzen. Dies sind Hilfsmittel, deren Einsatz Experten vorbehalten bleiben müßte. Mit Sicherheit sollten sie nur dann verwendet werden, wenn zuvor alle freundlicheren Alternativen versagt haben.

Übung macht den Meister. Der gesunde Menschenverstand lehrt uns, Schwierigkeiten zu meiden. Um einem Hund das Jagen anderer Tiere abzugewöhnen, bedarf es ständig den Jagdinstinkt auslösender Reize. Nach und nach gewöhnt sich der Hund an Katzen oder Schafe, wird ihrer überdrüssig. Sein Jagdtrieb wird am besten durch andere Reize abgeleitet, beispielsweise sich auf dem Rücken wälzen oder mit dem Hundebesitzer Apportieren zu spielen. Soll ein Ausbildungsprogramm zum Abgewöhnen des Schafehetzens wirklich Erfolg haben, müssen über einen kurzen Zeitraum auf den gemeinsamen Spaziergängen häufige und massive Begegnungen mit Schafen eingeplant werden. In unserer Praxis sind die Erfolgsaussichten, einem Hund das Schafehetzen abzugewöhnen, natürlich höher als für in der Stadt lebende Hunde, die nur sehr selten auf Schafe treffen.

Problemvermeidung. Höchste Priorität für jeden Hundebesitzer hat die richtige Welpenerziehung. Dazu gehört auch Kontakt mit möglichst vielen anderen Tieren, denen die Hunde im späteren Leben begegnen. Es ist sehr leicht, einen Junghund in diesem Alter so zu erziehen, daß er nicht jagt. Ist der Jagdtrieb erst einmal durchgebrochen, fällt die Umerziehung viel schwerer.

Haftpflichtversicherung. Die rechtlichen und finanziellen Folgen aus der Haltung eines Hundes, der andere Tiere jagt und gar tötet, können erschreckend sein. Vor kurzem beobachtete ich einen Boxer, der einem Pferd nachjagte; sein Reiter stürzte, verletzte sich dabei. Das Pferd stürmte weiter, verursachte einen Verkehrsunfall, bei dem zwei andere Menschen verletzt wurden. Die hierdurch entstandenen Schadensersatzansprüche und eventuelle Strafen sind kaum auszudenken. Glücklicherweise hatte aber der Hundebesitzer eine Haftpflichtversicherung abgeschlossen, die ihn vor dem Ruin bewahrte. In der Regel erstrecken sich allgemeine Haftpflichtversicherungen nicht auf das Tierhalterrisiko, es bedarf hierzu einer eigenen Tierhalter-Haftpflichtversicherung, die man unbedingt abschließen sollte. Noch etwas Wichtiges! Hat Dein Hund auch nur die geringste Neigung, vierbeinige oder zweibeinige Lebewesen zu jagen, sollte man für eine feste Einzäunung des Grundstücks Sorge tragen. Man hat nie seine Ruhe, wenn immer die Möglichkeit droht, der Hund könnte ausbrechen und Schaden anrichten.

Bei einem Leben in städtischen Randgebieten ist es meist das Beste, Spaziergänge im Bereich von Nutztierhaltungen zu vermeiden, zumindest den Hund dort immer angeleint zu führen. Denke daran - hast Du zwei Hunde, vergrößert sich die Wahrscheinlichkeit, daß sie gemeinsam auf Jagd ziehen, im Vergleich zum Einzelhund geradezu drastisch. In aller Regel brauchen Hunde auf der Jagd einen Partner. Dein Risiko reduziert sich stark, wenn Du einen der Hunde zu Hause läßt oder ihn ausschließlich an der Rolleine führst, während der andere frei läuft. Denke daran, in England haben Farmer das Recht, Hunde, die Farmtiere jagen, abzuschießen. Völlig zu recht verlangt das Gesetz, daß Hundebesitzer ihre Tiere stets unter Kontrolle haben müssen. In den deutschsprachigen Ländern gibt es sehr strenge Jagdgesetze, die in aller Regel den Abschuß wildernder Hunde durch den Jagdberechtigten erlauben.

Zwangshandlungen

Wer immer einen Zoo besucht hat, kann schwerlich das fortwährende Hin- und Her-
gehen, Kreisen, Lecken und anderes sich ständig wiederholendes Verhalten übersehen
haben, das insbesondere bei Bären, Giraffen, Elefanten und anderen größeren Säugetieren auftritt. Selbst die Reptilien werfen sich gegen das Glas, bemühen sich um
fruchtlose Kletterbewegungen, fallen dann wieder herunter und wiederholen dieses
Verhalten, ohne irgendwelche scheinbare Logik. Wir wissen heute, daß solches abnor-
mes Verhalten dadurch ausgelöst wird, daß diese Tiere oft keinen arteigenen Partner
haben, sich in einer anormalen und künstlichen Umgebung befinden, mit falscher Ernährung zu falschen Zeiten und vielen anderen Faktoren. Derartige Stereotypen sind
Symptome extremen Unwohlseins, ja sogar des Verrücktwerdens von Tieren. Dies ist
der Grund, weshalb ich das Halten wilder Tiere in Gefangenschaft und engen Abgren-
zungen für abscheulich und für eine zivilisierte Gesellschaft nicht akzeptabel halte.
    Unglücklicherweise ist es nicht alleine der Zoo, wo wir ein solch seltsames Verhal-
ten von Tieren beobachten. Ähnliches trifft man auf Bauernhöfen, in Laboratorien und
selbst in den Wohnungen von Tierbesitzern.

    In unserer Verhaltenstherapie sind Zwangshandlungen von Hunden etwas vom
Seltsamsten, dem wir begegnen. Obgleich sie Außenstehenden amüsant dünken, für
die Hundebesitzer und alle jene, die mit dem Hund zusammenleben, können sie müh-
selig und beschwerlich werden. In nachstehender Übersicht habe ich die verschiedenartigen Zwangshandlungen, die bei Hunden auftreten, aufgelistet.

Ständiges Lecken/Selbstbefriedigung
Kauen von Gegenständen   Orale Verhaltensstörungen
Luftschlucken
Exzessives Trinken

Licht jagen
Schatten jagen
Fliegen fangen   Sehstörungen
Fixieren eines Gegenstandes

Schreiten
Springen   Bewegungsstereotypen
Kreisen
Rutenjagen

Selbstverstümmelung

In unserer Therapiepraxis stoßen wir manchmal - etwa bei 5 % unserer Hundepatienten - auf erschreckende Probleme, und ein kanadischer Kollege hat aus dem Bereich
Toronto sogar noch einen höheren Prozentsatz berichtet. Der allgemeine Auslöser solcher Probleme ist der Streß aus dem Bemühen von Tieren, sich mit einem unlösbaren
Konflikt auseinanderzusetzen. Solche Erscheinungen treten häufiger bei Hunden auf,
die seit kurzen in Zwingern gehalten werden oder gerade ihren Besitzer gewechselt

haben. Möglicherweise werden sie auch durch unverdiente Strafe oder Unfälle ausgelöst. Vielleicht gibt es im Hause ein neues Baby, ein kleines Kätzchen oder einen Welpen? Es gibt sogar so simple Auslöser wie daß der Ehemann die Familie verläßt oder ein Trauerfall in der Familie. Die äußeren Symptome sind immer alarmierend, und der Fehler einiger Hundebesitzer und »Experten« liegt darin, sich viel zu sehr auf das außergewöhnliche Verhalten selbst zu konzentrieren als die dahinter verborgene Ursache zu ergründen.

Rocky war ein solcher Fall, ein dreizehn Monate alter Rottweiler-Rüde, der über die letzten fünf Wochen laufend Schatten jagte; er kam vor etwa einem Jahr zu mir. Es waren nicht nur Schatten innerhalb des Hauses aufgrund künstlicher Beleuchtung, auch Spaziergänge an einem sonnigen Tag im Park brachten die Besitzer von Rocky garantiert laufend in Verlegenheit. Rocky's Nase war durch das harte Aufprallen auf dem Boden voller Schnitte und Verletzungen. Dieser Hund hatte sich erschreckend in einen ermattet und seine Besitzer zur Verzweiflung treibenden Lebensgefährten verwandelt. Es stellte sich heraus, daß der Ausbruch des Problems mit einer wachsenden Aggressionslust gegenüber anderen Rüden zusammenfiel; Rocky's Besitzer hatten bei einem örtlichen Rottweiler-Ausbildungsclub Rat und Hilfe gesucht. Harte Korrekturmaßnahmen einschließlich Würgehalsband und Schlimmeres wurden bei Rocky ausprobiert, führten zu der bedauerlichen Folge, daß er bereits beim Anblick anderer Hunde in den Ausbildungsklassen nervös wurde. Außerhalb der Trainingsstunden blieb er Hunden gegenüber, die er im Park, auf dem Gehweg oder anderen Plätzen traf, ebenso aggressiv wie zuvor. Aufgrund dieser Schwierigkeiten wurde Rocky`s Auslauf auf täglich auf wenige Minuten durch die Straßen eingeschränkt, in der Regel während der Dunkelheit, wo weniger die Gefahr einer Begegnung mit fremden Hunden drohte.

Rocky's Zwangshandlungen konnten erfolgreich behandelt werden, nachdem zunächst der auslösende Grund, seine Aggression gegenüber Hunden, bekannt war. Dies erforderte eine sanfte Lerntechnik mit Halti und Flexi, Kastration des Rüden (um die Aggressionslust gegenüber Rüden zu verringern) und Rückkehr zu einem normalen, unbefangenen Lebensstil mit Spaziergängen. Die ersten paar Tage nach der Kastration mußte Rocky einen Maulkorb tragen, um herauszufinden, wie er sich bei Begegnungen mit Hunden verhielt. Die Spaziergänge wurden, auf drei Stunden täglich ausgedehnt - zur echten körperlichen Anstrengung. Nach solchen Spaziergängen war der Hund wirklich müde. Rocky durfte sich mit Aktivspielsachen wie dem Boomer Ball befassen, aber immer auf zehn Minuten je Stunde beschränkt, außerdem erhielt er das Kong-Spielzeug. Inzwischen sind alle Symptome verschwunden, Rocky ist nur dann noch auf Schatten fixiert, wenn es in der Familie Spannungen gibt, mit erhobener Stimme gestritten wird.

Ratschläge bei derartigen Verhaltensstörungen dieser Art sind:

Vermeiden. Alle Ursachen für Streß, Konflikt, räumliche Beschränkung und unnötige Aufregung müssen beseitigt werden.

Fütterung. Läßt sich eine Verbindung zwischen unerwünschtem Verhalten und Hungergefühl vermuten, tritt etwa das Fehlverhalten direkt vor Mahlzeiten auf, werden täglich mehrere kleinere Mahlzeiten mit hohem Faseranteil verabreicht (vergleiche Kapitel neun).

Umweltbereicherung. Häufiges Spiel in Gesellschaft mit Menschen und Hunden. Bereitstellung von geeigneten Spielzeugen, wobei der Hund körperlich bis zur Erschöpfung gefordert wird.

Kurzzeitige Schutzmaßnahmen. Einige Zwangshandlungen können Leben und Gesundheit bedrohen, beispielsweise wenn ein Hund solange an den Pfoten nagt, daß diese bluten und sich infizieren können. Man sollte Vorsorgemaßnahmen stets mit einem Tierarzt absprechen. Zu diesen gehören Maulkorb, elizabethanische Halskrause, Verbände, medikamentöse Therapie und möglicherweise auch eine Operation.

Medikamentöse Therapie. Die Grundlagen von Zwangsstereotypen sind heute medizinisch gut erforscht; zu den Heilmitteln zählen die Endorphine, risikobereiten Sportlern, Workoholikern und Persönlichkeiten mit exzessivem Lebensstil bestens bekannt. Es handelt sich um narkotisierende Medikamente mit ähnlichen Effekten wie Morphium und seine abgeleiteten Formen, die bei Mensch wie Tieren ein »Hoch« auslösen. Solche nach Erleichterung suchenden zwangsweisen Verhalten werden in der Regel unterbrochen, wenn man einen morphinen Antagonisten verabreicht. Positive Reaktion ist immer ein nützlicher Hinweis auf die Ursachen, die das Problem auslösen. Medizinische Forscher haben versprochen, eine medikamentöse Langzeittherapie zu entwickeln, die nach und nach derartige Zwangshandlungen unter Kontrolle bringt, sei es bei Hunden, Rennpferden oder auch beim Menschen.

Sex

Nymphomanie (krankhafte Steigerungen des Geschlechtstriebes bei Hündinnen), Impotenz, bizarre sexuelle Orientierung und dergleichen sind immer Bestandteil unserer Alltagspraxis in der Verhaltenstherapie. In Kapitel zwei sahen wir, daß die Ursachen recht komplex sein können. Die verbreitetste Klage unserer Klientel von Hundebesitzern lautet, ihr Rüde sei übertrieben sexuell ausgerichtet, versuchte Menschen, Stühle und andere Hunde jeden Geschlechts zu decken.

Testosterone sind nur ein Teil des männlichen Sexualtriebs, Kastration oder Hormontherapie beenden nicht notwendigerweise jedes sexuelle Interesse. Nicht vergessen sollte man die Annehmlichkeiten einer Partnerschaft, des Spiels, körperlicher Stimulans an Rücken, Bauch und im Genitalbereich.

Gelegentlich trifft man bei Hündinnen auf ausgeprägt maskulines Verhalten, insbesondere zu Beginn des Pro-Oestrus (Hitzebeginn), manchmal auch nach einer Kastration. Diese Verhaltensweisen können genau wie bei Rüden erlernt, zum Ritual geworden sein. Das schlüpfrige Thema falsch ausgerichteten oder exzessiven Sexualverhaltens von Hunden ist damit nicht nur Gegenstand von Cartoons, sondern wichtiger Bereich interessanter wissenschaftlicher Forschung. Hieraus wurden eine Reihe vielversprechender therapeutischer Maßnahmen entwickelt, die durchaus einen Versuch wert sind.

Das größte Märchen in Bezug auf das Sexualverhalten von Hunden besagt, daß sie Decken, Masturbation oder andere sexuelle Stimulanzen brauchen. Dies ist aber nur eine Behauptung, die auf eigener menschlicher Erfahrung basiert. Tatsache dagegen ist, daß Ejakulation die Spermaproduktion vergrößert. Diese wiederum vermehrt die Produktion von Testosteronen und verstärkt damit den Sexualtrieb. Gelegenheitszüchter fragen mich zuweilen, wie man die sexuelle Geschicklichkeit eines Zuchtrüden verbessern könne; die meisten Rüdenbesitzer dagegen sähen es lieber, wenn ihre Hunde alles über Sex vergäßen, zumindest in der Öffentlichkeit. Da es für das Überwinden übertriebener Sexualprobleme bei Hunden keine einzelne Strategie gibt, trifft man an erster Stelle als häufigste Überlegung die Idee einer chirurgischen Entfernung der Keimdrüsen, Wurzel der maskulinen und femininen Hormone. Es gibt aber durchaus auch andere Möglichkeiten.

Kastration

Kein Thema führt zu leidenschaftlicheren Debatten zwischen Männern und Frauen wie die Kastration. Dabei sind die Frauen im allgemeinen der Auffassung, sie sei eine recht vernünftige Maßnahme, Männer dagegen kreuzen in der Regel ihre Beine und schauen recht verlegen drein. Als generelle Maßnahme zur Vermeidung zu vieler Hundewelpen ist die Kastration von Rüden nicht besonders wirksam, denn es werden immer einige unkastrierte Rüden übrig bleiben, die für die Fortpflanzung sorgen. Ich glaube jedoch, daß Kastration dann gerechtfertigt ist, wenn sie dem Einzelhund nützt. Nachstehende Verhaltensänderungen können nach einer solchen Operation erwartet werden:

Weniger streunen. Bei kastrierten Rüden tritt eine ausgeprägte Verringerung des Drangs zu Streunen, Hündinnen nachzulaufen auf. Der Geruch einer heißen Hündin verbreitet sich über Meilen und ist für sexuell gesunde Rüden ein unwiderstehlicher Reiz.

Aufreiten. Das Aufreiten hat sowohl Dominanzcharakter wie Sexualelemente, verringert sich über die ersten drei Monate nach der Kastration in der Regel auf die Hälfte bis zu ein Viertel. Einige Einzeltiere versuchen jedoch auch nach der Kastration aufzusteigen, es handelt sich um ein erlerntes Verhalten.

Markieren. Hunde urinieren, um ihr Territorium zu markieren, möglicherweise Hündinnen anzulocken, eigene Präsenz zu dokumentieren. Sehr häufiges Markieren, insbesondere in Bereichen wie im Haus von Freunden, legt eine Kastration nahe. Man muß aber wissen, daß kastrierte Rüden oft weiterhin das Bein heben; einige kehren in ihre Welpenhaltung des Urinierens in der Hocke zurück.

Raufen. Unkastrierte Rüden raufen mit größerer Wahrscheinlichkeit als kastrierte. Das Risiko, daß ein Rüde Opfer eines Angriffs wird, mindert sich gleichfalls durch Kastration zuverlässig.

Nachteile der Kastration. In der Regel kommt es zu vermehrtem Appetit, verbunden mit zusätzlichem Körpergewicht, was möglicherweise auf eine Verminderung des Energieverbrauchs des Tieres zurückzuführen ist. Eine solche Entwicklung läßt sich jedoch durch Kontrolle der Futtermenge und mehr Bewegung ausgleichen.

Eine Minderheit der kastrierten Rüden scheint für andere Rüden für eine »Vergewaltigung« attraktiver zu sein. Dies ist eine interessante Geschichte. Die Säure produzierenden Bakterien im Hodensack verändern den für Rüden charakteristischen Geruch in Richtung auf eine sexuell attraktive Hündin. Dieser Prozeß läßt sich jedoch durch Injektion von synthetischem Testosteron zuverlässig unterdrücken, einfacher durch Einführung von Antibiotika gegen anerobische Bakterien in den Hodensack. Bei ein paar Kastraten kann ihre Anziehungskraft auf lüsterne Rüden zur laufenden Quelle von Ärger werden. Bei solchen Hunden ist es meist das Beste, den Hodensack chirurgisch ganz zu entfernen.

Erziehung

Wenn das Aufreiten auf das Bein jedes sitzenden Menschen nur einen aufregenden Schrei auslöst, wird der Hund seine Bemühungen dieser Art fortsetzen. Wenn jedoch ein solches Unternehmen in aller Regel unangenehme Folgen hat, etwa eine mittlere Dusche kaltes Wasser, kurzzeitiges Ausgesperrtwerden (siehe Seite 51) oder Einsatz der Klapperbüchse, wird solches Verhalten wahrscheinlich schnell verschwinden.

Umleitung

Bei unkastrierten Rüden ist es zuweilen möglich, das Sexualverhalten des Hundes vom unerwünschten Ziel seiner Sexualfantasien auf irgendein anderes Tun oder ein anderes Ziel umzulenken. So kann beispielsweise ein anderer Hund die Rolle des Sexualpartners übernehmen, den Menschen ersetzen. Ich erinnere mich recht gut an ein Paar Dachshunde, Twiglet und Gonorrhoea, sie pflegten über etwa vierzehn Jahre eine lustvolle homosexuelle Beziehung, die sich täglich durch etwa halbstündigen Analverkehr dokumentierte. Eine solche Regelung war für alle Teile befriedigend, das Geschehen erfolgte in voller Übereinstimmung der Hunde außerhalb des Hauses. Erfrischt kamen sie wieder nach Hause, aufgeschlossen gegenüber angenehmer menschlicher Gesellschaft. Interessanterweise mußte später Gonorrhoea zur Lösung eines Prostatadrüsenproblems kastriert werden, aber selbst durch diese Operation wurde sein Sexualverhalten nicht gestört.

Ich habe mich mit vielen interessanten und bizarren sexuellen Beziehungen von Hunden befaßt - gegenüber Katzen, einer Ente, einem bestimmten Kind, einer Lady, einem Sofaarm, einem Wellington-Stiefel, dem dicken Zeh eines Journalisten, Fußbällen und anderem. Die meisten dieser Erscheinungen sind harmlos, amüsant, waren leicht zu behandeln, wurden umgeleitet oder unterbrochen.

Impotenz

Viele Leser werden recht erstaunt sein, wenn sie erfahren, daß eine Reihe von Rüden bei der Paarung mit einer Hündin, die offensichtlich auf dem Höhepunkt ihrer Läufigkeit steht, sich im Verhalten willig zeigt, keinen Erfolg haben. Bei den Wildhunden ist die Partnerwahl im großen und ganzen das Vorrecht der Hündin. Unsere Haushunde unterscheiden sich hiervon wenig, aber die Wahlmöglichkeiten sind durch den Menschen wesentlich eingeschränkt. Subtile Signale, Aufforderungen und auch Ablehnungen, werden von der Hündin an die Rüden übertragen, wobei der Rüde dadurch durchaus abgehalten werden könnte, die Paarung ganz zu vollziehen. Körpersignale in Form von Körperbewegung wie Körperhaltung sind wichtig, Pheromone (Lockstoffe) werden über Speichel, Urin und Scheidensekretionen ausgeschieden. Nur in kleinem Umfang erfolgt dies alles über den Willen gesteuert - eine Hündin kann ihren Bewerbern sowohl ablehnende wie einladende Botschaften übermitteln.

Gelegentlich stellt sich bei einem anscheinend impotenten Rüden heraus, daß er über ungenügende Samenqualität verfügt. Dies tritt besonders in bestimmten Rassen oder einer Familie auf, von denen bekannt ist, daß sie durch hohen Inzuchtgrad geschädigt sind. Mein dringender Rat an alle Besitzer solcher Hunde, die sie trotzdem als Zuchtrüden einsetzen wollen, lautet, man sollte dem Rüden gestatten, sich anderen, interessanten Tätigkeiten zuzuwenden, anstatt dem Liebesspiel. Er kann ein noch so wunderschöner Rassehund sein, wenn ein Rüde kein Interesse an der Paarung hat, sollte man verzichten; möglicherweise ist es genau dies, was ihm von der Vorsehung bestimmt ist.

Wo findet man Hilfe?

Rat und Therapien zur Lösung von Verhaltensstörungen bei Haushunden sind eine relativ neue Entwicklung, bisher war dies traditionsgemäß die uneingeschränkte Domäne von Hundeausbildern. Heute wissen wir aber, daß unerwünschtes und anormales Verhalten von Tieren häufig krankhafte Ursachen hat. Hierdurch sind in der Regel Tierärzte zur Beratung über Verhaltensstörungen die richtigere Wahl. In England gibt es keine einzige Berufsorganisation mit Autorität, welche die Aktivitäten von Hundeausbildern überwacht, viele sogenannte »Verhaltensfachleute« und »Berater« verfügen über keinerlei akademische Qualifikationen. Eine klare Warnung erscheint angezeigt, eine Reihe solcher »Berater« könnten Deinem Tier mehr Schaden zufügen als nützen. Mein Rat lautet immer, mit dem Problemhund zum Tierarzt zu gehen, denn Tierärzte sind für eine Gesamtdiagnose ausgestattet und ausgebildet, sie unterliegen der Standesethik. Komplizierte oder von ihnen nicht lösbare Fälle werden sinnvollerweise an einen Spezialisten überwiesen, möglicherweise bei einer der tierärztlichen Universitäten, oder an ein Fachinstitut wie das Animal Behaviour Centre.

Die Ursachen für bizarres Verhalten sind zahlreich und komplex; die Hundebesitzer sollten niemals auf die Idee verfallen, sie selbst seien Versager, weil sie einen exzentrischen Hund besitzen. Die meisten meiner Klienten haben sich als fürsorgliche, verantwortungsbewußte Hundehalter erwiesen, waren in ihrer Psyche absolut normal. Viele hatten schon zuvor Hunde besessen, ohne daß es je zu Problemen kam. Dann aber plötzlich standen sie einem Hundeproblem gegenüber, das alleine zu meistern für sie ganz einfach zu schwierig war. In solchen Fällen ist es immer richtig, auf Wissen zurückzugreifen, das daraus entdeckt wurde, daß irgendjemand anderes einen Hund besaß, der noch schlimmere Störungen aufwies und den Fachleuten entsprechendes Wissen vermittelte.